Herbert Reinoß

Masuren

Herbert Reinoß

Masuren

Märchenland der Kindheit

Bechtermünz Verlag

Genehmigte Lizenzausgabe für Weltbild Verlag GmbH, Augsburg 1999

Umschlaggestaltung: Studio Höpfner-Thoma, München
Umschlagmotiv: Hans Engels, München
Gesamtherstellung: Wiener Verlag, Himberg bei Wien
Printed in Austria
ISBN 3-8289-0090-9

Für Anneliese,
die in mein Kindheitsland Masuren
immer mitfuhr

I

Im Abendrot der alten Zeit

». . . dort, weit hinten in der Heimat und vor langer Zeit.«
Hermann Lenz, Die Begegnung

»Das ist auch heute noch meine Heimat, obgleich ich niemanden mehr dort kenne, Kindheitserde, unendlich geliebtes Land.«
Gottfried Benn, Lebensweg eines Intellektualisten

»Heimweh.
Heimweh nach den Ursprüngen.«
Joseph Losey, Mr. Klein

Nach der Sintflut

»... und ich selber zwischen
verlassenen Höfen kam mir wie
etwas Versunkenes vor, das
wieder aufgekommen war.«
Hermann Lenz, Die Begegnung

Es ist Freitag, der neunzehnte Mai 1989 gegen Mittag, und ich bin wieder daheim bei uns in Rydzewen. Es sind fünfundvierzig Jahre vergangen, seit wir unser Dorf verlassen mußten.

Warme Frühjahrsluft liegt über dem Wasser des kleinen Sees vor mir, um dessen Osthälfte in meiner Kindheit unser Dorf lag wie ein ihm angepaßter Halbmond. Ich sehe über den See auf die sanften Hänge der grünen Hügel und über die dunklen Waldkronen, in die er fast kreisrund eingelegt ist: dieses unvergleichlich idyllische Bild. Und das Wasser blinkt vertraut wie früher. Da möchte ich mich auf den Boden werfen, mit dem Gesicht zur Erde, die Arme ausbreiten.

Wieder in Rydzewen: ein zweites Mal nach der Flucht. Und damals nur zehn Jahre hier, die ersten zehn meines Lebens, und die am meisten bestimmenden. Es folgten keine von auch nur annähernd gleicher Bedeutung.

Und diesmal wußte ich, was ich in etwa vorfinden werde; so ist es nicht die Erregung und Erschütterung wie 1980, als ich nach fünfunddreißig Jahren zurückkam und vom Dorf zu meinem Entsetzen fast nichts mehr vor mir sah. Trotz gewisser Hinweise auf die Vernichtungen von Häusern und Höfen war ich mit den alten, schönen Bildern im Kopf hergefahren – die mit einem Schlag weggewischt wurden.

Wir halten an, wo das Zentrum des Dorfes war, heute das Ortsschild »Rydzewo« steht, Anfang und Ende des Dorfes zugleich anzeigend: schon wirkt es auf mich wie eine Erinnerungstafel. Wir steigen aus. Wir: das sind diesmal meine Frau Anneliese (die schon 1980 dabei war), meine Schwester Gudrun (nach dem Krieg in Süddeutschland geboren) mit Mann und Söhnen.

Hier, sage ich. Aber es ist von Rydzewen, wie ihr wißt, fast nichts mehr da.

Daß ich *hier* bin –, sagt Gudrun nachdenklich. Wenn unsere Mutter von allem hier erzählt hat, und so oft, dann war mir manchmal, als gäbe es das gar nicht wirklich –.

Pause.

Kommt zu unserm Hof, sage ich.

Und ich gehe voran zu »unserm« alten Sandweg: jene vom Ortszentrum ausgehende Straße am Südrand des Sees entlang, nach wenigen hundert Metern schon zum Dorf hinauslaufend in die Felder (auch die unsren) und nach Piasken.

Die Gehöfte lagen links der Straße. Gleich am Anfang das größte von ihnen, einem Bauern Krahn gehörend. Und dazu weiß ich: von siebzehnhundertirgendwann bis in die erste Hälfte unseres Jahrhunderts war es, volle hundertfünfzig Jahre, im Besitz der Bandillas, und eine Urgroßmutter väterlicherseits kam aus dieser Familie, und so stamme ich auch von hier. Und heute: ob Krahn oder Bandilla, das ist längst belanglos, Hof und Gebäude wurden nach dem Zweiten Weltkrieg vernichtet, das Gelände ist von Bäumen und Sträuchern dick überwuchert.

Wie gleichfalls die folgenden Höfe der Kurbjuhns und Wiesotzkis: von den Häusern, die ich in Erinnerung habe, ist nicht der kleinste Rest übriggeblieben.

Guter Himmel: Aber es gibt immer noch diese Reihe von

Fichten an der Straße gleich danach. Sie haben alles überstanden, sind bloß älter geworden. Sie dienen auch jetzt immer noch meiner Orientierung: signalisieren schon von weitem (sogar von jenseits des Sees), wo der Hof unserer Familie war.
Ich halte an. Wir stehen vor einer kleinen Schneise, die in das Dickicht hineinführt: wo also sichtlich einst ein kurzer Weg nach links abzweigte und noch nicht ganz verwischt ist. Rechts von ihm, an der Straße entlang, Reste einer niedrigen Feldsteinmauer; hinter, über ihr die Fichten.
Hier, sage ich zu denen, die zum erstenmal hergekommen sind. Hier, links vom Weg zum Hof, stand unser Haus. Und mit der ausgestreckten Hand versuche ich zu umreißen, wo etwa.
Und diese kleine Mauer hat Vater gebaut. Und hier, an dieser Ecke von ihr: da stand an der Straße eine Holzbank, auf die stellten wir morgens die Milchkanne für die Molkerei.
Und hier auf der andern Straßenseite: zwischen Straße und See, standen Stall und Scheune (in einem Gebäude). Und dort am See unten gab's unser »Brett«: einen Holzsteg, von dem wir Wasser schöpften. Und auch angelten.
Links davon früher Kalmus: ein Dickicht, einige Meter lang und breit. Hat sich verloren. Das Wasser soll ja nicht mehr gut sein.
Ja, meine Lieben: Hier war das alles –.

Ein junger Mann vom letzten Hof des Dorfes an dieser Straße: dem einzigen, der in etwa erhalten geblieben ist in unserer Nachbarschaft, ist langsam auf uns zugekommen. An seiner Hand ein schüchternes Mädchen von drei oder vier Jahren. Es ist ein uns offensichtlich freundlich gesonnener Mensch, und er und wir versuchen eine Verständigung, aber er kann wohl kein Wort Deutsch, und wir verstehen

sein Polnisch nicht. Wir sehen uns hilflos an, zucken die Schultern, lächeln – mehr kann uns nicht gelingen.
Doch ich will nicht so leicht aufstecken, deute an, daß ich etwas vom Auto holen möchte, er möge das bitte abwarten. Ich eile das kurze Straßenstück zurück und komme mit einem polnischen Wörterbuch wieder.
Und ich schlage das polnische Wort für »geboren, gebürtig« auf: urodzony; und ich zeige auf mich und dann auf die Hofstelle vor uns; und ich male in den Sand der Straße die Jahreszahl: 1935.
Ja: vor bald fünfundfünfzig Jahren wurde ich hier, wo ein Jahrzehnt danach alles unterzugehen begann und nun verschwunden ist, geboren.
Es sieht so aus, als verstehe er, was ich ihm zu sagen versuche. Er blickt mich an und deutet mit einer Geste Bedauern an. Das ist unmißverständlich: daß er Mitleid zeigen möchte.
Aber das ist auch schon alles, was wir uns mitteilen können.
Allmählich entfernt er sich von uns. Doch ich bin schon so sehr mit etwas anderem beschäftigt, daß ich es nicht gleich registriere. Als ich es bemerke, ist er bereits ein Stück entfernt. Ich sehe ihm nach, wie er mit seinem kleinen Mädchen langsam, sehr langsam nach Hause geht.
Später tut es mir leid, daß ich ihn nicht mehr genügend beachtet habe und ihm zum Abschied nicht wenigstens die Hand gab. Ich schätzte ihn um die Dreißig; so wurde er wahrscheinlich in den späten fünfziger Jahren geboren und konnte nicht zu jenen Polen gehören, die 1945 den Spieß umdrehten und Deutsche beraubten, quälten, davonjagten. So wie ich bei Kriegsende zehn Jahre alt war und keinem Polen etwas zuleide getan hatte.
Aus einer solchen Begegnung hätte ich, der ich ein Sohn Masurens bin, unbedingt mehr machen müssen.

Das alte Masurenhaus

Manchmal scheint mir, ich hätte schon mehrere Leben gelebt.
Das jetzige begann, als ich neunundvierzig war und meine große Tochter umgebracht wurde: Damals bin ich ein anderer geworden.
Und das erste Leben: Es liegt nun schon so lange zurück, so fern, und ereignete sich in einem mir immer märchenhafter werdenden Land, das Masuren heißt.
Will man von einem dieser Leben, genauer gesagt: Teil-Leben, erzählen, so ergibt sich nicht nur Negatives. Man sieht neben dem Anfang auch ein gewisses Ende: blickt auf ein quasi abgeschlossenes Gemälde. Und wie auf das Porträt von jemandem, der nicht ganz so ist wie man selbst. Und so kann man weniger befangen mit diesem Teil-Leben umgehen.

Ich wurde in einem für die meisten unvorstellbaren Land geboren und habe noch eine Welt erlebt, die einem mittelalterlichen, ja in manchem altertümlichen Leben näher lag als jede andere Welt damals in Deutschland.
Unvorstellbar für jene, die nur die ländlichen deutschen Regionen westlich der Oder kennengelernt haben und annehmen: So, in etwa, dürfte es doch auch weiter östlich gewesen sein, wo Deutsche gelebt haben.
Aber bei uns in Masuren war es nicht so. Denn wir wohnten viel abgelegener von allen Zentren des Reiches als die andern: wie beiseite gelegt und immer halb vergessen.
Anders gesagt: Zwischen dem alltäglichen Leben der ersten Bewohner, die unser Dorf zu Zeiten von Kolumbus und Luther gegründet haben, und dem meiner Großmutter vä-

terlicherseits, von der Voreisenbahnzeit bis in meine Kindheit, gab es wohl keine gravierenden Unterschiede. Rydzewen im 16. oder im 19. Jahrhundert: Das war so ziemlich das gleiche.
Und die Zeit meiner Kindheit betreffend: Ich wurde zwar in eine Welt hineingeboren, die das Auto längst kannte, aber für unser Dorf spielte das eigentlich noch keine Rolle. Die eine Schotterstraße, die von der Hauptstraße Lyck–Treuburg sich gemächlich windend zu uns führte, endete bei uns im Dorf, und hinausgingen nach Norden, Osten, Westen nur die herkömmlichen Sandwege bescheidenster Art. Also Fremde verfuhren sich nicht zu uns.
Wir waren immer noch ein Ort der Petroleumlampen, Laternen, Kerzen wie vor langer, langer Zeit...

Denke ich heute von einer Stadt im Westfälischen, in der ich seit über dreißig Jahren lebe und arbeite, an die Kindheit in Masuren zurück, so sehe ich mich meistens in dem untergegangenen Dorf aus dem Auto steigen, wie 1980 und 89, und gleich den Sandweg am See entlang zu unserem Hof gehen.
Lasse ich die Gedanken weitertreiben, ohne richtunggebend einzugreifen, so stellen sich manchmal, wie in einem Tagtraum, die merkwürdigsten Bilder ein.
GRAB, ging mir einmal beim Anblick unserer völlig überwilderten Hofstätte durch den Sinn. Und ich sah vor mir inmitten des Hofes tatsächlich einen flachen Grabhügel und beugte mich hinunter zu ihm – wollte ich ihn pflegen?
Ein andermal war mir, als führe unsre Dorfstraße nicht nur an Dickicht und einstigen Höfen vorbei, in die Felder hinaus, sondern gleich in ein tiefes Waldesdunkel hinein, eine Art Urwald – als habe die Natur sich zurückerobert, was jene ihr einst nahmen, die vor Jahrhunderten das Land an

dem kleinen See erwarben, um (wie es in den Urkunden heißt) »Wälder auszuräumen«.
Die Vorstellung GRAB: sie mag sich auch an poetische Bilder des heute im südlichen Ostpreußen lebenden Dichters Erwin Kruk anlehnen. Von einem Totenhaus Masuren spricht er, von den Fährten der Verstorbenen; und aus Häusern, die nicht mehr da sind, ruft es noch von der Schwelle, knarren Türen, hört man noch lebende Stimmen. Ganz so, als sei nicht bloß Phantasie gewesen, was ein Pole in Niederschlesien nach der Vertreibung der Deutschen behauptet hat: daß er in den menschenleeren Ruinen eines ihrer Höfe noch lange nach dem Krieg nachts Stimmen gehört habe.

Ich halte auf dem Dorfweg, dem Sandweg bei der kleinen, von Vater gebauten Steinmauer mit der Reihe Fichten an. Ich gehe durch Kraut und Gestrüpp die wenigen Schritte zum Hof hinauf. Und da ersteht wieder alles vor mir, als steige es aus dem GRAB: das alte Masurenhaus, mit den Gärten, und die Menschen, und Tiere, die hier mit uns lebten, als ich Kind war. Und auf der andern Seite der Dorfstraße zum See hin Stall und Scheune.
Das alte Masurenhaus! Meine Urgroßmutter Lotte aus der Familie der reichen Bandilla hat es in die Ehe gebracht, als sie um die Mitte des neunzehnten Jahrhunderts den armen Losmann Ludwig Ciernio heiratete. Zur Zeit meiner Geburt stand es also schon mindestens achtzig Jahre – als wir es flüchtend verließen, neunzig. Und es überlebte auch den Krieg, wurde aber wenige Jahre später von Polen zerstört.
Das altersgraue Holzhaus ganz in der Art der herkömmlichen Masurenhäuser. So, wie solche Häuser seit Menschengedenken in diesem Wald- und Holzland gebaut wurden. Errichtet zu einer Zeit, als es im äußersten Süd-

osten Deutschlands noch keine Eisenbahn und in dem ganzen Landstrich nicht eine einzige befestigte Straße gab. Und bis zuletzt kam in unser Dorf, unser Haus, keine Elektrizität, so gab es keine Glühlampen und keins der Haushaltsgeräte, die per Schalter in Gang gesetzt werden. Auch kein fließendes Wasser.
Eine Stätte also des bescheidensten Landlebens, wie seit vielen Generationen. Ja in seiner eigenen Art reichte ein solches Haus zurück bis in die masurischen Anfänge.
Es war ein durchaus ansehnliches Gebäude aus mächtigen Holzbohlen, die Eingangsseite dem Hof und der Abendsonne zugekehrt.
Vater hatte ein Lied, das davon handelte, daß unser Rydzewen ein schönes Dorf sei; und dann kamen diese beiden Zeilen:
Die Häuser sind aus Holz gebaut,
Die Bauern hab'n das Holz geklaut!
Was wohl insoweit nicht falsch war: einst mögen sie alle aus Holz gewesen sein.
Das Dach auch unseres Hauses mag ursprünglich mit Schilf gedeckt gewesen sein; aber so habe ich es nicht mehr gesehen, zur Zeit meiner Kindheit hatte es schon die »moderneren« Dachpfannen.
Einzelne dieser traditionellen Häuser findet man sogar noch heute in masurischen Dörfern. Doch in Rydzewo, wo es in meiner Kindheit sechs oder sieben gab, steht nicht eines mehr. (Ähnliche Gebäude sah ich später im ländlichen Norwegen, wo sie auch heute noch überwiegen.)

Mein Elternhaus. Und auch das von Großeltern und Urgroßeltern väterlicherseits. In ihm haben wir bis Oktober 1944 gewohnt. Hier habe ich von Geburt an die ersten zehn Jahre der Kindheit erlebt – eine mir im Zurückgehen immer unwirklicher erscheinende und mich doch jedesmal bewegende Zeit.

Inmitten der Längsfront zum Hof die Eingangstüre. Links ein Fenster der Stube (ihr zweites in der Giebelwand zum See hin), rechts ein Fenster des Schlafzimmers.

Ich öffne die Haustüre und gehe über die Schwelle, komme in einen kleinen Flur. Links die Tür zur Wohnstube, rechts die zum Schlafzimmer. Geradeaus hinter der Wand, das weiß ich natürlich, liegt die Küche. Auf den Boden führt, durch eine mit einer Klappe versehenen Luke, eine Leiter.

Ich gehe durch die linke Tür in die Stube.

Ich sehe alles wieder –. Die Wände sind verputzt und gestrichen und mit einem Muster verziert. (Während des Krieges habe ich einem sehr geschickten Polen dabei zugesehen, wie er ein solches Muster anfertigte: über die rechte Hand hatte er einen groben Lappen gezogen, den er in die Farbe tauchte, um dann mit Handfläche und Fingern bestimmte Abdrücke auf die Wand zu bringen.

Fußboden und Decke sind aus massivem Holz. Im Sommer genügen einfache Fenster; ihre beiden Flügel lassen sich nach draußen öffnen. (Es hat sich ein hübsches Foto erhalten, auf dem Mutter, damals wohl noch nicht älter als fünfundzwanzig, auf dem Fensterbrett zum Hof hinauslehnt und lächelt.) Jeder Fensterflügel hat drei in etwa quadratische Scheiben.

Im Winter werden Doppelfenster eingesetzt. Zwischen die äußeren und die inneren Flügel kommt auf das Fensterbrett ein dicker Teppich aus Moos, das wir frisch aus dem Wald geholt haben.

Nur das Notwendige haben wir in der Stube stehen.

Der Tür gegenüber, an der Giebelwand zur Straße und zum See hin, gibt es vor dem Fenster eine Bank. Ein Tisch davor. Holzstühle. Hier wird gemeinsam gegessen.

Es ist morgens. Mutter ist schon früh im Stall gewesen, das Vieh ist beschickt*, die beiden Kühe sind gemolken. Und nun stellt sie eine Suppe aus frischer Milch auf den Tisch, in das Klümpchen aus Mehlteig gebröckelt sind. So einfach das ist: Es schmeckt mir jedesmal köstlich und besser als später manche angeblich so großartige Delikatesse.
Oder das im eigenen Ofen gebackene krustige Brot. Mit selbstgemachter frischer Butter.
Wir hatten damals nur wenig, aber es waren doch die schmackhaftesten Sachen darunter.
Später einmal bekam ich in einem der ersten Speiserestaurants Deutschlands Butter vorgesetzt, von der es hieß, sie sei ganz frisch. Pah – es war unsre, frisch aus dem Butterfaß, nur entfernt. Wie hat mich das amüsiert...
Rechts in der Ecke der Stube ein großes massives Bett. In ihm schlief in meinen Kinderjahren die Großmutter bis wenige Tage vor ihrem Tod. Über diesem Ungetüm eines alten Möbels hing unter anderem, eingerahmt, Vaters Konfirmationsurkunde mit dem Bibelvers: Sei getreu bis in den Tod, so will ich dir die Krone des Lebens geben.
Doch Vater hatte schließlich ein schlimmes Sterben; und über eine Krone des Lebens will ich in seinem Fall lieber erst gar nicht anfangen nachzudenken...
(Solche »Bilder« an den Wänden waren in masurischen Häusern nicht ungewöhnlich. In dem »feineren« Haus der Großmutter mütterlicherseits hing die Todesurkunde für den im Ersten Weltkrieg gefallenen Großvater: in Bild und Wort noch um einiges schwülstiger.)
Daß ich den großen Kachelofen in der Wohnstube ja nicht übersehe! Und links die Wanduhr nicht. Sie wurde wichtig für mich, als ich pünktlich zur Schule mußte.

---

* Vieh: versorgt, Feld: bearbeitet

Die Abende.
Da wird jedesmal die Petroleumlampe, mit dem runden Spiegel hinter dem Lampenglas, in Höhe des Dochtes angesteckt. Sie gibt ein warmes, freundliches Licht. Und man sitzt noch zusammen, tut dies und das.
Ja: unsre Stube.
Schon die meiner Urgroßeltern Ciernio/Bandilla. Dann der Großeltern Reynoß/Ciernio. Und zuletzt meiner Eltern. Und ich schon zur vierten Generation in diesem Haus gehörend; und mit uns Kindern ging auch die Geschichte dieser bäuerlichen Stube zu Ende.
Hier war meine Großmutter, die ich mir nur als alte, dunkle Frau in Erinnerung rufen kann, ein junges Mädchen; und das war die Zeit, als die erste Eisenbahn nach Masuren kam. Hier ist auch mein Vater Kind gewesen; da ging es auf den Ersten Weltkrieg zu.
Schicht legte sich auf Schicht. Und ich glaube daran, daß davon etwas geblieben ist an diesem Ort, heute nicht mehr sichtbar und doch wie eine Prägung.
Und für immer bleibt.

Aus der Stube in die Küche. Sie liegt in der Mitte des Hauses. Hier ist der große gemauerte Herd von allem das Wichtigste.
An einem Tag im Sommer – schon während des Krieges. Mutter ist morgens mit dem Fuhrwerk in die Stadt gefahren (das heißt immer: die Kreisstadt Lyck). Inzwischen ist Mittagszeit, und sie kommt und kommt nicht zurück. Und mein Hunger wird immer größer.
Na, ich weiß doch schon selbst, wie man Mehlflinsen backt!
Also die immer schwelende Glut im Herd ordentlich in Schwung gebracht, die Ringe von dem einen der Topflöcher genommen, und die Pfanne darauf. Und richtig was an

gewürfeltem Rauchspeck rein. Während das zu brutzeln beginnt, den Mehlteig angerührt.
Aber ich hatte wohl zu sehr übertrieben und das reinste Höllenfeuer entfacht. Es fängt in der Pfanne wild zu knistern an, zu spritzen und auch schon zu qualmen – und dann sehe ich sogar eine kleine Flamme!
Da gerate ich in Panik – so etwas habe ich noch nie gesehen. Was, schnell tun? Wasser her, gegen Feuer! Ich greife zur Kelle, schöpfe aus dem Eimer, kippe in die Pfanne.
Heißa! Nach meiner Erinnerung jagten die Speckstücke bis hoch an die Decke. Was stark übertrieben sein mag; in diesem Fall mag mein Gedächtnis zu sehr dramatisieren.
Wie auf ein Stichwort kam da auch Mutter nach Hause...

Ich habe nicht selten zugesehen, wenn Mutter am Küchentisch hantierte.
Manchmal ist ein Fleischwolf an den Tisch geschraubt. Und ich sehe, wie Schweinedarm über einen rohrartigen Vorsatz gezogen wird, und in den Trichter der Maschine wird der Wurstbrei gefüllt, und während sie hinten gedreht wird, wird vorne der Brei in den Darm gepreßt. Dann werden die einzelnen Würste abgenommen, abgeschnitten und an den Enden zugebunden.
Auf dem Herd im großen Kessel kocht schon das Wasser, in das sie kommen. Die eine oder die andre platzt – das gibt eine leckere Wurstsuppe!
Oder wenn frische Grützwurst in der Pfanne brät!
Ja, von schmackhaftem Essen verstanden die Masuren was!

Aus der Küche zurück in die Stube. Und wieder in den Flur.
Meine Erinnerung an Wazek. Ich kam eines Tages in diesen Flur, da war dort dieser kleine seltsame Mann, und

wusch sich den Oberkörper in einer Waschschüssel, die auf einem Schemel stand.
Wie bedenkenswert auch das: Da gibt es für jeden von uns die angeblich so wichtigen und bedeutenden Ereignisse, und im Lauf der Zeit vergessen wir die meisten von ihnen völlig, als habe es sie nie gegeben. Und daneben die eine, die andre Kleinigkeit, scheinbar so abseitig und belanglos, und doch bleibt sie uns mit einer schier unglaublichen Anschaulichkeit in Erinnerung und läßt sich heraufrufen noch nach einem halben Jahrhundert. Ob nicht das Unterbewußtsein viel sinnvoller wertet und aufbewahrt, als unser ach so scharfer Verstand es tut?
Der Wazek sah zu mir her, mit unüberbietbar melancholischen Augen. Ein Masure, Pole, Zigeuner oder Jude? Vagabund, oder besser Vagant? Ich sah ihn nur dieses eine Mal. Und wen ich heute nach ihm frage: der erinnert sich nicht an ihn.
Aber weshalb war er zu uns ins Haus gekommen? War er ein Bekannter von Adolf, eine vielleicht ihm verwandte Existenz? Es besaß ein seltsames Instrument, man nannte es Teufelsgeige. Ich erinnere mich an einen mannshohen Stab, an dem allerhand Klimbim und Schnickschnack festgemacht war. Das Ganze schien selbstgefertigt zu sein; man konnte damit wohl eher gewisse Geräusche machen als eine Melodie spielen. Trat der Wazek auf Festen und Feiern auf, sang vielleicht zu seinem letztlich eher dürftigen Instrument?

Der Stubentür im Flur genau gegenüber: die Tür zum Schlafzimmer.
Steigt vor dieser Tür so etwas wie leichte Scheu in mir auf? Oder eher eine gewisse Rührung?
Warum?

Das eine wie das andre wären Empfindungen aus der großen zeitlichen Distanz; als Kind habe ich sie niemals gehabt. Heute, ein halbes Jahrhundert später, denke ich, daß dieses Zimmer, so etwas wie die »gute Stube« des Hauses, vielmehr noch als die Wohnstube der Ort der wirklich wesentlichen Ereignisse im Leben meiner Familie war, fast ein Jahrhundert lang; hier geschah das Eindeutige und Unabänderliche: Geburt und Tod und, natürlich, Liebe.

1857 nahm, wie gesagt, die Bauerntochter Lotte Bandilla den Losmann (kleiner Pächter ohne eigenen Grundbesitz) Ludwig Ciernio – die beiden waren die ersten, die in diesem Haus ihr Nest bauten. Dann knapp drei Jahrzehnte später die Ehe ihrer ältesten Tochter Maria Ciernio mit dem Kätner Ludwig Reynoß; sie waren meine Großeltern. Danach verging ein halbes Jahrhundert bis zum Antritt der nächsten Generation, denn der nächste Erbe, mein Vater, war nicht das älteste Kind der beiden.

In diesem Zimmer wurde auch ich geboren.

Die Ehebetten. Die Bettchen für die Kinder. Der große Wäscheschrank. Roch es nach Mottenkugeln, wenn man eine seiner Türen öffnete? Mutter zeigte mir einmal ein großformatiges Foto von Vater als sehr jungem Mann (vielleicht als Konfirmand?); es lag all die Jahre hinter der linken Tür unter der Bettwäsche, wie vielleicht noch manches andere. Ein schlankes, asketisches Gesicht. Eine schmale, etwas lange Nase. Krauses, aschblondes Haar. Mir unvergessen geblieben der außerordentlich ernste Blick.

Und ich höre noch, ein andermal, Mutter und ihre Schwester Grete eine Intimität bereden. Und die Grete fragt, ob ich wohl schon etwas davon verstehe oder ob sie weitersprechen kann, und Mutter schaut auf mich und ermuntert sie.

Natürlich verstand ich es! Denn hätte ich sonst so genau hingehört und alles bis heute behalten ...

Vor dem Fenster zum Hof eine Kommode. Auf ihr das Radio: ein großer Körting, betrieben durch Batterie und wiederaufladbaren Akku.
Ich erinnere mich an jenen Tag, als die Nachrichten den Fall von Stalingrad eingestanden. Mutter hat spontan gesagt: Dann sind die Russen auch bald hier. Und sofort ist große Angst in mir hochgestiegen, ich weiß es wie heute.
Wir schrieben, wie man weiß, erst Februar 1943; und ich war gerade acht Jahre alt. Die Russen kamen noch nicht in den nächsten Wochen und Monaten; aber keine zwei Jahre später waren sie da...

Auf den Boden!, den mir immer etwas unheimlichen, weil ziemlich dunklen Boden.
In seiner Mitte der nach altem Ruß riechende Schornstein. Hier wurden auch Fleisch und Wurst geräuchert. Im Winter hing das Geräucherte einfach am Schornstein.
Manchmal war es so eisig hier oben, daß zum Beispiel ein Rauchschinken gefror. Mit einem scharfen Messer schnitten wir dann dünne Scheiben von ihm ab; man konnte sie so geeist in den Mund stecken – o ja, auch das war unvergleichbar.
Links im Giebel zu Straße und See eine Kammer: Onkel Adolfs, dieses Teufelskerls Schlafstätte. In Richtung rechter Giebel eine Art Rumpelkammer: Vollgestopft mit allem möglichen: irgendwelche alten Versandhauskataloge von fern aus dem Reich, später, nach Omas Tod, auch ihre zerfledderte »polnische« (masurische) Bibel, und dies und das.
Während des Krieges kam hier Janek, der polnische Kriegsgefangene, zum Zuge.
Gewiß hatte auch er, der damit fertigwerden mußte, nicht bei seiner Familie zu leben und zu arbeiten, sondern bei uns,

seine großen und kleinen Sehnsüchte. Im Rahmen des Möglichen hat er sich bei uns einzurichten versucht. Allmählich wußte er wohl, wogegen Mutter nicht groß Einwände hatte – sie mußte ja mit seiner Hilfe den Hof in Gang halten, manches Zugeständnis konnte das erleichtern. Keiner von beiden hatte es sich so ausgesucht, wie es war.

Janek träumte zum Beispiel von Tauben. Er sprach Mutter darauf an, dabei blieb es zunächst. Dann aber eines Tages erzählte er, daß er welche kriegen könnte.

Na gut, warum nicht.

So kamen Tauben unters Dach. Den Taubenschlag unterm Südgiebel hatte er auch selbst gezimmert.

Gurrende Tauben... Ich erinnere mich: Das war ein neuer Ton bei uns.

Unser altes Masurenhaus, in dem mein Leben anfing und das für zehn Kindheitsjahre mein Zuhause war: Es ist so vollständig von der Erde verschwunden, daß ich schon 1980 nicht die kleinste Spur von ihm fand.

Wie es sinnlos vernichtet wurde: darüber ist uns nur Vages und Unzuverlässiges bekannt geworden. Die eine Behauptung: Die Häuser an unserer Straße sind durch mutwillige Brandstiftung zerstört worden. Die andere: Die nach Kriegsende ins Dorf gekommenen Polen hätten es des guten trockenen Holzes wegen abgerissen, die Balken einfach verheizt. Der Erzähler gab noch eins drauf: Um im Wald Bäume zu fällen und Brennholz zu machen, dazu waren die doch viel zu faul.

Die Abbruch-Version hat einiges für sich: über zwei Scheunen eines Rydzewer Bauern heißt es in einem zuverlässigen Zeugenbericht: »diese von Polen abgebrochen und verbrannt«.

Aber mir scheint die eine Version so wahrscheinlich wie die andere. Sicher ist nach einem schon 1952 niedergelegten Bericht eines Mannes aus unserm Dorf nur dies: daß das Haus schon bald nach dem Krieg beseitigt wurde. Und mehr werden wir heute wohl nicht mehr erfahren können.

Doch ich besitze wenigstens noch zwei ordentliche Fotos, auf denen seine schlichte, schöne Westseite zum Hof hin und der Giebel zur Straße für immer festgehalten sind. Und sehe sie mir nun noch einmal an: ob sie vielleicht mehr festhalten, als mir jetzt noch in Erinnerung ist.
Nein, eigentlich nicht.
Aber es sind doch Bilder, die die *Menschen* zeigen, die in diesem Haus gelebt haben!
Am längsten von allen, die hier je wohnten, tat dies gewiß meine Großmutter väterlicherseits, Marie Reinoß. Als sie geboren wurde, stand das Haus erst vier, fünf Jahre, man schrieb das Jahr 1861; es war noch hell im Holz und nicht so altersgrau wie zu meiner Zeit. Als sie über achtzig Jahre später, mitten im Zweiten Weltkrieg, starb, sollte es sie nur noch um kurze Zeit überleben. Das eine Foto dürfte um 1930 entstanden sein. Da stehen im Blumengarten vor dem Haus die Großmutter und ihre Tochter, die auch Marie hieß, ins Ruhrgebiet ging, dort lebte und starb. Dazu, sich in den Vordergrund stellend und schon außerhalb des Gartens auf dem Fußweg zum Hofplatz, Sohn August, der Polizeibeamte in Berlin, nicht nur in weißem Hemd, sondern auch in weißer Hose!, und in beiden Händen wie zum Lesen eine Zeitung haltend; aber das ist alles zu gestellt und wird noch dadurch gesteigert, daß er gar nicht auf das Blatt blickt, sondern in Richtung Fotograf. Ja: und hinter ihm der absolute Kontrast dazu: sich an einen Baum lümmelnd, Alleskönner, Tunichtgut und Luftei Adolf als noch junger Mann

von etwa zwanzig Jahren – wie jemand, den man auch herbeigerufen hatte und der eben mitmachte, aber nur so.
Das zweite Foto ist jenes, auf dem Mutter aus dem Stubenfenster in den Hof blickt, lächelt... Es ist ein paar Jahre jünger.
Ihr Guten alle auf einem alten vergilbten Bild – noch so selbstverständlich daheim in masurischer Welt! Genau besehen, braucht man doch nicht mehr, als wir damals besaßen, wir hatten alles – die Lebensbedingungen waren diesen Menschen angemessen, deshalb die Zufriedenheit. Man benötigt es nicht aufwendiger. Wer über diese so bescheidenen Lebensbedingungen und einfachen Ereignisse bei uns die Nase rümpft, lese zum Beispiel den »Candid« des klugen Voltaire und denke über das Ende der Erzählung nach.
Was für unterschiedliche Temperamente und Charaktere bei uns zu finden waren: die Fotos erinnern mich daran. Und das sind ja nur einige von denen, die in unserm Haus gelebt haben im Lauf fast eines Jahrhunderts. Allerdings: Sehe ich von meinem Vater ab und meinen Geschwistern, so sind fast alle der Familie abgebildet, die ich um mich hatte in der Kindheit oder die, wie der August und die Marie, ab und zu ihr Elternhaus besuchten.
Beide Bilder stammen übrigens aus Spätsommern: der Apfelbaum in der einen Ecke des Blumengartens trägt schon große Früchte.
Die Sträucher und die dichten Stauden vor dem altersgrauen Holzgebäude. Hübsche, unverbogene bäuerliche Welt. Da ist nichts streng geordnet und auf Vordermann gebracht, es wächst und blüht eher wuchernd, üppig und schön.
Das ist anheimelnd. Und von dieser Art war Masuren, das Märchenland meiner Kindheit hinter den Sieben Bergen.
Das hatte diesen Stil.

Die allerersten Jahre

Wie weit reicht die Erinnerung eines Menschen an die eigenen Anfänge zurück? Von welchen Augenblicken an nahm er seine Existenz bewußt wahr, und was davon blieb in seinem Gedächtnis?

Meine allerersten Jahre betreffend: Was für ein wunderliches »Pelemele« bietet sich da an aus den Erzählungen anderer, einigen wenigen Fotos, die Krieg und Flucht überstanden – und von den vielen Wochen und Monaten, ja den zwei oder drei ersten Jahren, tauchen im eigenen Gedächtnis nur sehr wenige Erinnerungen auf. Und das sind heute auch kaum noch Abläufe, wie ein Film sie uns zeigt, sondern sie driften seit langem zu Bewegungslosigkeit hin, sind fast schon zu einem einzigen Bild, ich darf wohl sagen: Gemälde, verdichtet.

Und wie schwer ist es, für die allerersten Jahre die Grenze zwischen Wirklichkeit und Traum zu finden!

Zum Beispiel in diesem Fall:

Wir fuhren mit unserm Wagen, das eine Pferd davor, von der Großmutter in Satticken wieder nach Hause. Plötzlich geschah etwas sehr Sonderbares. Darf ich sagen: Ich weiß noch genau, wo? Nämlich schon in Gonsken, aber noch vor der Kirche. Dort auf einmal am Himmel vor mir eine Frau auf einem Fahrrad: albern lachend und komisch strampelnd.

Natürlich: Bald lernte ich, daß am Himmel vor einem niemand radfährt. Aber für jenes Ereignis gewann ich dadurch trotzdem nicht das Bewußtsein von einem Traum. Weiß, wie gesagt, auch noch genau, wo ich jene komische Figur sah (gab es sie damals so ähnlich auf einer Waschmittelpakkung?); könnte heute noch zu dem Ort hin und sagen: Hier war es; während ich so gut wie alles andre aus der Zeit vergessen habe.

Oder dies:

Ein Sonntag, mag sogar sein: Totensonntag. Mutter und ich gingen durch Spätherbsttrübnis vom Friedhof nach Hause. Wir waren nicht auf der Schotterstraße, die von Stradaunen am Friedhof vorbei ins Dorf kam, sondern auf dem Feldweg von Löbelshof her am Dumbel (einer moorigen, birkenbestandenen Senke) vorbei.

Und da kam die ganze Zeit aus der Erde unter unsern Schritten ein gleichbleibender dumpfer Ton, und der Boden vibrierte ganz leicht.

War es eine Maschine irgendwo in der Nähe, die das erzeugte? Bestimmt nicht. Eine solche Maschine gab es bei uns nicht.

O nein, ich will nicht alles erzählen, woran ich mich erinnere. Bloß das, was bemerkenswert ist oder seltsam und auch einen anderen interessieren mag.

Dazu gehören wohl auch die zwei, drei zu Gemälden gefügten sehr frühen Erlebnisse.

Ich sehe den kleinen Jungen, der *ich* bin, in der von den Kerzen eines Weihnachtsbaums dämmrig erhellten Wohnstube des Masurenhauses, mit den Holzdielen und der Holzdecke. Er hat gerade ein Schaukelpferd geschenkt bekommen, und sein Vater ist nahe bei ihm. Und noch viele, viele Jahre später wird er sicher sein: Es war das schönste Schaukelpferd, das man sich denken kann.

War ich damals zwei Jahre alt?

Oder Hoppehoppereiter auf Vaters rechtem Knie in der Stube: Lange das liebste Vergnügen! Und dazu wurde von Vater immer ein Lied gesungen:

Hoppe, hoppe Reiter,

Wenn er fällt, dann schreit er.
Fällt er in den Graben,
Fressen ihn die Raben.
Fällt er in den Sumpf,
Macht der Reiter plumps!

Am schönsten dabei der Schluß – denn bei dem ließ man sich fallen, wurde ja aber festgehalten und fiel daher niemals ganz ...

Oder einer der heißen masurischen Hochsommertage. Es ist auf dem Feld, das Getreide wird geerntet. Vater mäht, es ist jedesmal gleichsam ein zischendes Schnaufen, wenn die scharfe Sense durch das Korn fährt und die hohen Halme umsinken. Dahinter Mutter mit weißem Kopftuch und gerötetem Gesicht: gebeugt das Gemähte sammelnd und es dann zu Garben bindend.

Ich sehe den kleinen Kerl, man hat ihn in den halben Schatten hinter einer Roggenhocke gesetzt, und man hat ihm etwas zu trinken gegeben (verdünnten Himbeersaft). Doch man hätte ihn besser schon früher aus der Sonne nehmen sollen, denn er hat einen ziemlichen, inzwischen fiebrigen Sonnenbrand ... Aber hatte man denn dafür Zeit, wenn Ernte war ...

Ich meine, auch das sind sinnvolle Erinnerungen. Sie lassen das eine wie das andere anklingen, was für unser dörfliches Leben am Ende der Welt charakteristisch war: die oft harte Landarbeit und die bei uns, genauso wie anderswo, vorhandenen unalltäglichen Freuden.

Die Fotos aus jener Zeit, die ich viel später wiedersah:

Das eine wurde auf dem Hügel am Waldrand hinter dem großmütterlichen Hof in Satticken gemacht. Da sitzt die Oma Guste (Auguste), Mutter meiner Mutter, und blättert in einem Bilderbuch, und ich, wohl etwa drei, lehne an ihr und

sehe interessiert in dieses Buch. (Es ist heute das früheste der Bilder von mir, das ich besitze, und ich blicke in ein *Buch* ...)
Auf Omas anderer Seite meine Schwester Ingrid, ein Jahr jünger als ich, ein anderes Buch in der Hand haltend; aber sie ist nicht mit dem Buch beschäftigt, hat die Augen der tiefstehenden Sonne wegen geschlossen.
Hinter diesem Dreiergespann die beiden so verschiedenen Schwestern: meine Mutter – Tante Grete.
Seltsam übrigens die Blondheit der beiden ältesten Kinder: Mutter war dunkel, Vater »asch«blond, jedenfalls auch nicht hell, seine ganze Familie dunkel. Ich erinnere mich an niemanden väter- wie mütterlicherseits, von dem Hellblondheit und blaue Augen herzuleiten wären.
Das zweite meiner Fotos zeigt mich wohl ein bißchen älter, es entstand daheim in Rydzewen vor dem Hintergrund des unterhalb des Hofes liegenden Sees. Mutter hat ein hochgeschlossenes Kleid an mit einem adretten weißen Kragen. Sie hält Ingrid und mich vor sich. Ich gebe, es wirkt gewollt, fast sogar preziös, die rechte Hand in ihre linke.
Wieder hat Ingrid das Problem mit der Sonne von vorn, während ich, in kurzer Hose und einer Art Trachtenkittel, den Zeigefinger der linken Hand unters Kinn halte und von unten her ernst in die Kamera blicke: Mir ist sehr wohl bewußt, worum es geht.
Dieser sehr blonde kleine Junge, der Mutter bis zum Gürtel reicht, bin also ich ...
Aber wie fern mir das zu sein scheint, sogar etwas fremd – oder unwirklich.
Ein weiteres Foto aus der frühesten Zeit; ich besitze es leider nicht, sah es vor Jahren bei Verwandten. Es zeigt mich mit meinem Onkel August, und da bin ich fast noch babyhaft pausbäckig, mit langen gelockten Haaren.

Es ist das am weitesten zurückliegende Bild von mir. Und es reicht wohl an jene Zeit heran, als ich mit etwa einem Jahr eine Lungenentzündung bekam, die ich nach allen Berichten darüber nur um Haaresbreite überstand.
Und nichts von dieser schweren Erkrankung in der eigenen Erinnerung, nicht das geringste.

Noch einmal: Wie weit reicht unser Rückblick auf die eigenen Anfänge?
Den Geburtstag notieren natürlich andere, das ist klar. Ich wurde am 7. Januar 1935 geboren. Witterungsmäßig soll jener Monat »normal« gewesen sein – was für Masuren heißen dürfte: lausig kalt. Die Tante erzählt, man sei durch sehr viel Schnee meiner Geburt wegen von Satticken nach Rydzewen gefahren. Und Vater scherzte, mich habe nicht der Storch, sondern eine Krähe gebracht. Wer etwas an Astrologie findet, jener uralten Annahme einer geregelten Beziehung zwischen der Welt der Gestirne und den Vorgängen auf der Erde, der doch so außerordentliche Geister wie Kopernikus und Kepler anhingen, der wird nicht übersehen, daß dieser kleine Kerl in Masuren mitten im Sternzeichen des Steinbocks geboren wurde.
So müßte er denn eher zu den einzelgängerischen, grüblerischen, doch zugleich treuen Menschen gehören. Jenen, denen man Ehrgeiz, Beharrlichkeit und Fleiß nachsagt. Und die all das auch bitter nötig haben, um ihre weitgesteckten Ziele zu erreichen, denn es wird ihnen schwerer gemacht als den andern. Aber sie lassen sich nicht entmutigen, gehen ihren Weg, so hart und leidvoll er auch sein mag, erreichen, wie spät auch immer, den Gipfel: ihr Ziel.
Der Beginn unseres Bewußtseins. Wir kennen die heutigen Diskussionen darum. Nun ja: Das Bewußtsein von etwas und was davon im Gedächtnis aufbewahrt wird, mag zweier-

lei sein. Aber diese Diskussionen sind inzwischen von soviel Ideologie und simpler Besserwisserei geprägt, wie vieles in diesem die überspannten Positionen suchenden Land, daß eine sachliche Diskussion darüber kaum noch möglich ist.
Jedenfalls, ich kann dies bestätigen: Viele Monate am Anfang des Lebens, aus denen ich heute nicht das geringste weiß, nicht einmal über eine so gravierende Sache wie die höchste Lebensgefahr. Ereignisse, die für mich so völlig im dunkeln, ja im Nichts liegen, daß ich das wenige darüber, das in eine Biografie eingehen könnte, nur vom Hörensagen kenne: wie über einen andern und nicht über mich selbst.
Aber halt: Hier falle ich mir ins Wort. Doch nicht wie über einen andern. Denn wie ich das Gehörte noch einmal heraufhole, da bewegt es mich gleich wieder.

Dabei zeigen sich auch in den Anfängen schon individuelle Züge. Schicksalhaftes, das später wieder anklopft, klingt erstmals an.
Eine heftige Lungenentzündung also. Beim damaligen Stand der ärztlichen Kunst gab man wohl nicht mehr viel für mein Leben. Ein Landarzt im Masurischen dürfte ohnehin nicht die Speerspitze des Möglichen gehandhabt haben. Immerhin nannte er einigermaßen zutreffend den Zeitpunkt für die Entscheidung (in den Berichten ist von »Krisis« die Rede). Dann wollte er wiederkommen und nach mir sehen.
Womit rechnete der einfach zuwartende Mann? Er war doch sicher an die auf dem Land immer noch hohe Kindersterblichkeit gewöhnt, hatte einen Totenschein in der Tasche.
Aber ziemlich genau um die genannte Zeit soll ich – der ich offenbar eine Zeitlang wie bewußtlos dagelegen habe – den Kopf bewegt haben. Und da habe man, heißt es, gewußt: Ich sei, o Wunder, »über den Berg«…

Ich war also doch nicht eins der vielen Kinder, die früh in die Erde gingen. Von den Kindern meiner Großmutter Reinoß (und das lag ganze drei Jahrzehnte zurück), sind mehr gestorben, als groß wurden.
Es sind zwei Gedankengänge, die sogleich abzulaufen beginnen, wenn mir jene höchst dramatischen Stunden in den Sinn kommen.
Der eine: Was alles wäre niemals in der Welt gewesen, wenn ich damals abhanden gekommen wäre wie ein Zweig, der eintrocknet und abfällt. Denken wir an das Naheliegende: Ich wäre nie für einen Partner dagewesen – keine Ehe mit mir; und jenes Mädchen, das meine Tochter war, wäre nie geboren worden und hätte nicht ein solch schreckliches Ende durch einen Betrunkenen gefunden. Die Welt oder das Schicksal oder der liebe Gott (oder wer immer sich diesen Schuh anzuziehen hat) hätte eine Barbarei weniger zu verantworten gehabt.
Der andere Gedankengang ist erfreulicher. Ich denke, daß ich damals eine äußerst heikle Situation erstaunlich gut, ja für viele wohl eher überraschend überstand.
Zum ersten, nicht zum letzten Mal eine solche Erfahrung. Und nach über fünf Jahrzehnten Lebenslauf darf ich wohl heute davon ausgehen, daß neben aller Verletzbarkeit, ja Dünnhäutigkeit (über deren Herkunft angesichts lauter wohl nicht entfernt so empfindlicher bäuerlicher Vorfahren zu rätseln wäre) mir doch auch allerhand Robustheit und Zähigkeit mitgegeben wurden, mit denen man bei mir meistens nicht rechnet.

Wie gesagt: Nichts über jene lebensgefährliche frühe Erkrankung in meiner Erinnerung, gar nichts. Ist es also zutreffend, wenn ich meine, das nahe Sterben wäre mit keinerlei Empfindungen des Ausgelöschtwerdens verbun-

den gewesen? Ich weiß nichts von quälendem Leiden, nichts von Todesangst. Wäre ich aus der Welt gegangen, ohne dadurch sonderlich beeindruckt worden zu sein?
Oder wurde ich doch erschüttert, und sogar tief und dauerhaft: und die latente Todesfurcht vieler späterer Jahre (die merkwürdigerweise ausgelöscht wurde durch den Tod meiner Tochter) kam von daher, denn von keinem meiner Vorfahren hörte ich ähnliches?

Die Zeit verging. Ich schien alles so weggesteckt zu haben, als hätte es sich nie ereignet.
Die Oma Guste hat mir, ich weiß nicht wie oft, diese kleine Geschichte anschaulich erzählt, die sich nicht lange nach jener Zeit, da ich todkrank war, ereignet haben muß.
Ich hätte gerade ein bißchen sprechen können, da sei ich, Hände auf dem Rücken, immer wieder auf sie zugestapft gekommen mit den Worten:
Tompt er an! Tompt er an!
Und hätte erwartet, daß sie frage: Ja wer kommt denn an?
Um zu antworten: Bübchen!
»Sehr selbstbewußt« hätte ich mich da gezeigt, betonte sie.
Damals war ich es also; und erst später wurde es mir ausgetrieben. Als man uns nach der Flucht westlich der Elbe jahrelang wie lästige Dahergelaufene behandelte.
Das führte hin zur zweiten existentiellen Krise in meinem Leben; doch das gehört nicht mehr hierher. (Auch das stand ich, wenn auch unter nachhaltigeren Verlusten, durch.)

Unser Hof

Wir hatten also einen kleinen Bauernhof in Masuren.
Um genau zu sein: Mein Vater hat sich niemals Bauer genannt, sondern Landwirt. Ich habe ihn nicht gefragt, weshalb. Lange nahm ich an, Landwirt sei ein bißchen weniger als Bauer, nur ein kleiner Bauer. Aber als ich im Lexikon nachschlug, um sicherzugehen, erfuhr ich etwas anderes. Landwirt: Das ist der Eigentümer eines landwirtschaftlichen Betriebes (dessen Größe mag also sein, wie sie ist). Mehr noch: Ich erfuhr, daß viele Landwirte eine regelrechte Ausbildung machen, ja ein Diplomlandwirt ist sogar ein studierter Mann, manchmal mit Doktortitel.
Landwirt also nicht die abwertende, sondern sogar die etwas »feinere« Berufsangabe – hat Vater sie deshalb gewählt?
Wie dem auch sei: Haus und Hof, Stall und Scheune waren im neunzehnten Jahrhundert auf einen noch deutlich geringeren Landbesitz hin zugeschnitten worden, als wir ihn zur Zeit meiner Kindheit besaßen. Erst mein Vater hat es durch Zukäufe auf vierundzwanzig Morgen gebracht und dadurch zur völligen Selbständigkeit und Unabhängigkeit, zumal er den erlernten Beruf, Maurer, weiter ausübte.
Noch sein Vater hat bei einem der großen Bauern des Dorfes gearbeitet. Losmann der eine, Kätner der andere – so die Angaben für einen der Großväter und einen der Urgroßväter in den kirchenamtlichen Dokumenten.

Ein auch zuletzt noch bescheidener landwirtschaftlicher Besitz also. Und die Dorfstraße: dieser Sandweg am Seeufer in Richtung Westen, zerschnitt die Hofanlage; links im vom Wasser heraufsteigenden Gelände Haus und Gärten um einen kleinen Hofplatz; rechts an der Straße, fast bis ans

Wasser reichend, Stall und Scheune in einem Gebäude, unter einem Dach.

Tritt man aus dem Haus, so ist man gleich auf dem kleinen Hofplatz. Er vor allem war die Welt des Kindes in den frühesten Jahren.
Hier stieß man immer auf Hühner, den Hahn. Näherte man sich ihnen nicht ganz sanft, so huschten sie schnell unter die Büsche des oberen, »wilden« Gartens, ließen manchmal erschreckt noch was fallen...
Der Hahn kratzte wie im Bilderbuch auf dem Misthaufen, der auf der dem Haus gegenüberliegenden Seite des Hofplatzes lag. Manchmal besprang er ein Huhn – das stand danach wie verdattert da, schüttelte sich aber gleich und tat so, als sei nichts geschehen.
Um diese kleine Welt der Kranz von drei Gärten. Genau besehen, besaßen wir sogar vier, und darin übertraf uns keiner im Dorf.
Von dem schönen Blumengarten vor dem Haus habe ich erzählt. Der Gemüsegarten lag jenseits des Wegs zum Hof hinauf. Ein Fußweg führte vom Hofplatz zum Häuschen mit dem Herzen, das in einer der hinteren Ecken dieses Gartens stand. Im Herbst blühte in der Nähe dieses Häuschens eine hohe Staude leuchtend gelb; nach meiner Erinnerung war's eine Fallschirmrudbeckie.
Oberhalb des Hofplatzes, von ihm durch einen vielleicht einen Meter hohen Abhang getrennt, der ganz mit Fliedergebüsch bewachsen war, lag der dritte Garten: ein Baum- und Strauchgarten. Es war eine etwas verwilderte Anlage, in der es auch einen Kirschbaum gab. In dem ungewöhnlich kalten Winter 1941/42 erfroren bei uns alle Obstbäume, wie auch in der Nachbarschaft und wohl weit über das Dorf hinaus.
Eine kleine grasbewachsene Lichtung in diesem Garten

diente als Wäschebleiche. Dort lag manchmal weiße Bettwäsche in der Sonne, und ab und zu feuchtete Mutter sie aus einer Gießkanne an.
An einem heißen, dann auch schwülen Sommertag, Mutter war nicht zu Hause, haben wir dort zu mehreren in meinem Alter (fünf, höchstens sechs) gespielt, der Wärme wegen bald splitternackt. Einer, ein quirliger kleiner Bursche, verschwand mit einem kleinen Mädchen unter einer Decke – und jemand sagte: Jetzt machen die, was die Erwachsenen immer machen. Ich wußte kaum, was gemeint sein könnte. Die beiden unter der Decke, wo sie nur sehr kurz blieben, aber sicher auch nicht ...
An der Westseite dieses halbverwilderten Gartens standen mehrere Eschen. Onkel Adolf, der Teufelskerl mit den tausend Einfällen, fantasierte mir eines Tages vor: Einer dieser Bäume müßte dran glauben, er werde sich Skier machen lassen, Esche sei besonders geeignet dafür.
Kannst du Skilaufen? habe ich gefragt.
Na klar! hat er geantwortet.
Er hätte dasselbe behauptet, wenn ich ihn nach seinen Fähigkeiten im Eiskunstlaufen gefragt hätte. Er hatte wohl nie Zweifel daran, daß er etwas konnte (und noch vieles mehr).
Und unser Lindenbaum in der äußersten Ecke dieses Gartens gerade oberhalb des Hauses! Er ist in meiner Erinnerung etwas Besonderes bis heute geblieben. Warum? Letztlich weiß ich das nicht. (Und will mir auch nicht immer alles zu erklären versuchen.)
Dieser herrliche große Baum! Wie duftete er in den kleinen Hof herunter zur Blütezeit! Eine deutsche Dichterin hat bekanntlich das Linden-Duften als unsterblich bezeichnet; dem stimme ich zu. Ja: Ich weiß nicht allzu weit von unserm heutigen Haus im Westfälischen eine ländliche lindenge-

säumte Straße und fahre mit dem Rad dorthin, wenn im Frühjahr die Bäume blühen, und bin unter ihnen, und voller intensiver Erinnerungen.
Und wie summten in dem Baum die Bienen zur Lindenblütenzeit! Und einen großen Beutel voll seiner massenhaften Blüten haben wir in jedem Jahr für Tee gepflückt.
(Auch diesen alten Baum gibt es nicht mehr. Vor etwa zehn Jahren lag im Gestrüpp ein angekohlter Baumstamm. Inzwischen ist aus dem Stubben* kräftig ein Strauch hervorgewuchert und längst übermannshoch, und beherrscht die ganze Ecke des Hofgeländes. Aber der schöne alte Baum kann es niemals mehr werden.)

Kam man von der Linde oben zum Haus hinunter, so stieß man zuerst auf den ihm angebauten Schuppen. In ihm Holz, Werkzeuge, Fahrräder und so weiter. Vor ihm wurde das Holz gesägt und gehackt; hier stand ein Hauklotz.
Einzelheiten.
Ich hatte von Tante Grete zwei kleine Kaninchen geschenkt bekommen; auch sie hatten wir in einem Stall im Schuppen untergebracht. Die Katze kam irgendwie an sie heran und brachte sie um. Kurz darauf war die Tante wieder zu Besuch. Ich hatte diesmal der Kaninchen wegen von Anfang an ein mulmiges Gefühl, die Frage nach ihnen würde sicher kommen.
Aber zunächst verging die Zeit mit allem Möglichen.
Ob ich denn auch wirklich immer brav sei, wurde irgendwann von der Tante gefragt.
Na ja –, schränkte Mutter ein.
Was –! sagte da der Onkel Erich. Das wäre ja auch noch schöner! Ein Junge, der einen Spatzen auf dem Zaun sitzen

* Baumstumpf

sieht und nicht einen Stein nimmt, um nach ihm zu werfen, das ist doch kein richtiger Junge!
Das gefiel mir – aber natürlich bewahrte es mich nicht vor der Frage nach den Kaninchen. Die also kam...
Ich setzte an, um etwas zu antworten wie: Mit denen sei's in Ordnung, brachte das aber nicht fertig und brach in Tränen aus.
Als die Katze kurz danach auch Küken tötete, war für die Oma Reinoß das Maß voll: Eine Haustiere umbringende Katze durfte es nicht geben!
Sie ergriff sie, steckte sie in einen Sack, band diesen zu und warf ihn mitten in den Hof. Und drosch verbissen mit einem Knüppel drauflos. Brutaler kann man sich eine Tötung nicht vorstellen.
Damals, als Drei- oder Vierjähriger, war ich dabei und machte mir über eine solche Hinrichtung nicht viel Gedanken, obwohl sie mich nicht gleichgültig ließ, denn sie ist mir in Einzelheiten anschaulich geblieben... Widerlich wurde sie mir später.

Sehr einfach das meiste, womit wir spielten.
Ich weiß nicht, ob es Vater gewesen ist oder Janek (der polnische Kriegsgefangene), der uns zu einer Wippe im Hof verholfen hatte: bloß einem Brett über einem am Boden befestigten dicken Stamm. An einem Sonntagabend im Sommer wippte ich mit einem hübschen Mädchen, es war die Tochter einer evakuierten Familie, und irgendwie erregte mich das ein bißchen. Ich habe ihren Namen nicht behalten, weiß nicht, wie sie aussah – bloß, daß sie wohl die erste war, die mir auf eine eigenartige Weise gefiel.

Für uns Kinder, als wir noch kleiner waren, für Ingrid (Gita) und mich, hatte Vater am Rand des Wegs vom Hof, schon fast

an der Straße unten, eine Fuhre weißen, feinen Sand abladen lassen. Dort haben wir oft gespielt.
Es kam zu den üblichen Kabbeleien. Ich sehe es noch heute vor mir, wie Ingrid, vielleicht nicht älter als zwei, mit zusammengebissenen Zähnen auf mich losgeht, mir auf den Kopf haut.
Na warte, du blöde Zicke! dachte ich wohl (oder so ähnlich). Und nahm einen etwas größeren Stein und warf ihn ihr auf die Hand. Da fing sie natürlich fürchterlich zu schreien an und rannte rauf zur Mutter. Die Hand schwoll ein bißchen an. Wohl mehr zur Beruhigung wurde sie gekühlt und mit irgendwelchen Blättern belegt (Huflattich? Wegerich?).

So nah an der Straße konnte man vom Sandhaufen aus manches beobachten. Irgendwer fuhr mit dem Pferdewagen aufs Feld. Und manchmal kam plötzlich »der Sedello« mit dem Motorrad angefahren, und das war dann schon etwas Besonderes. Er wollte zu Vater; sie arbeiteten zusammen bei irgendwelchen Bauten.
Aber etwas noch Ungewöhnlicheres geschah an einem Sonntagnachmittag im Frühjahr 1939. Da stand plötzlich ein mir bis dahin fremder, aber mich gleich sehr beeindrukkender feiner Mann vor mir, und er fragte mich nach Vater.
Da erwiderte ich ganz ernsthaft, was Vater mir gesagt hatte: Er ist aufs Feld – horchen, ob das Gras schon wächst!
Da lächelte der Herr und antwortete etwas wie: Ich sei ein helles Kerlchen und hätte gut aufgepaßt –.
Dieser feine Mann war der Gutsbesitzer Lenz vom nahen Löbelshof.
Bald war bei uns von ihm häufiger die Rede, und zwar, weil er offenbar ein Mann war, der die damaligen Zeitläufe verfolgte und mit der Zeit ging.

Und dann in den Strudel dieser Zeit geriet.
Im Krieg ist er länger in Polen gewesen. Darüber wurde bei uns einiges erzählt. Sicher ist für mich aber bloß dies: Ein letztes Mal sah ich ihn im Herbst vierundvierzig, als es schon dem Untergang zutrieb: wild querfeldein reitend, zwei große Hunde bei sich.
Sicher und nachzulesen ist: Er und seine Frau, wohl auf der Flucht in den Westen, »wurden im Auto bei Sensburg erschossen aufgefunden«.
Das hat den Geruch einer gezielten Aktion, vielleicht Exekution.
Ohne die Nazis und den Krieg wäre auch sein Leben anders verlaufen und hätte nicht so geendet.

Die wenigen Schritte über die Dorfstraße. Über die wenigen Stufen aus Feldsteinen links am Stall entlang zum See hinunter.
Dort lag linker Hand der vierte unserer Gärten. Zu meiner Zeit haben wir dort wohl nur noch Kartoffeln gepflanzt. (Und wahrscheinlich haben ihn die Kätner-Vorfahren erst recht so genutzt.)

Der See! Er gehört unbedingt dazu.
Ein halbes Jahrhundert nach meiner Kindheit liegt die Grete im Krankenhaus, hat quälende Altersbeschwerden, wir besuchen sie. Ich hatte einen Traum, sagt sie plötzlich; – von zu Hause.
Satticken, meint meine Frau Anneliese.
Nein, nein, antwortete sie; – bei euch in Rydzewen, der Weg zum See . . .
Und sie hat ihn seit der Flucht niemals mehr gesehen.
Der Blick über den See auf die Hügel hinter ihm: dieses für mich einzigartige, in mir wohl unverlierbarste aller Masu-

ren-Bilder. Denn es war jener Anblick heimatlicher Landschaft, den ich als ersten immer wieder vor mir hatte, als ich die Welt jenseits von Haus und Hofplatz zu entdecken begann. Man kann sagen: Im Angesicht dieses Bildes bin ich Kind gewesen. Und das ist eben etwas ganz anderes, als in einem Mietshaus aufzuwachsen und durch das Fenster auf ein anderes Mietshaus zu sehen.

Nur ein schlichtes Bild; und doch von einer kaum überbietbaren Schönheit. Vom See zu den Hügeln aufsteigendes grünes Weideland. Ein heller Sandweg inmitten: ein langgezogenes, gleichgültiges S bildend den Berg hinauf, gesäumt von Kugelkopfweiden. Rechts dieser Landstraße der Berg sich höher aufwerfend: überragt von dunklem Tannenwald.

Dieser Wald wurzelt gleich hinter der Kuppe und ist nicht viel älter als ich. Auf einem der Fotos aus der Zeit meiner Kindheit überragen erst wenige Baumspitzen den Berg; und heute ist der Wald erwachsen.

Das Bild aus meiner Kindheit weicht gegenüber der heutigen Wirklichkeit vor allem in einem ab: Es stammt aus der Zeit des lebendigen Dorfes. Am Fuß des Gemächlichkeit anzeigenden Sandwegs das kleine Gehöft der Wengoborskis, das Wohnhaus kalkweiß. Es ist völlig verschwunden. Ein flacher, auch schon ganz wiesenüberwachsener Hügel zeigt dem Ortskundigen an, wo es gestanden hat.

Unserem Gehöft gegenüber früher der große Hof der Karraschs.

Dort hatte der Großvater gearbeitet; und an dem imposanten Stall hat Vater als Maurer gebaut.

Vor einem Jahrzehnt stand neben diesem Stall vom Wohnhaus noch eine beträchtliche Ruine. Inzwischen ist auch diese verschwunden. Und da es sich um ein recht massives Gebilde gehandelt hat, wie es in einem Jahrzehnt nicht spurlos verschwindet, ist es wohl abgetragen worden. Nur der Stall steht noch.

Sieht man von uns aus nach links über den See, so fiel früher der Blick auf einen weiteren, noch charakteristischeren Waldkamm über einem der Hügel. Das war Krahns Wald – und das hieß ja: früher Bandillas Wald, und er hat einst den Eltern meiner Urgroßeltern Lotte Bandilla gehört.

1980 konnte ich seinen Anblick noch begrüßen wie etwas Altbekanntes aus der Kindheit. Inzwischen ist auch dieses Bild zerstört: Der Wald ist fast zur Gänze umgehauen worden. Der Rest gleicht nun einem weggebrochenen Zahn, von dem nur eine scharfe Ecke stehenblieb.

Neben den Menschen in Haus und Hof die Tiere. Das Geflügel, das Pferd, die beiden Kühe, die Schweine im Stall. Lauter uns verbundene Wesen.

Ich weiß, dagegen mag eingewendet werden: Die sind doch auch von euch bloß benutzt und verwertet worden. Und nicht wenige wurden am Ende geschlachtet.

Aber mir darf man mit einer solchen Argumentation nicht kommen. Nach über fünf Jahrzehnten Erfahrung mit dem sogenannten Schicksal kann ich beim besten Willen nicht finden, daß zumindest mit einzelnen von uns gnädiger umgesprungen wird, als wir mit unseren Haustieren umgingen.

Ja: Wir haben Schweine geschlachtet. Ich habe als Kind zugesehen. Und ja: Das war brutal. Das Schwein wurde gepackt, gehalten (was nicht einfach war, es wollte entkommen), durch einen Schlag vor die Stirn mit der stumpfen Seite einer Axt betäubt, rasch abgestochen. Jemand mußte das Blut in einer Schüssel, die etwas Salz enthielt, auffangen, es rühren. Später hing das geschlachtete Schwein in der Scheune.

Und auch dies waren uns Kindern vertraute Vorgänge, man machte kein großes Trara darum, ließ uns zugucken. Eine

Kuh wurde in einen Hof geführt und festgehalten. Und aus dem Stall kam einer mit dem Bullen, führte ihn an einer Holzstange, die in einem Nasenring beim Tier endete. Und der Bulle besprang die Kuh; erledigte, wozu man ihn hergebracht hatte.
Das gleiche mit Pferden. Nur daß darum nach meiner Erinnerung mehr Brimborium gemacht wurde.
Einige von uns kleinen Kindern haben manchmal auf dem Dorfanger beim See Kuh und Bulle gespielt, indem sich einer auf alle Viere runterließ, der andre ihn von hinten besprang. Das war ganz unschuldig gespielt, ohne zu wissen, was man da eigentlich nachahmte. Ich bin nicht einmal sicher, ob die Geschlechter dabei richtig verteilt waren.

Noch einmal: Die Verbundenheit von Mensch und Tier bei uns. Dafür kenne ich zwei schöne Beispiele.
Das eine: Gegen Ende des Krieges, schon kurz vor der Flucht, mußten wir Vieh abliefern. Doch eines Abends muhte es unten am Stall – und da stand dort eine Kuh von uns. Sie war fortgeführt worden, hatte sich aber losreißen können und hatte zu uns nach Hause zurückgefunden.
Das andere: Als die Satticker im Kreis Treuburg die Höfe schon verlassen hatten, fuhr Mutter noch einmal, ein letztes Mal in Richtung Osten auf den menschenleeren elterlichen Hof. Ja: Niemand mehr dort, alles wie ausgestorben. Aber nur für Augenblicke. Dann, als hätten sie sich verständigt, strömten plötzlich aus allen Winkeln Tiere herbei, und das Geflügel umstand Mutter und sah sie an... Und auch der schöne Wolfshund kam, und den, so dachte sie, nehm' ich mit. Doch er weigerte sich, wollte daheim bleiben...
Alles kann man verlieren, kommentierte Mutter das; das Materielle, das ist nicht so schlimm. Aber als die Tiere mich so ansahen –.

Zusammengebaut mit dem Stall die Scheune. Auf der Lehmtenne ist noch mit dem Dreschflegel Getreide gedroschen worden. (Obwohl das schon die Ausnahme war: Meistens wurde für kurze Zeit eine Dreschmaschine, über einen Riemen von einem Benzinmotor angetrieben, ausgeliehen, und es kamen einige Leute »zum Helfen«.)
Die Häckselmaschine. Die Rübenschneidemaschine. Am interessantesten aber der Quirli, diese Handmühle ganz wie in alter Zeit. Ein kleiner Mühlstein, etwa in Tischhöhe eingepaßt in ein steinernes Behältnis. Vom Rand des Mühlsteins eine Stange nach oben zu einem der Deckenbalken der Scheune, dort über der Mitte des Steins unbefestigt in einer Vertiefung des Balkens endend. Mit Hilfe dieser Stange ließ sich der Mühlstein per Hand im Kreis drehen, um Korn zu schroten.

Die frühen Jahre meiner masurischen Kindheit, als sich die Tage noch so sehr dehnten.
Ich denke zurück an den Lauf der Jahreszeiten. Wir hatten Sommer, da verdämmerten manche Tage wie Brände. Die Winter hüllten uns in Schnee, als würden unserem Dasein Eisbärenpelze angetan. Der See war zugefroren und verschneit. Manchmal, denke ich heute, dürften wir in unserem Dorf am Ende der Welt von der Außenwelt abgeschnitten gewesen sein. Aber auch das mußte nicht zu Aufgeregtheiten führen, denn wir konnten uns und die Tiere mit dem versorgen, was wir in Haus, Stall und Scheune hatten. Für uns: Kartoffeln, selbstgebackenes Brot, Eier, Milch, Butter, Fleisch (gepökelt und geräuchert), Sauerkohl aus dem Faß, Wruken* und Möhren und so weiter

* Kohlrüben

Aber wenn dann von Westen, aus Richtung unserer Felder, die milde Luft herüberwehte und das Frühjahr ankündigte! Aus der Dachrinne begann es zu tropfen; doch abends bildeten sich noch Eiszapfen.
Und dort, wo die Fliederbüsche vor dem Baumgarten im höheren Gelände an dem kleinen Abhang wurzelten, waren im Lauf der Zeit an manchen Stellen kleine Mulden und Höhlen ausgeschwemmt worden. Und nun rieselte und tropfte es dort und machte dabei kleine helle silbrige Töne – das waren mit die ersten Geräusche, die sich mir einprägten. Jetzt war wieder Weite in der Luft – ja: Das war der Frühling!

Aufs Feld!

Es war um die Mitte der fünfziger Jahre, und erst ein Jahrzehnt, nachdem wir unsere Heimat in Masuren verloren hatten. Vater war damals noch nicht einmal fünfundfünfzig Jahre alt, doch schon ein todkranker Mann.
Da fragte er mich plötzlich: Unser Land in Schwarzberge – würdest du das wiederfinden?
Es war eine mich überraschende und irgendwie sehr stille Frage. Weshalb stellte er sie? War ihm bewußt, daß er selbst Masuren und seine Felder niemals mehr sehen würde? Aber all das war doch einmal Wirklichkeit gewesen? Und nicht bloß geträumt? Man konnte es sich immer noch ansehen?
Ich konnte ihm die Frage gut bejahen. Ich sah alles bis in Einzelheiten vor mir. Damals, als ich zwanzig war und erst zehn Jahre weg von zu Hause, mindestens so sicher wie heute.

Doch war seine Frage nicht auch müßig? Hatten sich nicht Polen das Land angeeignet? Und egal, ob sie es unter den Pflug nahmen oder nicht: Sie würden es jedenfalls nicht mehr zurückgeben? Und selbst wenn: Wer seiner Söhne (von denen der mittlere fünfzehn war und der jüngste schon im Westen geborene erst fünf) würde sich auf einem so kleinen Hof plagen wollen? Und ich als sein Ältester, den er zum Abitur bewegt hatte, fiel dafür doch wohl mit Sicherheit aus?

Aber die Frage traf mich und rührte mich sehr. Und rührt mich heute noch.

Denn sie ging über das Vordergründige hinaus. Vater war ein Mann mit nur einfachem Bildungswissen, aber er dachte nüchtern und schlußfolgerte überzeugend. Er hatte weniger als zehn Morgen Land geerbt, und ihm war gelungen, den Traum wahrzumachen, den sie doch alle geträumt hatten seit Generationen, ohne die Spur einer Chance, ihn tatsächlich zu verwirklichen: den Traum von einem richtigen Hof mit Pferd und Wagen und ein, zwei Kühen und allen anderen Notwendigkeiten. *Er* hatte das erreicht – und das hieß: sich dafür krummgelegt. Und all die Plackerei war ganz umsonst gewesen?

Am Ende des Lebens diesbezüglich eine absolut trostlose Bilanz?

Wer von denen, die ganze Regionen den einen nehmen, den andern zuteilen: den Hitler und Stalin und Churchill und wie sie in unserm Jahrhundert auch immer geheißen haben mögen, machte sich eigentlich auch nur einen Augenblick lang bewußt, was das für die Schicksale der einzelnen bedeutet?

Aber allein diese Einzelschicksale sind es, die letztendlich zählen.

Die Straße bei uns vorbei und aus dem Dorf raus: sie führte für uns auch »aufs Feld«.
Ja: Bei uns ging oder fuhr man »aufs Feld«: dies war die schlichte Formulierung, wenn jemand zu seinen Äckern und Wiesen wollte.
Auf unsere Felder waren es nur wenige hundert Meter und ein paar Minuten.
Rechts zunächst noch ein Stückchen am See entlang. Endend bei ein paar Erlen; dort die Hecht-Ecke: wo diese prächtigen Fische laichten. Dann der schöne Blick auf Krahns Wald.
Und nach etwa einem halben Kilometer kam der Weg, zuletzt fast Hohlweg, wie vor ein natürliches Tor: links und rechts je eine dickbauchige Weide, deren Kronen sich vereinten.
Hinter diesem Tor ein ungetrübter, freier Blick. Die Straße teilte sich, um rechts und links an einem kleinen, strauchbestandenen Moor entlangzulaufen.
Wir konnten beide Wege nehmen, um zu unserem Besitz zu kommen, Wiese und Äcker lagen links des Moors und unmittelbar hinter ihm.
Rechts des Moors war es die Straße zum Nachbardorf Piasken/Klein Rauschen. An ihrer rechten Seite der Saum von Krahns Wald, der sich den Hügel hinaufzog. An einer Stelle war der Hang zu einer Sandgrube aufgegraben. Wir Kinder haben dort gern gespielt.
Dann links schon unsere Wiese. Und an sie anschließend, sich sanfte Hänge hinaufziehend, die Äcker.

Bloß ein paar kleine, nicht verlorene Erlebnisse und Bilder:
Auf dem Leiterwagen zum Heueinfahren. Die nackten Beine baumelten zwischen den Sprossen nach draußen. Dann, auf dem Fuder im Heuduft, schwankend nach

Hause. Einmal war wohl nicht gut geladen worden, im Hohlweg rutschten Gita und ich mit einem Teil der Ladung runter. Passiert ist uns nichts. Noch heute denke ich bei dem Lied von dem Bauern, den sein untreues Weib bittet, »er sollte doch fahren ins Heu«, sofort an unsre schöne Wiese.

Noch sehe ich einen Storch vor mir, wie er im frisch gemähten Gras am Rand des Moors stolziert und Frösche oder sonst etwas sucht. Wo es schon ins Feuchtere überging, wuchs gelbe Iris.
In Richtung Klein Rauschen lag weiteres Weideland auch hügelauf. Dort im trocknen Gelände Kaddigbüsche und das seltene Zittergras.

Es wurde bei uns mit einem Pferd gepflügt und geeggt und mit einfachen Maschinen gesät. Doch ich sehe Vater auch übers Feld gehn und aus einem umgehängten großen Beutel Kunstdünger mit der Hand auf das Gesäte streuen – altes Sämann-Bild. Es wurden die Rüben verzogen und gehackt, die Kartoffeln angehäufelt.
(Nichts davon sollte allerdings zu der Annahme verleiten, die masurische Landwirtschaft sei hinterwäldlerisch gewesen. Auch viele von uns nahmen an, im »Reich« gebe es doch wohl bloß lauter weiterentwickelte Gebiete – um nach der Flucht 45 in mancher »neuen Heimat« amüsiert festzustellen, daß das Gegenteil der Fall war. Ich erinnere mich noch an die rückständige Kuhbauern-Wirtschafterei und zum Beispiel die Holzeggen um 1950 in Oberschwaben – im Vergleich damit sind wir auf den masurischen Höfen besser ausgerüstet gewesen.)

Die Roggenernte.
Mähen und Binden und Aufstellen der Garben zu »Hok-

ken«. Und wir Kinder verstecken uns manchmal in diesen Hocken. Hält das trockene Sommerwetter an, so kann bald eingefahren werden. Als ich etwas größer bin, darf ich »weiterfahren«, d. h. die Zügel des Pferds halten, solange eine Hocke aufgeladen wird, und dann den Wagen vor die nächste fahren.

An der Südwestecke des Grundstücks ein kleiner Wald, ein Zipfel davon gehörte uns.
Gleißendes, regloses Licht auf rötlichen, harzenden Kiefernstämmen am Rand dieses Waldes.
Im Gras Erdbeeren. Wir ziehen sie auf einen Grashalm, tragen sie so nach Hause.

Das Vieh auf der Wiese. Die beiden Kühe angebunden. Von Zeit zu Zeit mußten sie weitergebunden werden. Das Pferd oft nur gefesselt an den Vorderbeinen.
Ab und zu kam es zu nah an die wassergefüllte Torfkaule* und rutschte hinein. Es konnte sich über Wasser halten, aber nicht zurück aufs Land; es mußte ihm dabei geholfen werden.
Eine Kuh bekam ein Kälbchen auf der Wiese. Abends stakste es schon, von uns Kindern bestaunt und vorsichtig berührt, neben seiner Mutter nach Hause zum Stall.

Eine Zeitlang hatten wir ein Pferd von auffallender Schönheit. Doch hatte es ein eigenartiges Naturell: Es war außerordentlich empfindlich bei Berührungen, wieherte gleich abwehrend, ging vorne hoch, schlug aus – war wohl von irgendwem geschlagen worden. So konnten wir es nicht lange behalten. Aber es ist mir wie kein anderes in Erinne-

---

* Grube, Loch

rung geblieben – wegen seiner außerordentlichen Rassigkeit.

Am Rand des kleinen Moors eine Torfmühle: ein wohl zwei Meter hohes Gebilde in der Form eines schlanken Fasses. Sie arbeitete, von einem im Kreis gehenden Pferd angetrieben, nach dem Prinzip des Fleischwolfs: oben wurde der nasse Torf eingefüllt, unten eine quasi vierkantige Wurst herausgepreßt, von der etwa gleich große Stücke abgenommen wurden, um zum Trocknen aufgestellt zu werden. Dieser Torf war ein vorzüglicher Brikett-Ersatz.
Ich kam mit Cousin Hotte (Horst) aus Berlin an der Torfmühle vorbei; wir waren damals wohl fünf und sechs Jahre alt.
Irgendwie fesselte ihn dieses Gerät – und er brachte es fertig, hinaufzuklettern, und war plötzlich, o Wunder, oben; er ließ ungeniert die Hose runter und machte sein großes Geschäft.

Auch vom Landleben in Masuren hier nur Episoden.
In einem Buch über eine noch viel ältere Zeit: die des alten Ägypten, las ich, seit jeher sei die Haltung gegenüber dem Alltagsleben auf dem Lande »ambivalent«. Einerseits sei die Freude an den Naturschönheiten, an der Pflege von Pflanzen und Tieren »tief im menschlichen Wesen verankert«; andererseits bedeute Landwirtschaft »eben auch harte Arbeit und körperliche Mühen«.
Ja. Und das konnte ich schon in der frühen Kindheit nicht übersehen. Unvergessen jener Abend im Herbst, als Mutter völlig durchgefroren mit klammen Händen von der Rübenernte nach Hause kam. Es war allzu früh im Jahr kalt geworden.

Für uns Kinder freilich, die eigentlich nur dann mithalfen, wenn's auch Spaß machte, sind überwiegend die schönen Seiten des Landlebens in Erinnerung geblieben. Wie wir auf einem hohen Fuder saßen. Oder reiten durften. Oder euterwarme Milch trinken. Oder hinter der Kartoffelmaschine aufsammeln. Und dabei machten auch ein paar Schulfreunde gern mit, und dann gab's von Mutter Brot, dick mit frischer Butter drauf.

Mutter erzählte bald ein halbes Jahrhundert später: Und weißt du noch, wie sich im Herbst auf dem kleinen Berg am Rand unseres Feldes immer die Störche sammelten? Immer dort bei uns. All die vielen Störche ...

War das auch im Herbst 44 so, als wir für immer wegmußten?
Und ist es vielleicht auch heute noch so? An derselben Stelle? Das möchte ich noch einmal erleben ...

Zurück zu Vaters Frage um 1955: Ob ich unser Land in Masuren wiederfinden würde.
Seit damals sind schon wieder fünfunddreißig Jahre vergangen, und ich bin nun in dem Alter, das er hatte, als er mich fragte; nun habe ich einen vergleichbaren Sinn für Rückblicke.
Aber, Vater: Dein Feld, das finde ich noch wie damals!
Ich war inzwischen schon mehrmals in Rydzewen. Vor etwa einem Jahrzehnt: trotz aller Erschütterung und Wehmut, das erste begeisternde Mal. Ich bin natürlich gleich auch aufs Feld gelaufen, und vieles erschien mir wie früher ... Beim zweiten Mal, da war ich ruhiger und sah auch genauer hin. Das Feld: All unser Acker war bestellt, es blühte gelber Raps. Ein sehr schönes Bild.

Freilich würdest du fragen, was das für eine einseitige Landwirtschaft ist, die auch auf allen Feldern in der Nähe und Ferne, so weit ich sehen konnte, nur Raps und nichts als Raps heranzieht, und ob das vielleicht in den folgenden Jahren wieder so ist. Aber ich verstehe davon nichts, also will ich's lassen.
Doch bei dem einen bleibe ich: Auf deinem Land, Vater, ein rührender Anblick.
Das kann man leider aber nicht von unserer Wiese sagen. Sie ist völlig überwuchert mit meterhohem Unkraut, irgendeinem Doldengewächs, das weiß blühte, ich möchte sagen: Wiesenkerbel. Und zwischen den diesjährigen Stauden die trocknen Strünke der Pflanzen vom vorigen Jahr. Es kümmert sich wohl schon lange keiner mehr um Drainage und Entwässerung, die Wiese ist Ödland geworden.

Doch beim letzten Besuch noch dies: Auf dem Feldweg links ums Moor vor all den gelben Rapsfeldern, ein gutes Dutzend Bienenkästen!
Und ich stellte mir vor, daß diese Bienenkästen bei anderen Zeitläufen die deinen hätten sein können. (Hab ich doch in Erinnerung behalten, daß du dir Bienen anschaffen wolltest.) Denn alles, was du vernünftiger Mann geplant hast, wäre möglich gewesen.

Exkurs I: Wurzeln einer masurischen Familie

»Und so kann ich ... mir denken, daß germanisches, slawisches und romanisches Blut sich in mir vereinigt hat, wie ja im Süden meiner Heimatprovinz die Völkerstämme seit Jahrhunderten durcheinandergeflutet sind und jahrhundertelang an dem Gesicht der Nachgeborenen geformt haben, so daß niemand mehr das Gesicht des Ursprungs zu erkennen vermag.«
Ernst Wiechert

»In meinem Elternhaus hingen keine Gainsboroughs wurde auch kein Chopin gespielt ...«
Gottfried Benn, Teils-Teils

Unsere Stradauner Kirche!
Äußerlich heute noch ganz so wie in meiner Kindheit: ein schlichter Feldsteinbau. Wohl wie seit seiner Errichtung in königlich preußischer Zeit 1738, unmittelbar vor Beginn der Regierung Friedrichs des Zweiten, den man bald den Großen nennen sollte.
Unverändert nicht zuletzt dank der Pfiffigkeit ihres letzten deutschen und evangelischen Pfarrers Reinhard Klatt – schon deshalb bleibe er unvergessen! Der hatte, bevor auch er flüchten mußte (vor den Russen wie schon einmal im Ersten Weltkrieg), an der Tür und den Fenstern Zettel befestigt, auf denen stand: Minen! Minen! Minen! Und tatsächlich scheint das die Brandstifter und das Diebsgesindel abgeschreckt zu haben.
Ich habe die Geschichte von seinem polnischen und katholischen Nachfolger, einem liebenswürdigen alten Herrn, dem begegnet zu sein ein Glücksfall meiner Reise in die Heimat 1989 war.

Die Haushälterin schloß uns die Kirche auf. Nach einigen Minuten kam der Pfarrer. Er sprach gut deutsch. Fragte, weshalb ich hergekommen sei.
Weil ich hier getauft wurde, sagte ich. Und aufgewachsen bin in Rydzewen.
Er nickte. Ich fand bei ihm von vornherein Verständnis.
Ich erwähnte meinen Cousin Horst aus Berlin, der vor einigen Jahren dagewesen sei. Horst –, sagte er, – er erinnerte sich.
Wir sprachen dann über so vieles. Auch über Horst, der ihn breitgeschlagen hatte, auf der Orgel der Kirche spielen zu dürfen.
Was hast du denn gespielt, hatte ich ihn gefragt.
Toccata und Fuge von Bach.
Na, wir sind schon zwei Helden aus masurischem Schrot und Korn! Der eine schreibt Bücher und hat über Goethe veröffentlicht – der andere orgelt Bach. Und eine unsrer Urgroßmütter, die unterzeichnete beim Tod ihres Mannes noch mit drei Kreuzen; und das war immerhin schon 1875.

Und wenn ich heute in der Stradauner Kirche stehe, dann denke ich: dieser Raum und der Friedhof, das sind nun jene Orte, an denen ich mich meinen Vorfahren am nächsten fühle. Denn ihre Häuser und Stuben sind zerstört und von der Erde verschwunden.
Die Kirche, in die sie alle kamen zu den Taufen und Konfirmationen und Trauungen und wohl auch manchem Gottesdienst; und der Friedhof, dessen Erde sie zuletzt alle aufgenommen hat.
Hier in der Kirche, genau in diesem Raum, haben sie gestanden und gebetet, gesungen und den Predigten der Pfarrer Surminski und der beiden Rimarski und Jacobi und Klatt zugehört. Auf diese Wände und Bilder fiel ihr Blick.

Mag nach den katholischen Renovierungen auch nicht mehr alles so geblieben sein wie früher: jenes in die Wand eingelassene Epithaph eines dicken Mannes und seiner Frau (des Christoph und der Anna von Glaubitz, die wohl in der zweiten Hälfte des sechzehnten Jahrhunderts gestorben sind) ist es mit Sicherheit noch. Und du, Michael Reinoß, und auch du, Lotte Bandilla, ihr habt es genauso gesehen, wie ich es heute sehe. Und darin treffen wir uns hier.

Die mit Abschriften aus Kirchenbüchern belegte Geschichte der Familie Reinoß oder Reynoß reicht zurück bis ins späte achtzehnte Jahrhundert, eine Zeit, auf die noch die Schatten des Siebenjährigen Kriegs fielen und der jahrelangen Besetzung Ostpreußens durch die Russen. Für die Familie Bandilla, aus der eine meiner Urgroßmütter stammte, reicht sie noch etwa hundert Jahre weiter zurück: ins endende siebzehnte Jahrhundert; der Dreißigjährige Krieg war damals noch nicht länger zu Ende als von heute aus gesehen der Zweite Weltkrieg.
Ich denke: Wir vergegenwärtigen uns meistens nicht, daß das achtzehnte und sogar das siebzehnte Jahrhundert noch gar nicht so lange vergangen sind.
Und ich will versuchen, das ein bißchen anschaulich zu machen.
Ich nehme als ein Beispiel das Leben Goethes, das von 1749 bis 1832 dauerte. Als er etwa hundert Jahre tot war, wurde ich geboren; bei seinem hundertfünfzigsten Todestag näherte ich mich den fünfzig – also im Laufe eines halben Jahrhunderts, und diese Zeit kommt mir nicht lange vor, haben wir uns von der Goethezeit um die Hälfte jener Zeitspanne weiter entfernt, die zu Beginn meines Lebens zu Buche stand.

Ein anderes Beispiel.
In meiner Kindheit lebte bei uns meine Großmutter Marie geborene Ciernio. Ihr Geburtsjahr war 1861. Hätte mir damals schon der Sinn danach gestanden, so hätte ich mich mit ihr über eine von ihr selbst erlebte Zeit unterhalten können, in der es in ganz Masuren noch keine Eisenbahn gegeben hat. Ja mehr noch: sie hätte mir von ihrer Mutter erzählen können, und wohl sogar, wie die sich manchmal an ihre Großeltern erinnert hat – und deren Kindheit fiel in den Siebenjährigen Krieg und die Russenherrschaft.
Das sei denn doch etwas konstruiert? Aber! Mein Sohn konnte sich doch mit meiner Mutter, seiner Großmutter, sehr gut über deren Mutter unterhalten, und sogar über ihre Großmutter. So reicht unsere Verbindung zu den Vorfahren und in frühere Zeiten viel weiter zurück, als wir gemeinhin annehmen.
Anders gesehen: Mit meiner Großmutter aus der Zeit um 1860 habe ich um 1940 noch gesprochen. Nur noch einmal die Spanne ihres Lebens nehmen und vom Anfang ihres Lebens um diese achtzig Jahre zurückgehen – und schon ist man beim Alten Fritz und beim jungen Goethe angekommen. Nicht wahr?

Bis zu Flucht und Vertreibung saßen Reinoß' an allen Ecken und Enden der Kreise Treuburg und Lyck (hier in mindestens fünf Dörfern) und vielleicht auch über diese Kreise hinaus in Masuren. Es waren dörfliche Menschen, die Landwirtschaft betrieben oder ein Handwerk ausübten. In der Stadt Lyck gab es niemanden dieses Namens; in Treuburg jedoch (so schrieb mir eine Verwandte) soll ein Zahnarzt Reinoß eine Praxis gehabt haben.
In Berichten über die Landschulen des Kreises Treuburg stieß ich auf Klassenfotos, die auch Kinder namens Reinoß

zeigten. Ich sah in Gesichter: Das waren also wohl entfernte Verwandte von mir, über die ich nicht das geringste wußte. Irgend etwas Ungewöhnliches las ich in keinem dieser Porträts.

Der älteste mir bekanntgewordene Reinoß des Zweigs meiner Familie war ein »Wirth« (d. h. Bauer) Reinoß in Wielitzken im Kreis Oletzko (Treuburg), jenem großen Dorf sieben Kilometer südlich der Stadt mit einer alten masurischen Holzkirche (die heute noch steht). Weder sein Vorname noch seine Lebensdaten sind mir bekannt; ich weiß von seiner Existenz, seinem Wohnort und Beruf lediglich durch die Erwähnung aus Anlaß der Hochzeit seines Sohnes Michael; da war er bereits verstorben. Sein Lebensanfang um 1780/90 ist wahrscheinlich.

Über Michael, meinen Urgroßvater, ist mir schon mehr bekannt. Er kam aus Wielitzken im Treuburgischen; wurde 1831 geboren; Goethe lebte damals noch, und Hugo veröffentlichte gerade den »Glöckner von Notre Dame«. Mein Großvater war nicht daheim geblieben, sondern hatte sich in Piasken, dem Nachbardorf von Rydzewen, angesiedelt. Dort heiratete er eine Catharina (auch Katharina geschrieben) Segatz (auch Zegac). Nach neunzehn Ehejahren fand er ein heute nicht mehr zu enträtselndes Ende an einem frühen Märztag 1875 »auf dem Laszmiader See«, nachts, Stunde unbekannt.

Mein Vater wird noch gewußt haben, was da geschehen ist; es handelte sich ja um den Tod seines Großvaters. Auf dem Eis? In einem Boot? Oder wie sonst? War's ein Unfall? Oder? War dies vielleicht sogar jener Alkoholfall, der Onkel August zur Zurückhaltung diesbezüglich gebracht hat? Nach Cousin Horst hat sich sein Vater vom Schnaps ferngehalten, »weil da mal was in der Familie war«.

Die Urkunde, die das Lebensende von Michael festhält, hat einen rührenden Schluß: wegen »Schreibensunkunde« habe meine Urgroßmutter das Schriftstück »mit ihrem Handzeichen versehen«. Hier also die Analphabetin; dort – fast ein Jahrhundert früher, ein Vorfahre (auf den ich noch komme), der an der Universität Königsberg studiert hat – welche Welten dazwischen!
1830 geboren, hätte die Catharina zur Schule kommen müssen, im Jahrzehnt von Goethes Tod. Aber mit dem Schulbesuch auf dem Land im abgelegenen Masuren war das damals so eine Sache: 1816 sollen nur etwa sechzig Prozent der Kinder in Preußen regelmäßig zum Unterricht gegangen sein – in Masuren mit seinem Sprachenproblem sah es gewiß noch unerfreulicher aus.
Urgroßmutter Catharina überlebte ihren Mann um sechsunddreißig Jahre: sie starb 1911 als »Altsitzerfrau«. Mein Vater war bei ihrem Tod schon neun, hat sie also gekannt. Ihr Alter wird beim Ableben mit vierundachtzig angegeben; doch nimmt man das erwähnte Geburtsdatum, so war sie einundachtzig. (So genau scheint man damals diese Dinge nicht genommen zu haben.)
Ihre Mutter hat Anortha, geborene Kolbuza, geheißen.

Mein Großvater Ludwig Reynoß (für ihn schreibt man den Namen so) war ein Sohn des umgekommenen Michael. Und mit diesem 1858 geborenen Mann verlagert sich die Geschichte meiner Familie in mein Heimatdorf Rydzewen: 1884 heiratete er die 1861 geborene Marie Ciernio, Tochter des Ludwig Ciernio und der Lotte, geborene Bandilla.
Der Ciernio war nur »Losmann«. Was wohl in etwa bedeutete: Landarbeiter. Lotte aber kam, als sechstes Kind, aus einer wohlhabenden Bauernfamilie, der Hof war einhundertachtzig Morgen groß, und sie hat jenes Haus in die Ehe

gebracht, in dem wir bis zuletzt gelebt haben. Meine Großmutter Marie als das älteste ihrer Kinder hatte es geerbt.

Und mit dieser Großmutter väterlicherseits, neben der ich in den sieben frühen Jahren meines Lebens aufwuchs, wird das Terrain für mich überschaubar.
Den Großvater väterlicherseits, Ludwig Reynoß, habe ich allerdings genausowenig kennenlernen können, wie den mütterlicherseits, Johannes Nowotsch: der eine starb kurz nach dem Ersten Weltkrieg, der andere wurde Opfer dieses Kriegs: er fiel, erst vierunddreißig Jahre alt, 1917 in Frankreich.

Versucht man, all das zu ordnen und gewisse Grundmuster herauszulesen, so ergibt sich bezüglich des sozialen Status folgendes: Meine Vorfahren waren kleine Krauter, jene eine Verbindung mit der Tochter von einem großen Hof ist eine Ausnahme. Sie haben wohl von der Hand in den Mund gelebt und in dieser Hand wahrscheinlich manchmal kaum etwas gehabt.
Ansonsten: Im 19. Jahrhundert gab es wohl zeitlebens kein Buch, keine große Musik (außer der auf der Orgel). Keinen Goethe oder Eichendorff; oder Storm. Niemals den melancholischen Charme des zweiten Satzes der C-Dur-Sonate KV 545 von Mozart; niemals ein Schubert-Impromptu. Aber gewiß manches schöne Volkslied – und das war ganz lebendig; man sang es selbst. (Also ich weiß nicht, was da vorzuziehen ist.)
Erst mein Vater ist sozial entscheidend weitergekommen als die Vorfahren, in dem er ein Handwerk erlernte und den Hof um ein Mehrfaches vergrößerte.
Doch das blieb ihm ja nur kurze Zeit . . .

Erst recht waren damals die nachgeborenen Kinder schlecht dran, die nichts oder so gut wie nichts erbten.
Mein Urgroßvater Michael zum Beispiel scheint deutlich schlechtergestellt gewesen zu sein als sein Vater, der Bauer in Wielitzken. Dörferweit von zu Hause entfernt, scheint er ein Sohn gewesen zu sein, der nicht den Hof erbte, sondern sehen mußte, wie er zurechtkam.
Und mit zweiundfünfzig kam er auf dem See um, und alles war zu Ende.

Was ist aus den Geschwistern jener Menschen geworden, die ich erwähnt habe?
Sicheres, Ausführliches weiß ich nur über die Geschwister meines Vaters. Ansonsten: Meine Großmutter Marie, geborene Ciernio, hatte noch drei jüngere Geschwister, sie hießen Ludwig, Henriette und Lotte und erhielten (in der zweiten Hälfte des letzten Jahrhunderts) ein Erbteil von je zwölf Mark. Die eine von ihnen heiratete den Nachbarn Wiesotzki, die andere kam in Lyck unter und hat beim Tod von Marie noch gelebt.
Und der Sohn: Wo ist er geblieben? Er war ein Onkel meines Vaters. Aber in meiner Gegenwart scheint er niemals erwähnt worden zu sein, jedenfalls nicht so, daß es mir merkenswert erschien. So weiß ich nicht, was aus ihm wurde.
Vielleicht ist auch er ins Ruhrgebiet gegangen wie später Vaters Schwester Marie, so wie der eine und später auch der andere der Wiesotzki-Söhne? Das gewaltige Anwachsen der Industrie in jenem Teil Deutschlands rief nach vielen Arbeitskräften, zog sie an, und zahlreiche Masuren, denen bis dahin nur eine Landarbeiter-Existenz möglich gewesen war oder bestenfalls die eines Handwerkers, reihten sich in das Industrie-Proletariat ein, was wohl meistens

hieß: Sie machten die Drecksarbeit in Gruben und Fabriken. Zu Beginn unseres Jahrhunderts sollen rund sechzigtausend Masuren im Ruhrgebiet gezählt worden sein, davon über ein Viertel in Gelsenkirchen.
Und sie hatten es außerordentlich schwer, es »zu etwas zu bringen«. Was Wunder! Wollte man sie doch nicht einmal so richtig als Deutsche anerkennen. Und wer je im Westen Deutschlands später beobachtet hat, wie verächtlich ein Niedersachse oder Hesse das Wort Flüchtlinge in »Flichtlinge« entstellte oder dann mit manchem Gastarbeiter umsprang, vermag sich vorzustellen, was das bedeutete. Und »Gastarbeiter« ihrer Zeit: das waren im 19. und frühen 20. Jahrhundert eben auch und nicht als letzte die Masuren.
Aus jenen Zeiten, da die Prußenstämmigen Generation um Generation in Reservaten gehalten wurden als Heloten, sprich: Sklaven (siehe dazu das Buch über die Prußen von Heinrich Gerlach), und, schon in neuerer Zeit, die Masuren als das ärmlichste kleine Volk im Deutschen Reich, das noch um die Mitte des 19. Jahrhunderts »um mehr als ein Jahrhundert hinter jeder Kultur zurückgeblieben« war (so Fritz Skowronnek über »das alte Masuren«) – da legt sich nicht Schicht um Schicht Selbstbewußtsein in die Menschen, sondern das genaue Gegenteil davon. Da frißt sich die Vorstellung fest, daß die andern es sowieso besser können, man selbst doch immer das fünfte Rad am Wagen bleibt, und die Kluft zwischen einem selbst und den angeblichen Könnern steigert sich ins Unüberwindbare.
Auch daran mag mancher zugrunde gegangen sein; und er gehörte vielleicht nicht gerade zu den Schlechtesten.

Die Eltern meines Vaters bekamen in den fünfundzwanzig Jahren zwischen 1885 und 1910 mehr als zehn Kinder; fünf von ihnen wurden groß: vier Söhne und eine Tochter.

Mein Großvater Ludwig, Kätner und angeblich ein strenger Mann, wollte, daß aus ihnen mehr wurde als nur Arbeiter auf irgendwelchen Bauernhöfen, und er schaffte das mit einer Ausnahme, und das darf man wohl hervorragend finden.
Die beiden Ältesten, Fritz und August, gingen zum Militär, dienten ihre Jahre, erhielten dann eine Zeitlang Wartegeld und kamen passabel unter: der Fritz wurde Gutsverwalter, der August schließlich in Berlin Polizist. Der dritte, mein Vater, lernte ein Handwerk und erbte den Hof.
Nur der Jüngste, Adolf, blieb zeitlebens jener Dropout, der er seiner ganzen Veranlagung nach war: lernte nichts, strebte nicht nach Besitz, gründete nie eine Familie – zeigte ein vollkommen gegenteiliges Verhalten zu allem Erfolgsstreben (und wie erst recht bemerkenswert finde ich das inzwischen!). War dabei voller skurriler Einfälle und Geschichten: Windei und Tausendsassa ohnegleichen.
Von dieser einen Ausnahme abgesehen, haben die Kinder den Vater deutlich übertroffen. Er konnte zufrieden sein.

Jene, die in Masuren blieben, kamen auch noch in der ersten Hälfte unseres Jahrhunderts kaum über die engste Heimat hinaus. Das blieb ihre ganze Welt, wie es die der Vorfahren aus der Voreisenbahnzeit gewesen war.
Der Weg in die Stadt und zurück. Der nicht längere zu den Verwandten in einem anderen Dorf, allenfalls zu einigen andern Dörfern. Und das war es schon.
Mir wurde das spät bewußt. Nachdem ich 1980 mit dem Auto über viele Straßen des südlichen Ostpreußen gefahren war, erzählte ich meiner Mutter davon und fragte sie, was sie davon kenne von früher her.
Sie kannte so gut wie nichts. Über die Kreise Treuburg und Lyck war sie bis zur Flucht nicht hinausgekommen, außer

den beiden Städten dieser Kreise kannte sie keine größeren ostpreußischen Orte.
Und dann eine rührende Erklärung, »man kam ja nicht rum, man hatte ja kein Fahrrad«, sieht man's heute von einer Zeit aus, in der man sich ins Auto setzen und an einem Tag viele hundert Kilometer in eine völlig andere Landschaft, ja in ein andres Land fahren kann.

Vater allerdings war in Berlin gewesen und im Ruhrgebiet. Von den unfreiwilligen Reisen während des Krieges abgesehen. (Das Renommieren vieler Männer damit, was sie als Soldat alles gesehen haben, wird von der damals in Friedenszeiten viel geringeren Mobilität her verständlicher.)

Ein kurzer Blick auf die Familie Bandilla, zu der die Verbindung durch meine Urgroßmutter Lotte geknüpft war.
Die Geschichte dieser Familie ist gut belegt und schon in Masuren veröffentlicht worden. Sie läßt sich über fünf Generationen bis etwa 1695 zurückverfolgen. Den Rydzewer Hof hat sie von 1777 bis 1927 besessen, genau einhundertfünfzig Jahre. Dann hat ihn der letzte Erbe verkauft und sich im Kreis Treuburg angesiedelt.
Das älteste bekannte Glied ist Jacob Bandilla. Wohl nicht viel vor der Geburt seines ältesten Sohnes Paul, 1725, heiratete er Anna Jatzko. Sie hatten neun Kinder.
Herausfällt das fünfte von ihnen, jener erwähnte Tobias, geboren in Schwentainen 1729: Nachweislich hat er 1750 an der Universität Königsberg studiert – »und ging mit 24 Jahren in die Fremde!«
Der Älteste, besagter Paul (auch Pawel geschrieben) in Duttken, heiratete Sophie Piasek (auch Sophia Piasko oder Paskowna genannt). Und diese beiden sind es gewesen, die, als Paul schon zweiundfünfzig war und nur noch drei Jahre

zu leben hatte, mitten in der zweiten Hälfte des 18. Jahrhunderts sich in unserm Rydzewen ansiedelten. Die nächste Hofbesitzer-Generation: Johann Bandilla und Anorthe Sbosny; die übernächste (und das sind die Eltern meiner Urgroßmutter): Friedrich Bandilla und Marie Elisabeth Floeß.

Die Geschichte der Familie meiner Mutter bleibt trotz all meiner Nachfragen sehr im ungenauen. Eine Mischung aus verschiedenen Volkszugehörigkeiten jedoch auch hier; und ebenfalls bäuerliche und handwerkliche Menschen.
Was ich habe zusammentragen können, sind nur einzelne Steinchen, die kein Mosaik ergeben.
Mutters Elternhaus stand in Satticken im Kreis Treuburg. Man hatte Verwandte in Birkenwalde im Kreis Lyck (ich war einmal mit der Großmutter dort, erinnere mich aber nur an Belanglosigkeiten wie die Bahnfahrt dorthin und daß wir dann die ganze Zeit in einer ziemlich dämmrigen Stube saßen). Und in Lyck selbst: einer war Tischler, eine Tochter arbeitete in einem Anwaltsbüro.
Weitere Angehörige saßen in der Treuburger Gegend (Giesen).
Irgendwer kam auch hier von einem großen Hof, jemand am Rand der Familie ging eine Verbindung mit einem Juden ein. Ungewöhnlich war an alldem nichts.
Den Familiennamen Nowotsch hielt man für russisch; Mutter blieb immer dabei. Ein gebildeter Pole aber hat mir zu belegen versucht, daß er polnisch ist. Tatsächlich gibt es im Polnischen das Wort nowocz, es bedeutet Neuheit.
Von Großmutters Seite her sind es deutsche Namen: Riek, Biber.
Meine Großmutter war eine geborene Biber.
Kommt Biber aus dem Salzburgischen? Jedenfalls gab es

dort in der zweiten Hälfte des 17. Jahrhunderts den ausgezeichneten Geiger und Komponisten Franz Heinrich von Biber. Und ich habe von einer Truhe unterm Dach des Hauses reden gehört, in der sich bis zuletzt eine Salzburger Uniform befunden haben soll. Als Kind hat mich das verständlicherweise aber nicht interessiert.
Ebenso wie August Reinoß als Polizist einen Ariernachweis zu erbringen hatte, ist das auch für jemanden der Familie Nowotsch erforderlich gewesen. Als die Kopien vorlagen, hat man sich im Familienkreis über die Namensgebung in einer bestimmten Generation amüsiert: die drei Jungens hatten jeweils drei Namen bekommen, aber es waren immer dieselben bloß in anderer Reihenfolge. Sagen wir der eine hieß Fritz, Franz, Bruno; so der andere Franz, Bruno, Fritz; und der dritte Bruno, Fritz, Franz.
Als Kind habe ich in der Zeit bei der Großmutter erheblich mehr über die Nowotschs gewußt: Damals, als ich einsam und verstört neben der Großmutter und einem französischen Kriegsgefangenen lebte und als Neunjähriger so etwas wie eine Chronik der Familie zu schreiben anfing – während der Untergang des zu Deutschland gehörenden Masuren begonnen hatte ...

Wo kommt man her? Diese Frage ist der eigentliche Antrieb für jede Beschäftigung mit der Geschichte der eigenen Familie: ob es da nicht etwas zu entdecken gibt, was einem zu mehr Klarheit über sich selbst verhelfen könnte. Gleichsam im Sinne C. G. Jungs, »daß kein wesentlicher Inhalt je verlorenging, weil seine Matrix immer in uns liegt, und er aus ihr aufs neue hervorgehen kann und hervorgehen wird, sobald man seiner bedarf«. Mit meinen Worten: Ich bin überzeugt davon, daß in meinem Unbewußten nicht nur das von mir selbst Erworbene aufbewahrt wird, sondern auch

vieles von den Vorfahren Herkommende. Ich bin weitgehend einer von ihnen.
Aber was wird da nicht alles gemutmaßt und sogar behauptet! So ist in meiner Familie über die Abstammung von einer Größe des Deutschen Ordens gesprochen worden – was ziemlich obskur anmutet und nur deshalb erwähnenswert ist, weil es unter Menschen einer Kätner- und Bauernfamilie geäußert wurde.
Dazu Reinhold Heling: »Hohe« und »adlige« Abkunft geistere durch viele Familienüberlieferungen. »Sie kann, muß aber nicht Unsinn sein.«
Eine Abkunft aus dem masowischen oder litauischen Kleinadel ist für unsere Familie nicht belegt.

Wichtiger – und damit komme ich zu einem zentralen Punkt des Exkurses – ist die Frage nach der *völkischen* Herkunft eines Sohnes Masurens wie mir.
Mütterlicherseits: Riek und Biber wie gesagt deutsch; Nowotsch wahrscheinlich polnisch, jedenfalls slawisch.
Väterlicherseits: Ciernio eindeutig prußisch. Und Reinoß?
Beim Militär stieß Vater auf einen angeblichen Namensforscher: der hielt unseren Namen für eine masurische Verballhornung des norddeutschen Reiners oder Reimers.
Nur zu gern ließ man es damals im Osten in diese Richtung gehn: die eindeutig deutsche. Auch Vater mit seiner Vorliebe für die Geschichte des Deutschen Ordens tat das.
Doch tatsächlich eine solche Verballhornung? Masuren-Experte Reinhold Weber zweifelt das an; wenn überhaupt etwas ähnliches, dann möchte er eher eine latinisierte Version annehmen, die aus der Ordenszeit herrühren könnte.
Aber spricht nicht so gut wie alles für eine ganz andere Annahme: nämlich auch hier die prußische Herkunft?
Reinhold Heling vermutet einen litauisierten prußischen

Namen. Es gibt im Litauischen den Namen Rynus, im Lettischen den des Dichters Rainis.
Bei den eigenen Nachforschungen stieß ich auf weiteres. In einer Arbeit über altpreußische Namen fand ich Reynoth. Zur Zeit meines Großvaters schrieb man Reynoß. Die Differenz liegt also im letzten Buchstaben.
Aber: th und sz standen häufig nebeneinander. Es gab zum Beispiel Schardoth und Schardosz, Naydoth und Naydotz.
Und vergessen wir doch nicht die Namen der alten prußischen Götter, voran Perkunos! Hat unser Name nicht gleich die drei letzten Buchstaben, ja seine ganze zweite Hälfte mit ihm gemeinsam?
Also auch die Reinoß mit sehr hoher Wahrscheinlichkeit von den Prußen herkommend, Ureinwohnern des Landes. Und Ciernio und Reinoß ergeben zusammen, daß die prußische Komponente vom Vater her in der Familie dominiert. Und wenn Heinrich Gerlach annimmt, daß fünfzig Prozent Prußenblut in so gut wie jedem Ostpreußen sei, so darf ich gewiß wie er sagen: »Ich schätze, bei mir sind es wohl ein paar Prozent mehr.«

Und damit ist auch in etwa die Frage beantwortet, wer mich denn ethnisch gesehen für sich reklamieren könnte. Wohl nur begrenzt ein deutscher Stamm westlich der Weichsel, und auch nicht irgendein slawischer. Ich bin am ehesten ein Altpreuße und somit länger an masurisches Land gebunden als jeder Kolonist seit den Anfängen des Ordens und jeder aus Polen eingewanderte Masowier.

Doch da gibt es heute die polnische Behauptung, meine Heimat sei »seit Jahrhunderten von der urpolnischen Bevölkerung, den Masuren« bewohnt gewesen (zitiert nach Jerzy Sikorski aus »Grunwald im Gedächtnis der Polen«).

Urpolnische Bevölkerung der Masuren?
Nehmen wir's zunächst in allgemeiner Weise: Was waren, in Wirklichkeit, die Masuren für ein Volk? Dazu die sachliche Aussage in einem unserer führenden Lexika, »Brockhaus Enzyklopädie« von 1971: »Die Bevölkerung (Masuren) entstand aus einer Mischung von altpreußischen, masowischen und deutschen Kolonisten ...«
Einer *Mischung*.
Und weiter: Bei Ankunft des Deutschen Ordens im 13. Jahrhundert war Masuren »von den baltisch-prußischen Stämmen der Galinder und Sudauer ... schwach besiedelt«.
Sie also waren die Ureinwohner des Landes. Und nicht die Polen. Masuren hatte nicht eine urpolnische, sondern ursprünglich und für Jahrhunderte eine prußische (altpreußische) Bevölkerung.
Und meine Familie betreffend: Sie hat also überwiegend bei jenen Alteingesessenen ihre Wurzeln. Deutsche und Masowier kamen erst viel später ins Land; und die Masowier noch nach den Ordensleuten im 14., besonders aber erst im 15., 16. Jahrhundert; und für einen Prußen waren die einen wie die andern zunächst Eindringlinge.
Es ist unumgänglich, daß man sich die Verhältnisse derart den Tatsächlichkeiten entsprechend vornimmt, solange Klitterungen wie die von der »urpolnischen Bevölkerung« den Markt noch nicht verlassen haben.
Und die belegbaren Geschichten von masurischen Familien wie der meinen sind dabei von zentralem Wert, ja die verbindliche Basis.

Einer Geschichte wie der der Familie Reinoß ist jedoch noch ein Zweites zu entnehmen: daß es »reine« prußische, deutsche, masowisch-polnische Familien im ländlichen Masuren wohl schon lange nicht mehr gegeben hat. Die allermei-

sten waren eine untrennbare Mischung von mehreren völkischen Komponenten.
Und im übrigen ist ein solches Mischvolk wie die Masuren zum Mißbrauch für Nationalitäten-Zänkereien natürlich das denkbar ungeeignetste.
Dieses Volk war vielmehr eine *Brücke* zwischen Baltischem, Germanischem und Slawischem. Und dies machte seine Eigenart und seinen besonderen Rang in einem der problembeladensten völkischen Grenzgebiete Europas aus.

Postskriptum:
Für mich selbst sind verständlicherweise die bleibenden Rätsel der Familiengeschichte mit das am stärksten Faszinierende.
So dieses:
Seit einem halben Jahrzehnt tüftle ich an einem Masuren-Roman: der Geschichte einer masurischen Familie von etwa 1850 bis 1950. Für Teil 3 notierte ich vor Jahren im Hinblick auf die Hauptfigur dies:
»Der zerrissene ›Studiosus‹ (?) der Familie. Der aus dem Dorf geht, voll mit westlichem Wissen gestopft wird, sich für Literatur und die damals modernen Ideen des Sozialismus interessiert, irgendwann auch wieder daheim ist, mit seinen Ansichten den Lehrer, den Pfarrer verunsichert, dann für immer fortgeht – und hat die Jugendliebe im Heimatdorf, die einen andern heiratet. Am Ende angeblich reich, etc.«
Doch gerade das erschien mir immer etwas konstruiert: aus einer bäuerlichen Familie im abgelegensten Masuren sollte ein Student hervorgegangen sein? War so was nicht sogar noch um die Mitte unseres Jahrhunderts eine große Seltenheit? War also diese Vorstellung nicht geradezu verwegen?
Da ich ein alter ego, ein »anderes Ich« bzw. so etwas wie

eine ein Jahrhundert vor meiner Existenz angesiedelte Verkörperung meiner selbst benötigte, ließ ich den Plan einer solchen Figur jedoch nicht ganz fallen.
Wie verblüffte es mich da, ja nahm mir geradezu den Atem, als ich in den Unterlagen über die Familie Bandilla, die mir später ein Träger dieses Namens schickte, jene Angabe über Tobias Bandilla fand, der sich am 3. 6. 1750 an der Universität Königsberg aufhielt und schließlich in die Fremde verschwand.
Die *Wirklichkeit* hatte mir also längst eine Figur vorgegeben, wie ich sie mir ähnlich ausgedacht hatte und an deren Überzeugungskraft in einem Stück Literatur ich zweifelte! Nur daß der Vorfahre schon über ein Jahrhundert früher gelebt hatte als das Produkt meiner Fantasie – nicht in der Zeit von Storm und Marx, sondern von Kant.
Wenn ich nur mehr über sein Leben wüßte! denke ich seither. Wohin er denn am Ende ging. Wie hatte ich mir jene »Fremde« vorzustellen? Was tat er dort? Weshalb denke ich immer wieder an Rußland? Bloß weil dort der (etwa zwanzig Jahre jüngere) Dichter Jakob Michael Reinhold Lenz endete, der zuvor auch in Königsberg studiert hatte?
Nichts, nichts ist über Tobias Bandillas weiteres Schicksal bekannt.

Oder die Lotte Bandilla, die 1857 den Ludwig Ciernio, einen »Losmann« heiratete und eine meiner Urgroßmütter ist.
Wie kann man sich das vorstellen: ein Mädchen von einem großen Hof und ein armer Landarbeiter. War der alleinige Grund, daß sie das sechste der Kinder ihrer Eltern war und auch unter die Haube mußte? Oder war sie nicht gerade die Attraktivste, und zum Ausgleich bekam der, der sie nahm, gewisse materielle Zugaben, nämlich ein Haus, das sie in

die Ehe brachte? Oder war sie ansehnlich, und der Ciernio erst recht ein schneidiger Bursche?
Oder war es gar Liebe?
Wenn auch zu bedenken ist, was Töppen für die zweite Hälfte des vorigen Jahrhunderts behauptet: nämlich daß in Masuren die Tochter bei der Wahl ihres Bräutigams »keine Stimme« hatte.
Auch hier viele Fragen zu einem interessanten Fall, aber keine Antworten.
Und schließlich jener mysteriöse Tod meines Urgroßvaters Michael in einer frühen Märznacht auf einem See, über den ich auch niemals mehr etwas erfahren werde.
Geschichten, die Rätsel sind und es nun immer bleiben werden! Darunter mag eine große sein. Aber heute kennt sie niemand mehr.
Ich habe gerade noch die letzten Zipfel von ihnen zu sehen bekommen. Nämlich soviel erfahren, um zu wissen, daß da jedenfalls etwas Nichtalltägliches geschehen ist.

Schließlich: Bin ich in einer anderen, größeren Stadt, so blättere ich manchmal im Telefonbuch und suche unseren Namen.
In Hamburg zum Beispiel wurde ich fündig: Ich stieß auf eine Frau Reynoß. So hat sich wie erwähnt noch mein Großvater geschrieben.
Eine (wenn auch entfernte) Verwandte? Oder: Vor einigen Jahren bekam ich einen Brief aus Berlin, in dem ich gefragt wurde, ob ich vielleicht jener Herbert Reinoß sei, der mit dem Schreiber zur Schule gegangen ist und dann Lehrer im Thüringischen wurde – man habe sich leider schon vor langer Zeit ganz aus den Augen verloren.
Nein, der war ich nicht.
Aber wie seltsam für mich, daß es jemanden mit demselben

Namen und Vornamen gab, vielleicht noch gibt. Und wie ist dieser Name nach Thüringen gekommen und inzwischen vielleicht auch dort zu Hause? Und was mochte das für ein Mann sein, der genauso hieß wie ich?
Seltsam auch das.

Am Ende noch ein Wort zu den »Dichtern« in der Familie – denn von dieser »dubiosen« Neigung sind wir ja nicht ganz freizusprechen.
Einer von Vaters Brüdern führte eine Art Notiz- und unregelmäßiges Tagebuch. In dieses Heft schrieb er Volkslieder und ziemlich Banales von anderen, aber auch eigene Erkenntnisse über Liebe, Frauen etc., die er jeweils mit seinem Namen unterzeichnete.
Der also brachte auf diese Weise Belangloses zu Papier; und ein anderer (mein Adolf) hatte die originellen Einfälle und Formulierungen, aber schrieb nie auch nur ein Wort nieder.
Und dann war da noch der dritte, und das war mein Vater, und der war das Gegenstück zu beiden: Im Zweifelsfall schwieg er lieber. Und vielleicht war er damit von uns allen am gescheitesten und weisesten.

Jeder von uns ist etwas Zusammengemischtes: das Ergebnis von Zufall und Schicksal. Da ist die Familie Reinoß mit ihren Wurzeln und da die Familie Nowotsch mit ähnlich vielen. Was kam da alles zusammen und formte den späten Heutigen?
Und dann die Zeit, die man durchlebt: diese heutzutage so jämmerliche Zeit, die so sehr zum Widerspruch herausfordert, ja mich so oft in Rage bringt.

Vater

»Ich rede nicht gern. Ich bin ein Indianer, der allein lebt.«
Robert Redford.

»Bei Doderer gibt es eine Figur, die wird »das schwerste, was es zu sein gibt«: ein »einfacher Mensch«.
Vater mußte das nicht erst werden: Er war es.
Mein Vater ist ein Gegengewicht gewesen gegen das Chaotische und das Verlogene.«

»Viele Jahre nach Vaters Tod begann ich ein Buch über ihn, im Lauf von etwa einem Jahrzehnt wurden es Hunderte von Seiten, unzusammenhängend vielleicht über tausend.
... Und ich bekam mein Buch über meinen Vater niemals auch nur entfernt fertig.«
In: »Ein Sohn Masurens«.

Der mich von frühauf am meisten beeindruckende Mensch ist mein Vater gewesen. Obwohl er in den Krieg mußte, als ich viereinhalb war, und in Polen und in Rußland festgehalten wurde als Soldat und dann als Gefangener bis zu meinem dreizehnten Lebensjahr.
Ich habe über ihn wohl schon alles niedergeschrieben. Und viel ausführlicher, als ich es hier tun kann. Und doch entdecke ich noch jedesmal, wenn ich an ihn zurückdenke, weitere Nuancen, ja manchen neuen Zug. Ich meine, ihn genau zu kennen und vermag ihm offenbar doch niemals ganz gerecht zu werden.
Hierzu kann man einwenden: Na gut – aber ist das nicht bloß für dich von Belang?
Das meine ich nicht.
Es ist richtig: Vater war ein einfacher Mann, kleiner Bauer und Handwerker; solche Menschen sind üblicherweise auch

nicht die Zentralgestalten in Büchern. Doch sieht man auf sein Leben, das von 1902 bis 1957 dauerte, so ist es die Geschichte eines, seiner ostdeutschen Heimat tief verbundenen, Menschen, dem sich alle Widerwärtigkeiten der ersten Hälfte unseres Jahrhunderts in den Weg stellten (und manche Widerwärtigkeit in der engeren Umgebung dazu).
Anders gesagt: Es ist die Erzählung von einem Mann, in der sich auch andere Ostpreußen wiederfinden können.

Vor einiger Zeit mußte ich einen kranken Obstbaum in unserm Garten fällen. Als ich den Stubben ausgrub, stand plötzlich eine Waldlichtung im Oberschwäbischen vor mir, und Vater, wie er dort irgendwann in den frühen fünfziger Jahren Fichten-Stubben rodete, um Brennholz für uns zu bekommen.
Aber, ging mir im nächsten Augenblick durch den Sinn: mit 56, wie ich es war, tat er das nicht mehr, da tat er nichts mehr: ist gestorben um seinen 55. Geburtstag, und ich, sein ältester Sohn, habe nun die Spanne seines Lebens, jene genau fünfeinhalb Jahrzehnte, überschritten.
Also *alles*, was er erlebte und tat, *jede* meiner Erinnerungen an ihn: da war er jünger als ich heute. Soviel Mühe es mir auch machen mag, das für zutreffend zu halten: allein so ist es richtig festgestellt.
Dem Zweiundzwanzigjährigen, der ich in Vaters Sterbejahr war, erschien er damals in seinem Äußeren schon ziemlich alt. Bin ich das heute in der Sicht eines Zweiundzwanzigjährigen genauso? Oder war er durch Krieg, Gefangenschaft und schließlich die Krebskrankheit tatsächlich um einiges früher als üblich alt geworden?
Doch er könnte heute noch leben, wäre neunzig und damit nicht viel älter als seine Mutter bei ihrem Tod. Aber ihm war das Schicksal nicht der Mutter, sondern des Vaters beschie-

den, genau dasselbe brutale Schicksal: Magenkrebs. Nur daß es ihn noch ein paar Jahre schneller vernichtete.

Vater ist auch derjenige, bei dem ich ankomme, wenn ich in meinem Leben soweit wie mir möglich zurückzugehen versuche. Masuren ist im eigentlichen Sinn mein Vater-Land.
Das früheste erinnerbare Bild: Ich sehe Vater in der dämmrigen Wohnstube im Licht der Petroleumlampen, und alles ist gut.
Manchmal nimmt er mich kleinen Jungen an die Hand und geht mit mir zu jemandem in der Familie, der mir Unrecht getan hat und sagt etwas dazu. Und mir ist, als würde er mich beschützen gegen die ganze übrige Welt.
Anderswann, bei Tag, höre ich ihn mit seiner Mutter, der dunklen alten Frau sprechen, und sie reden in einer Sprache, die ich nicht verstehe. Das Bild vor mir: Die Unterhaltung findet halb im Flur, halb schon draußen statt. Und die Großmutter spricht mit ihren Kindern also masurisch, und die antworten ihr in diesem alten Dialekt.
Hier jedoch keine vollständige Biografie meines Vaters. Nur ein paar bezeichnende Bilder, charakteristische Ereignisse. Und ein paar Marginalien dazu.

Vater fährt mit dem Rad zur Arbeit, kommt abends wieder nach Hause. Er ist ja auch Maurer.
Eines Tages kommt ein neues Fahrrad bei uns an. Das hat er sich aus dem »Reich« schicken lassen, dem fernen Westen des Reiches. Wie wurde dieses Rad nach der langen Reise, die er uns anschaulich machte, bestaunt! Aus Neuenrade kam es, das liegt in Westfalen, ja. Wer konnte sich jene ferne Gegend, von der die Rede war, überhaupt vorstellen. Am ehesten Vater selbst – war er doch im Ruhrgebiet gewesen. (Als ich mir ein Menschenalter später, in jenem Westfalen

wohnend, ein Fahrrad kaufte, war es in Erinnerung an jenes für uns sensationelle Ereignis ebenfalls ein »Vaterland« aus Neuenrade.) Und irgendwann nimmt Vater mich kleinen Kerl auf dieses Rad und fährt mit mir auf irgendwelchen Landwegen in Richtung Rumeyken oder Soffen, so richtig weiß ich das nicht mehr. Und es geht wie der Wind durch schönes hügeliges Land, und irgendwann blinkt ein See herauf. Und ich mit meinem Vater –.

Oder bei Sedello: da hatte er eine Gruppe unter sich, war Polier. Mutter erzählte später, er habe den Arbeitern auch den Lohn auszuzahlen gehabt. Und sie behauptet: Entweder habe er dafür immer zu wenig bekommen oder sei den andern gegenüber zu großzügig gewesen, jedenfalls sei für ihn selbst meistens zu wenig übrig geblieben.
Ich bin im Zweifel, ob sie da recht hat. Andererseits wäre es für ihn nicht unbezeichnend gewesen.

Vater kommt nach Hause von einem Richtfest. Na, und diesmal hat er ziemlich mitgehalten (obwohl er sich sonst aus Alkohol nicht viel machte), und Mutter sagt wohl etwas wie: Müßt ihr denn saufen bis zum Umfallen? Da meint er lakonisch: Ein Reinoß kippt niemals um! Und geht ruhig ins Bett, legt sich schlafen. Und damit ist auch so was für ihn erledigt. Seine ruhige, wortkarge Art: bezeichnend auch in solch einer Situation.
Ja: Vaters Wortkargheit.
Sie hat die lebhaftere Mutter wohl manches Mal aufgebracht.
Die eine, die andere Episode erzählte sie noch nach vielen Jahren: Wenige Tage vor der Hochzeit hat sie ihn gefragt, wieviel älter er denn eigentlich sei als sie.
Er hat nicht geantwortet.

Sie: Acht Jahre?
Da hat er etwas den Kopf bewegt. Sie wußte nicht recht: Hatte er genickt?
Oder sechs Jahre? hat sie gefragt.
Auch dazu machte er bloß eine ähnliche Kopfbewegung.
Er war elf Jahre älter und immerhin schon 31. Man schrieb das Jahr 1933.
Aber Vater war nicht bloß so, auch das war nicht alles.
Es gibt von meinem literarischen Wahlvater Knut Hamsun zu Nørholm in Norwegen ein Foto aus den dreißiger Jahren: sitzend, beide Hände um den Griff des Krückstocks gelegt – und verschmitzt lächelnd ...
– und das war ja auch kein ganz seltenes Bild von dir, Vater.
»Rozrywki« war eine masurische Bezeichnung, und sie bedeutet etwa: Pfiffigkeit, sagen wir ruhig: Verschmitztheit – und das war eine charakteristische Eigenschaft der Masuren.
Es gab manche hochironische Bemerkung von dir, Vater, und auch über den einen oder andern in der Familie. Und einige dieser verbalen Mutzköppe waren so treffend, daß sie, wie ich weiß, bis heute unvergessen sind wie manches berühmte Dichterwort.
Und du bist doch schon seit einem Menschenalter tot.

Besinne ich mich auf damals, vor inzwischen einem halben Jahrhundert, so ist mir von Mutters Äußerungen über ihren Mann vor allem diese, und gewiß wörtlich, in Erinnerung geblieben: Er ist ja so gut.

Ja: Seine Gutherzigkeit. Sie war eine seiner wesentlichsten Eigenschaften.
Und er hatte dann doch über viele, viele Jahre ein elendes Leben und endete so qualvoll.

Genauso, wie später meine Tochter in ihrer Gutherzigkeit kaum zu übertreffen war und noch um einiges scheußlicher um ihr Leben gebracht wurde.
So daß ich nach dieser doppelten Belehrung zu der Überzeugung gekommen bin, daß es eine höhere Macht, nennen wir sie meinetwegen Schicksal, darauf anlegt, ein zu deutliches Ausbrechen in Richtung vorbildhafte Menschlichkeit besonders brutal zu bestrafen.

Jeder von uns ist ein Produkt: Wir haben manches vom Vater, manches von der Mutter, und dies und das kommt noch von weiter her.
Eines Tages ging Vater zu einem der großen Bauern, um mit ihm etwas zu bereden. Dann frag ihn doch auch, ob wir von ihm Saatkartoffeln kaufen können, sagte Mutter.
Als er zurückkam, fragte sie ihn: Hast du mit ihm wegen der Kartoffeln gesprochen?
Hm, machte er.
Ja, was –?! drängte sie.
Deswegen muß ich noch mal gehn, antwortete er gequält.
Hatte er es vergessen?
Nein.
Es wäre eigentlich nichts dabeigewesen zu fragen, alles andere schien ja gut gelaufen zu sein, und er wollte doch nichts geschenkt.
Er hatte es einfach nicht herausgebracht – man setzt doch nicht auf eine sachliche Absprache ein persönliches Anliegen.
Und ich bin der Sohn meines Vaters.

Irgendwann las ich: Die in Masuren auf dem *Abbau** lebten, das seien in der Regel die Deutschstämmigen gewesen; die stärker masowisch geprägten waren geselliger und hätten sich in den Dörfern wie ein Hühnerhaufen zusammengedrängt.
Nun: Dann war mein Vater zumindest in seinem Wesen ein reiner Deutscher (und ich folge ihm auch darin).
Er war immer auf dem Abbau.

Und dieser Faktor Zufall in unser aller Existenz!
Wir sind ja nicht nur ein Gemisch aus den Eigenschaften der Vorfahren, wir sind in unsern Lebensläufen auch Kinder des unberechenbaren Zufalls.
Wie vieler Zufälle bedarf es zum Beispiel, bis ausgerechnet jene beiden Menschen zusammenkommen, die dann unsre Eltern werden; bis sie tatsächlich eine Familie gründen.
Lange erschien mir mein Vater als der Masure schlechthin: bodenständig, außerordentlich genügsam, fatalistisch. Doch nach und nach erhoben sich immer mehr Einwände vor allem gegen das erste der Kriterien.
Bodenständig?
Irgendwann wurde erzählt, er habe zur Marine gewollt. Nun ja: die beiden älteren Brüder hatten sich beim Militär hochgedient; weshalb hätte er das nicht auch tun sollen?
Sehr wahrscheinlich, daß es dann zur Ehe meiner Eltern, und eben zur Existenz der Kinder dieser Ehe, nicht gekommen wäre. Es gäbe mich nicht.
Und vor wenigen Jahren stieß ich in einem alten Notizbuch meines Onkels August (älterer Bruder meines Vaters) auf diese Anschrift: Karl Reinoß, in Dahlhausen/Ruhr, Kreis Hattingen, Bismarckstraße 13, Westfalen.

---

* abseits liegender Dorfteil

Vater ist eine Zeitlang im Ruhrgebiet gewesen? Hatte ich davon gehört, es aber vergessen?
Ich fuhr nach Dahlhausen, suchte die Straße. Und fand sie erst nach einigem Hin und Her – denn sie war umbenannt worden.
Schließlich stand ich vor einem der mehreren gleichen, bescheidenen Arbeiterhäuschen der Straße – und war sehr gerührt. Hier also hatte Vater fern der Heimat als etwa Zwanzigjähriger gewohnt; ich dachte an meinen Sohn, der gerade etwa so alt war.
Die Vorstellung, mein *Vater* damals so alt wie mein *Sohn* heute – was Wunder, daß mich das bewegte –.
Es saßen Leute in einem Garten, sie beobachteten mich und fragten, ob ich jemanden suche.
Nein, sagte ich. Aber hier hat mal mein Vater gewohnt.
Wie er heiße.
Ich nannte den Namen.
Den kennen wir leider nicht.
Das können Sie auch kaum, sagte ich; Sie waren damals wohl noch gar nicht geboren, es ist über sechzig Jahre her. Es war nicht lange nach dem Ersten Weltkrieg.

Stand er damals im Begriff, sich von Masuren abzunabeln, in Westfalen zu bleiben wie seine Schwester Marie, die in Essen heiratete; wie der eine Sohn Wiesotzki, der sogar den masurisch klingenden Namen aufgab?
Auch dann hätte er die Helene Nowotsch, die meine Mutter wurde, nicht geheiratet.
Doch es starb sein Vater. Und der hatte ihn kurz vorher zum Erben des kleinen Hofes bestimmt.

Auch noch kurz vor der Hochzeit lag ein großer Stolperstein im Weg und hätte die Ehe meiner Eltern verhindern kön-

nen. Es war tatsächlich ein großer Stein, den Vater, zusammen mit andern, sprengte, und es ging etwas schief dabei, und einer der Arbeiter erblindete.
Das hätte, soll es geheißen haben, auch den Karl Reinoß treffen können.
Und die Leute im Dorf, Masuren, tuschelten: Das war die Strafe! Weil die am Sonntag gesprengt haben!
Sonntag oder nicht Sonntag – für Vater spielte so was keine Rolle. Ich hörte nie, daß er ein Wort über Religion oder Kirche verlor.
Die Zufälle, die Zufälle, von denen Hamsun sagt, daß sie ausdauernder sind als wir und nicht zu umgehen. »Ja, ihr Guten, wie ausdauernd sie sind und wie unumgänglich!«
Vater blieb gesund, und hatte sich für Rydzewen entschieden. Und heiratete also die Leni Nowotsch aus Satticken.

Dann der *Krieg*.
Sie waren gerade sechs Jahre verheiratet, als er begann.
Und es ist wohl richtig, wenn man sich hier ein paar Daten vergegenwärtigt.
Vater war damals siebenunddreißig, Mutter sechsundzwanzig, die beiden Kinder vier (ich) und drei (Ingrid). Also eine noch junge Familie.
Und Vater, der gleich eingezogen wurde, war von da an fast ein Jahrzehnt nicht mehr bei den Seinen. Die besten Mannesjahre: so vergingen sie. Und als er zurückkam, war es in ein Dorf nordwestlich von Hamburg. Denn seine, unsere Welt war uns weggenommen worden. Masuren lag nun an die tausend Kilometer entfernt – in Wirklichkeit aber waren es Lichtjahre für eine lange Zeit. Land unseres Daseins sollte es niemals mehr werden.
Vater mußte in Polen dabeisein und in Rußland. Beim Untergang Ostpreußens, der Kapitulation der Hauptstadt

Königsberg, kam er in russische Gefangenschaft. Die Jahre dieser Gefangenschaft ramponierten seine Gesundheit; das kam nie wieder in Ordnung.
Etwa zehn Jahre später war er tot.

Auch aus den Kriegsjahren bloß ein paar Episoden.
Ich erinnere mich unscharf an jene Tage, als er eingezogen wurde; und der Viereinhalbjährige, der ich damals war, konnte sich natürlich nicht zutreffend vorstellen, was das hieß: Krieg, Soldat sein müssen.
Anfangs lag seine Truppe noch diesseits der polnischen Grenze, und Mutter hat ihn dort besucht. Denn bis zu jener Grenze waren es ja nur fünfundzwanzig Kilometer, das ließ sich gut mit dem Fahrrad machen. Die Polen waren für uns nahe Nachbarn.
Und Mutter hat in der ersten Zeit viel geweint. Denn die Menschen im Krieg, das begriff auch ich schon, konnten jeden Tag totgeschossen werden.
Und eines Abends kam Vater für ein paar Tage nach Hause. Es ging schon auf Weihnachten zu, und er brachte zwei fette Gänse mit, die er einer polnischen Familie, kleinen Leuten wie wir, abgekauft hatte.
Er bekam immer mal Urlaub in den Kriegsjahren, planmäßig und auch ganz überraschend, je nachdem. Wenn doch bloß Vater käme –! sagte Mutter manchmal, vor allem, wenn es etwas Größeres zu entscheiden gab.
Ich erinnere mich mit besonderer Deutlichkeit an seinen Sonderurlaub beim Tod seiner Mutter 1942. Das muß im späten Sommer gewesen sein; und er ging zum See runter, zu unserm Brett, um sich frischzumachen.
Und von jenen Augenblicken: da erinnere ich das Bild eines kraftvollen, sehr ansehnlichen Mannes. Nie ist er mir stattlicher erschienen. Damals war er vierzig.

Ein andermal sitzt er bei der Linde oben und liest in einem Buch. Das ist gar nicht viel später, ein oder anderthalb Jahre. Aber nun hat er eine Brille auf, ich sehe ihn zum erstenmal mit Brille, und es ist wie Müdigkeit um ihn – inzwischen ist etwas geschehen. Er war ein todkranker Mann und hat das nicht ohne deutliche Verluste überstanden. Seit der Flecktyphus-Krankheit in Rußland hat er häufiger Kopfschmerzen, heißt es. Und er ist auch nicht mehr bei den Panzerjägern, sondern bei einem etwas weniger strapaziösen Truppenteil.

Einer dieser Urlaube: Da kam er nachts krank bei uns an. Er habe Rotwein getrunken und den gar nicht vertragen, hieß es; manches vertrage er eben nicht. Das liege in der Familie: sein Vater sei auch »am Magen gestorben«. Und er konnte zu allem Übel nicht lange bleiben, mußte noch halb krank wieder aufbrechen zu einer anstrengenden Reise an die Front.

Zum erstenmal wie ein Zeichen: der Magen.

Natürlich sah er, wenn er heimkam, immer gleich auf sein Feld: Wie es dort stand, ob alles in Ordnung war. (Noch im Krankenhaus in den Tagen vor seinem Tod hat er mich immer nach dem Stand der Landwirtschaft befragt.)

Ich ging manchmal mit aufs Feld, ich ging ja inzwischen schon zur Schule, und mir gegenüber ist ihm seine Wortkargheit nie ein Problem gewesen, wir redeten über dies und das. Ich sag besser: Ich habe es nie so empfunden, daß er ungewöhnlich oder sogar hinderlich schweigsam war, sondern wir sprachen über vieles, was uns bewegte (und als ich älter war, hat er mir manchmal sogar erklärt, weshalb er sich jemandem in der Familie gegenüber so oder so verhalten habe).

Aber vielleicht war ich in dieser Hinsicht für ihn eine Aus-

nahme. Auch aus Andeutungen Mutters möchte ich das schließen.
Irgendwann schnitzte er mir ein Gewehr aus Holz. Wo ist das schließlich geblieben? Ich erinnere mich nicht.
Wir gingen zusammen auf Hechte an eine Ecke des Krzywer Sees. Es war gewiß nicht die feinste Art, Fische zu fangen; aber zu geduldigen Angel- und Fangabenteuern war damals nicht die rechte Zeit: Vater hatte ein Gewehr mitgenommen, und schoß ins Wasser, und zwei, drei Fische lagen plötzlich oben auf der Wasserfläche, er sprang hinein und packte sie. In den folgenden Tagen gab es bei uns Hecht und nochmals Hecht und Hecht in allen Variationen, sogar Fischklops – ich kann bald keinen Fisch mehr sehen, soll ich, so Mutter, gesagt haben.

Eine der merkwürdigsten Äußerungen Vaters ist mir bis heute, und wohl wörtlich, in Erinnerung geblieben:
Hoffentlich machen die mit uns nicht mal, was unsere Leute in Polen mit den Juden machen.
Wenige Jahre später wollte kaum ein Deutscher auch nur vom vagen Hörensagen etwas von irgendwelchen Scheußlichkeiten gewußt haben, und man kann sich des Eindrucks nicht erwehren: je höher die Charge, um so geringer das diesbezügliche Wissen oder Erinnerungsvermögen. (Waren Brutalitäten am Ende gar nur einer bösen Verschwörung der Dienstgrade vom Unteroffizier abwärts anzulasten, und Großkopferte konnten sich durchweg die Hände so in Unschuld waschen wie einst Pontius Pilatus?)
Doch der Stabsgefreite hatte etwas mitbekommen, es hat ihn bedrückt und anhaltend beschäftigt. Und ich habe ihn leider nie danach gefragt, was es gewesen ist, das er erfahren hatte.

Meine Zeit in Satticken 1943/44; und die Front kam zurück, näherte sich immer mehr unserer Heimat: schon war Kanonendonner zu hören.
Und Mutter kam also vorgefahren, um mich wieder nach Hause zu holen; aber Großmutter wollte mich nicht hergeben. Und jenes Gezerre um mich zwischen den Frauen habe ich noch heute beim Drandenken als unangenehm in Erinnerung.
Vater, habe ich damals gedacht. Von ihm wäre Verständnis für mich gekommen und das richtige Wort. Ruhig, lakonisch, abschließend. Das erlösende Wort...
Aber er war da schon viele Jahre fort und mehrere in Rußland an der Front.
Zu allem Elend, das mich, einen damals Neunjährigen, in der Einsamkeit auf einem Abbauhof bedrückte, kam gerade in jenen Tagen eine kleine Episode hinzu. Ein Päckchen von Vater traf für mich ein, das Süßigkeiten enthielt, auf deren Verpackung stand: Für die kämpfende Truppe. Und Großmutter redete auch noch davon, wie lebensgefährlich es jeden Tag für diese kämpfende Truppe sei. Da brach aller Schmerz der Welt über mich herein, und ich weinte und weinte.
Zum erstenmal war auch mir *bewußt* geworden, wieviel mir mein Vater bedeutete und wie sehr sein Verlust mich zu Boden geworfen hätte. (Was er dann etwas mehr als ein Jahrzehnt später tat.)

Unsere Flucht im Oktober 44 nach Allenstein und dann in ein Dorf etwas weiter westlich. Der panikartige Aufbruch im Januar 45 vor der plötzlich hereinbrechenden Roten Armee.
Und Vater hing an den Seinen wie nur irgendeiner. Und bekam es hin (fragt mich nicht, wie), daß er Sonderurlaub erhielt – und warf sich auf ein Pferd, um zu uns in das Dorf

im Allensteinischen zu kommen und unsere weitere Flucht zu organisieren. Aber kam erst an, auf abenteuerlichen Wegen, als wir bereits fort waren.
Hat ihm das irgendwann irgendwer gedankt? Keiner. Er kämpfte im Kessel von Heiligenbeil; das war die Hölle. Verteidigte Königsberg mit, und diese geschichtsträchtige Stadt ging unter; und man wird nicht sagen können, daß das nicht ebenfalls die Hölle war. Schon als Gefangener wurde er noch eingesetzt zu Demontagearbeiten in Ostpreußen: Was nicht niet- und nagelfest war, sollte nach Rußland geschafft werden. Mußte selbst als Zwangsarbeiter nach Rußland; baute unter anderem an einer Militärakademie in Moskau.
Ich wußte das einst in allen Einzelheiten: als etwa Zwanzigjähriger habe ich ihn ausgefragt, um es zu Papier zu bringen. (Doch diese detaillierten Aufzeichnungen gibt es schon lange nicht mehr.)
Nach Königsberg war er für die Familie eine Zeitlang verschollen. Wir wußten nichts von seinem Schicksale, und er nichts von unserem.

Aus seiner Zeit jenseits Masurens erst recht nur das Allernotwendigste.
Er fand uns im Niedersächsischen, wo wir jahrelang zu leben gezwungen waren wie – ich zitiere eine Formulierung Mutters – Zigeuner. In Hamburg schuftete er einige Jahre unter den strapaziösesten Voraussetzungen: entweder vor Tag mit dem Fahrrad zu einem fünf Kilometer entfernten Bahnhof und an die fünfzig Kilometer mit dem Bummelzug zur Arbeitsstelle und abends denselben Weg zurück. Oder in einem Übernachtungsheim in Hamburger Hauptbahnhofsnähe schlafend; er hat mir dieses Lager einmal gezeigt.
Wir mußten aus jener Gegend dringend raus, dort gab es für

uns keine annehmbare Zukunft. Wir (d. h. vor allem er und ich: mittlerweile siebzehn), heckten aus, daß es ins Süddeutsche gehen sollte. Wir versuchten es über einen Makler im Kraichgau, wo nach meinen Informationen gutes Ackerland war – ohne Resonanz. Dann griffen wir bei einer Umsiedlungsaktion zu. So kamen wir 1952 ins Oberschwäbische in den Kreis Biberach an der Riß.

Wieviel verdanke ich diesem herzensguten Menschen! Und nun arrangierte er etwas, das für mein ganzes weiteres Leben entscheidend wurde.
Ich hatte gerade die Mittlere Reife hinter mich gebracht, wollte in einen Beruf – hätte es ihm nicht auch überaus recht sein können, daß ich endlich Geld verdiente (war so nicht das übliche Denken)?
Doch er überraschte mich damit, daß er sich in Biberach schon darum gekümmert hatte, der einfache Mann aus Masuren, mir das Abitur zu ermöglichen – ja: Hatte bereits mit dem Direktor des dortigen Gymnasiums gesprochen (den ich später als einen überheblichen, wenig einfühlsamen Mann erleben sollte), ich brauchte mich nur noch anzumelden . . .

Und für ihn, den damals Fünfzigjährigen, wurde es anfangs noch einmal ein in vielem passables Dasein. Doch seine Jahre waren da schon gezählt. Es wurden nur noch fünf; und bloß über den ersten drei liegt noch einmal etwas Glanz.
Manchmal am Wochenende war er mit mir zu beachtlichen Rad-Touren unterwegs: bis an den Bodensee, an den Schwarzwaldrand. Ich spielte damals Fußball in einer Kreisklasse-Mannschaft – mußten wir sonntags nach auswärts, so kam er auch mit dem Rad hinterher. Ich stand im

Tor und hielt Ausschau nach ihm, auch noch nach Spielbeginn – und sah ihn ankommen und freute mich darüber.
Und einmal, ein niemals zu vergessendes Mal, fuhren wir aus dem Biberachischen an *einem* Tag zur Burg Hohenzollern bei Hechingen und zurück. Es war eine verdammt strapaziöse Tour über die Schwäbische Alb, es wurden etwa 170 Kilometer, und Vater war doch schon über fünfzig. Aber er hat diese Burg gesehen, wie sie auf einem Bergkegel am Rand der Alb plötzlich aufragt, und das muß für ihn, der sich mit dem Deutschen Orden und Preußischem beschäftigte, die Erfüllung eines Traums gewesen sein. Noch sehe ich ihn, wie er am Ende der Rückfahrt etwas schief auf dem Rad hing, hinter mir zurückblieb. Und zu Hause sich auffallend bald hinlegte.
Und dann, als es sogar noch um einiges besser für uns zu werden schien, er, o Wunder, einen kleinen Hof erwarb mit Kühen, Schweinen, Geflügel, es noch einmal wenigstens entfernt so hätte werden können wie in Masuren: – da schlug das mordlustige Schicksal so brutal zu wie nur denkbar.
Es wurde wie gesagt Magenkrebs diagnostiziert, und der Arzt, ohnehin nicht einer der Sensiblen seiner Zunft, sagte zu uns: Davon ist noch keiner gesund geworden.
Er sollte also bald seine Familie verlassen müssen. Seine Frau, und inzwischen sieben Kinder, von denen das jüngste, die kleine Gudrun, noch nicht einmal zur Schule ging. Manchmal nahm er sie auf den Schoß (wie mich fünfzehn, zwanzig Jahre früher...), und nun spielte er dabei Mundharmonika, sie hat das bis heute nicht vergessen...
Die Krankheit laugte ihn aus; und er schuftete für die Seinen bis zum letzten verkraftbaren Augenblick (dem Pfarrer der Grabrede erschien es schier unglaublich, wie lange er noch in seinem Beruf durchgehalten hatte). Und

zuletzt das Krankenhaus; und eine Operation diente nur noch der Bestätigung, daß die Entfernung des kranken Gewebes sein Leben nicht mehr verlängern würde.
Und *einmal*, ganz zuletzt, wurde er mir gegenüber deutlich, nur einmal: Wenn man hier liegt und sich vor Schmerzen krümmt wie ein Wurm, bekommt man Lust aufs Sterben –.
Er starb, als der Herbst kam, 1957.
Es war schon wenige Tage vor seinem Tod, als ich ihn zum letztenmal im Biberacher Krankenhaus erlebte. Und es müssen Augenblicke einer schier unglaublichen Selbstbeherrschung dieses Karl Reinoß, der mein Vater war, gewesen sein – mir wurde überhaupt nicht bewußt, daß ich ihn danach nur noch einmal sehen würde – und da würde er so wächsern und entsetzlich starr daliegen in seinem Sarg.
Und zuletzt, es ist unglaublich, hat er *gelächelt* und die rechte Hand – ich hatte mich schon ein paar Schritte entfernt – zu einem Winken gehoben –.
Das ist mein letztes Bild vom Leben meines Vaters. So ist mein Vater gewesen.

Ich schrieb vor Jahren:
Gelitten unter dieser Zeit. Zerrieben. Begraben. Nicht aufgefahren gen Himmel.
In die Kiste gelegt: Damit war alles zu Ende.
Aber was für große Augenblicke in seinem *Leben*.

Sprach ich von Widerwärtigkeiten in diesem Leben?
Vielleicht zum ersten, aber beileibe nicht zum letztenmal in der Familie war jemand, *er*, dazu verurteilt, geradezu das Muster eines durchgehend benachteiligten, wenn nicht in manchem erniedrigten Menschen abzugeben. Begabt mit überdurchschnittlichen Fähigkeiten und einer ungewöhnlichen menschlichen Güte, kam er doch immer wieder zu

kurz – ganz als gebe es einen Plan, seine Leistungen grundsätzlich herabzumindern, abzuwerten.
Ich habe das später erst recht für meine Tochter beobachtet – bis hin zu dem Höhepunkt eines widerlichen Schicksals, ihrem schrecklichen Tod. Stets kam sie zu schlecht weg. Das wurde allmählich komisch, wer kann so was auf Dauer ohne Sarkasmus handhaben: Grundsätzlich fehlte ihr in der Schule angeblich ein einziger winziger Punkt für die bessere Note (doch bei näherem Hinsehen war dieser Punkt durchaus vorhanden). Ja: So war das.
Die Widerwärtigkeiten: Das setzte sich für Vater auch nach seinem Tod fort.
Lange bezog ich das nur auf mich: daß keines der Gebäude, in denen ich in der Kindheit und Jugend gelebt habe, es waren immerhin fünf, noch steht. Sie wurden zerstört, abgebrochen, das letzte durch Blitzschlag unbrauchbar gemacht und abgerissen.
Dann wurde mir bewußt, daß keins der Häuser, in denen Vaters *ganzes* Leben geschah, noch da ist.
Unheimliche Konsequenz!
Und inzwischen gilt das sogar für sein Grab.
Dreißig Jahre lang konnte ich in der süddeutschen Stadt Biberach zwischen Ulm und dem Bodensee vor dieses Grab treten. Und dann eines Tages dies: Ich komme mit meinen Blumen wie immer – und finde die Reihen der Gräber in einer Ecke des Friedhofs alle kaputtgemacht, man hatte Vaters Grab unlängst *vernichtet*.
Weshalb? Um dort wieder beerdigen zu können?
Nein. Sondern ohne jede Not. Es ging allein darum, dort ein optisch einheitliches Bild zu bekommen: – eine Rasenfläche.
War das Ganze ein unsäglicher Amtsakt, eine Eselei?
Was sonst? fragte ich.
Ich versuchte, es herauszubekommen; schrieb später dem

zuständigen Pfarrer: Die Befragung des mit dem Fall befaßten Bürokraten habe auf mich gewirkt wie absurdes Theater. Und ich dachte: In Masuren läßt man Friedhöfe bloß verludern und untergehen; hier aber, in einer deutschen Stadt, legte man Hand an, wurde *aktiv*, zog eine *Ordnung* und ihre Paragraphen heran, zerstörte mit der Betonung auf *legal* ...
Inzwischen denke ich manchmal, Vater liegt ja gar nicht dort, wo man seine Gedenkstätte so bedenkenlos zerstört hat. Sondern ist auf irgendeine Weise gekommen auf den kleinen Friedhof seiner Ahnen in Rydzewen. Denn er ist trotz allem niemals Teil irgendeiner Stadt westlich der Weichsel gewesen; nur des dörflichen Masuren.
Was Wunder, daß mir das für ihn so durch den Kopf geht wie für niemanden sonst.
Und wenn ich heute in jene Wildnis trete, wo einst der Rydzewer Friedhof war: wohin sie zuletzt alle gekommen sind in die heimatliche Erde – dann denke ich nicht nur an sie, sondern auch an dich, mein Lieber: der du das Ende der Kette derer warst und bleibst, die hierher gehören.
Und mit dir endete das.

Nachbarn

Es war so etwas wie ein kleines Wunder: Wir kamen also 1952 aus Niedersachsen nach Oberschwaben, ferner von Masuren konnte man in Deutschland nun nicht mehr sein – aber bloß zwei Dörfer weiter und ganze sechs Kilometer entfernt wohnten die Wiesotzkis! Sie hatte es über Dänemark so weit in den Südwesten verschlagen. Die Tante Mieze und die Tante Ida, das waren ja die uns nächsten

Nachbarn in Rydzewen. Als sich mir in den frühesten Kinderjahren die Welt allmählich über unser Haus und den Hof hinaus erweiterte, da lernte ich zuerst das kleine Anwesen der Wiesotzkis kennen.
Und sie wohnten nicht nur dem Dorfzentrum zu neben uns, sie waren als einzige im Ort mit uns auch verwandt. Mutter erzählte mir, Vater und die beiden Wiesotzki-Frauen seien Cousin und Cousinen gewesen; weil eine Schwester meines Großvaters Ludwig Reynoß einen Wiesotzki geheiratet hat: jenen, den ich als alten Mann in meiner Kindheit noch gekannt habe. Belegt ist mir darüber hinaus eine Verbindung meiner Vorfahren zu den Wiesotzkis über meine Urgroßmutter Lotte Ciernio geborene Bandilla: der älteste Sohn ihres Bruders Johann hat eine Auguste Wiesotzki geheiratet.
Und wir nun also in Alberweiler und die Wiesotzkis im nahen Attenweiler, beides Dörfern des Kreises Biberach.
Wir konnten leicht mit dem Rad dorthin, oft bin ich auch allein zu den beiden gefahren. Dort die in die Jahre gekommenen Frauen in einem dürftigen Häuschen an einer schwäbischen Dorfstraße. Die ledige Marie, und die in ihrem ursprünglichen Wesen vernichtete Ida, die verheiratet gewesen war, aber von der Mann und Kinder offensichtlich nichts mehr wissen wollten. Auch für sie war es jetzt nicht mehr ein altes Masurenhaus mit dem gleichen herrlichen Blick auf den See und die Hügel und die Kämme der Wälder dahinter.
Ein Vierteljahrhundert später, ich hatte längst meine eigene Familie weit entfernt im Westfälischen, und die Ida lebte nicht mehr: die alte Mieze war allein geblieben, da bin ich abends mit einem süddeutschen Schwager langsam an dem kleinen Haus in Attenweiler vorbeigefahren. Es brannte kein Licht mehr, es war also schon zu spät, um noch hinein-

zusehen. Aber vor der Haustür stand ein leerer Holzstuhl wie verloren, der meinen Blick auf sich zog; und der Schwager, der das bemerkte, sagte: Dort sitzt sie nun immer in der Sonne...

Die altgewordene Frau, dachte ich – so wie ich ihren Vater, den Opa Wiesotzki, oft in seinem Garten in der Sonne habe sitzen sehen in meiner fernen masurischen Kindheit. Sie hat das aufgenommen aus der alten beobachteten Gewohnheit, mochte das auch in der Region, in die es sie geweht hatte, sonst niemand tun – und mochte der Platz vor dem Haus an der Dorfstraße unendlich dürftiger sein als jener schöne Garten im heimatlichen Rydzewen.

Diese Menschen waren nicht zu verändern. Man konnte sie ramponieren und ruinieren wie die Ida. Aber nicht völlig zerstören in ihrer großartigen Naivität und der besten aller menschlichen Eigenschaften: ihrer Gutmütigkeit.

Dieser leere Stuhl der alten Marie Wiesotzki an einem Abend vor einem ärmlichen süddeutschen Haus: auch das ist für mich eins der unvergeßlichen Bilder um masurische Menschen.

Der Anblick des draußen lesenden Opa Wiesotzki mit seiner Nickelbrille: Das gehört ja zu meinen frühesten Erinnerungen an unsere Nachbarn zum Dorf hin. Der kleine dickliche Mann, ein schweinchenrötlicher Typ, hat mir immer etwas Angst gemacht. Aber warum? Weil er nicht sehr ansehnlich war? Sein Blick immer ohne Freundlichkeit schien? Oder war es eher seine Schweigsamkeit zusammen mit diesem Blick?

Berechtigter war die Angst vor Wiesotzkis Gänsen. Diese Viecher trieben sich nur zu oft am Straßenrand herum, um plötzlich mit vorgestrecktem Hals, laut zischelnd auf uns Kinder zuzuschießen. Und als ich begonnen hatte, zur

Schule zu gehen, mußte ich jeden Tag an ihnen vorbei. Die Biester an der Straße sehen und mich nur noch auf das vorsichtigste heranschleichen, war eins – und dann wie der Wind vorbeigerannt! Aber ein Ganter läßt sich nicht so einfach austricksen, auch er schien nicht ohne Ehrgeiz mir gegenüber zu sein, und oft genug hat er mich fast erwischt.

Das kleine Anwesen der Wiesotzkis. Das alte Haus mit der Längsseite zur Straße. Und auf der andern Seite der Straße, zum See runter, Stall und Schuppen. Ein Kätner-Besitz bis zuletzt ohne Kuh und Pferd, also eine noch deutlich bescheidenere Existenz als die unsere. Zwischen Straße und See auch ein Gemüsegarten. Vor der warmen Feldsteinmauer eines Wirtschaftsgebäudes des Nachbarn Kurbjuhn eine Reihe Tomatenstauden mit vielen im Spätsommer rotleuchtenden Früchten. So war es dort in jedem Jahr: Tomaten immer an derselben Stelle. Heute bekämen wir in unsern Gärten Probleme mit der Braunfäule und was weiß ich für Pflanzenmiseren. Bei uns hat es damals so was offensichtlich nicht gegeben.

Ein Wintervormittag in einem der ersten Kriegsjahre. Mutter war nicht zu Hause, und Ingrid und ich sollten auf die kleine Hannelore aufpassen. Aber ausgerechnet da begann sie, Terror zu machen: plärrte ohne Ende. Nichts half. Da fing in Panik auch Ingrid zu weinen an; und am Ende stimmte wohl auch ich ein, und wir heulten alle drei.
Aber dann hatte ich die rettende Idee, zur Tante Mieze zu laufen. Für so etwas gab es doch die Tante Mieze ...
Niemand anders im Dorf kam dafür in Frage.

Die Reinoß' und die Wiesotzkis also verwandt. Das hieß natürlich nicht, daß sie immer ein Herz und eine Seele

waren. So hörte ich in der Kindheit eine Geschichte, die sich wohl schon zu meines Großvaters Zeiten abgespielt hatte, von einem Zaun zwischen den beiden Grundstücken. Der eine hat einen errichtet, und der andere war mit dieser Grenzziehung nicht einverstanden und hat ihn umgehackt. Daß Aufbau und Zerstörung sogar mehr als zweimal geschehen sein sollen, mag nachträgliche Übertreibung sein. Aber einer der Kontrahenten soll irgendwann so in Wut geraten sein, daß er auf den andern mit einem Ast losging, einem dornigen!; und beide rannten sie zum Amtsvorsteher nach Stradaunen, um Klage zu führen – als der Wiesotzki dort ankam, saß der Reinoß schon da.
Es war also der denkbar herrlichste Nachbarschaftskrach. Leider weiß ich nicht, wie die Geschichte sich dann verlief.

Eine ausführliche Betrachtung unserer Nachbarn Wiesotzki: sie wäre wohl erst recht der exemplarische Fall kleiner masurischer Leute und ihres oft mühseligen Daseins. Die Väter waren Landarbeiter, und die Söhne wurden es auch (wie jedoch auch die nachrangigen Söhne der Bauern), wenn sie nicht ein Handwerk erlernten oder hinausgingen ins »Reich«.
Wie der eine der beiden Wiesotzki-Söhne ins Ruhrgebiet. (Der andere hat sich nach dem Zweiten Weltkrieg dann ebenfalls dort niedergelassen.)
Er gab sogar den alten Familiennamen auf, nannte sich Werners. Hat Wiesotzki ihm zu masurisch/polnisch geklungen? Sollte die grundlegende Veränderung in seinem Leben auch durch Namensänderung angezeigt sein? Es hat etwas von einem Signal für einen Bruch mit der eigenen Herkunft. Ich habe keine Erinnerung an ihn und seine Frau. Aber an ihre Tochter, die Ursula, genannt Ursel.
Dieses Stadtmädchen kam während des Krieges in unser

Dorf; und es war ein hübsches Wesen wie aus einer andern Welt. Ich entsinne mich an eine Kleinigkeit: sie war noch keine zehn und trug eine Armbanduhr; sogar der Lehrer Hein war darüber so erstaunt, daß er sich runterbeugte, der schwergewichtige Mann, und den Arm mit dem Wunderding an sein Ohr führte. Und sagte: Sie geht tatsächlich!
Ursel und ich waren etwa gleich alt und Nachbarn und sogar verwandt; so trafen wir uns auch außerhalb der Schule zum Spielen. Ein Jahrzehnt später, als ich das Gymnasium in Biberach besuchte, kam die Ursel zu ihren Tanten nach Attenweiler, und da machten sie und ich eine mehrtägige Radtour in die Allgäuer Berge und an den Bodensee.

Die größte Merkwürdigkeit im Hause Wiesotzki aber war, eine Zeitlang, zweifellos Tante Ida mit ihren Töchtern, die älter waren als ich. Auffallend hübsch nach meinem damaligen Urteil sie alle drei; und ebenfalls aus einer deutlich anderen Welt als unserer kleindörflichen.
Die Tante Ida hatte in die Stadt geheiratet und kam nun manchmal mit diesen beiden Mädchen zu Besuch nach Hause; es war etwa um die Zeit des Kriegsausbruchs.
Und manchmal fragten mich auch diese Mädchen, ob ich nicht mit ihnen spielen wollte. Aber ich tat das eigentlich nicht gern, und das nicht bloß, weil sie Mädchen waren; sondern weil sie immer so fein angezogen waren und, wie ich meinte, mich bloß zum Zeittotschlagen brauchten, und das immer etwas von oben herab.
Doch mochten sie auch noch so fein und überheblich sein: einmal war ich ihnen über, und es war ausgerechnet ihr eigener Vater, der mir dazu verhalf.
Ich war vier damals, wir schrieben Sommer 1939. Und es war in Wiesotzkis Wohnstube, daß Herr H. mich fragte: Du sollst ja schon die Uhr kennen, wie spät ist es denn jetzt?

Ich sah zur Wanduhr und antwortete: Jetzt weiß ich es nicht, aber wenn der große Zeiger oben ist, dann ist es drei Uhr.
Staunen.
Vier Jahre, und kennt schon die Uhr, sagte der Mann kopfschüttelnd.

Und dann ist es Tante Ida, der bis dahin anscheinend so Glücklichen, Bewundernswerten, äußerst übel ergangen. Sie hatte das rätselhafteste, traurigste Schicksal von allen Bekannten meiner Kindheit. Und als ich sie in Attenweiler nach Jahren wiedersah, da war sie eine völlig andere.
Ja: es ereignete sich etwas Scheußliches mit ihr, und die Menschen im Dorf kamen damit nicht zurecht, und so wurde viel darüber geredet und gerätselt, und auch ich bekam es damals schon mit.
Fest stand (halten wir uns an die Fakten): Die Tante Ida war plötzlich schwer erkrankt. Und bald hieß es deutlicher: *geistig* erkrankt – man habe sie in eine Irrenanstalt gesteckt. Doch bekam das einen ungewöhnlichen Beigeschmack: Da gehe etwas nicht mit rechten Dingen zu, hieß es. Ich weiß nicht, ob es die Tante Mieze war, die sie besucht hat und dies mitbrachte:
Die Ida habe zu ihr gesagt: Du siehst es doch selbst, jetzt bin ich ganz normal und ruhig; aber dann bekomme ich immer diese Spritzen, und dann tob' ich ... Die *wollen* hier doch, daß ich tob' ... Weshalb sonst immer diese Spritzen?
War etwas daran? Heute denkt man zwangsläufig an die damals nicht seltenen Mediziner-Verbrechen – vielleicht zu Recht, vielleicht ganz zu Unrecht. Mir fällt noch dies auf: Die Ida reagierte damals zumindest insoweit noch »normal«: beobachtete und folgerte und erzählte so »vernünftig«, wie sie es später, als ich sie wiedersah, nicht mehr konnte. Nach Klinikaufenthalt und Behandlung war jeden-

falls nur eine gründliche Verschlechterung ihres geistigen Zustands festzustellen.
Nur: Wenn etwas daran war, daß die Ida vorsätzlich zerstört wurde – auf wessen Veranlassung geschah es? Wer konnte ein Interesse an der Vernichtung dieser einfachen Frau mit Mann und Kindern haben?
Gab es nicht auch darüber Spekulationen im Dorf? Aber man muß sie eindeutig Unterstellungen nennen, denn eine Klärung des Falls (wenn denn ein Anlaß für eine Untersuchung vorgelegen haben könnte) ist ja nach Ende des Dritten Reiches meines Wissens von niemandem angestrengt worden.
Wer hätte sie auch betreiben sollen? Die Ida selbst, wenn sie es denn für angebracht gehalten hätte, war dazu in ihrem Zustand nicht mehr in der Lage. Und die Mieze? Diese einfache Frau wäre dazu ebensowenig fähig gewesen.
Auffallend immerhin auch dies: In einer Klinik mit Behandlung mußte die Ida nach dem Krieg nicht mehr sein. Hatte *sie* sich plötzlich so grundlegend verändert – oder was sonst? Vieles, was die Ida betrifft, wird wohl immer ein Rätsel bleiben.

Die Ida in den fünfziger Jahren, als ich sie öfter sah. Hatte sie über eine Zeitspanne manchmal getobt, so war sie nun gleichsam wie ein erloschener Vulkan: ein in seiner geistigen Existenz zerstörtes Wesen. Ihre einstige Schönheit, ihr fraulicher Charme waren dabei mit kaputtgegangen.
Oft saß sie nur da und wiegte den Oberkörper, als folge sie einem sinnlosen Antrieb. Sagte mal dies und mal das, und nicht immer war es unverständliches Zeug; aber fast immer hörte ich abfällig: Was redest du da wieder!
Sie war, wenn ich es beobachten konnte, immer sehr *taubenfüßig* und ungewöhnlich gutmütig.

Aber hatte sie denn nicht einen Mann und zwei inzwischen große Töchter?
Das fiel uns allen auf: Die haben nie nach ihr gesehen. Keiner von ihnen.
Mehr noch: Die Ida soll, das hat die Mieze nicht nur mir erzählt, die Anschrift ihrer Familie herausgebracht und ihr manches geschickt haben.
Aber auch darauf, so die Mieze, nie eine Antwort.
Und dann, nach etwa drei Jahrzehnten eines solchen armseligen Lebens, starb sie. Ihre Beerdigung soll, wie eigenartig, außerordentlich viel Zulauf gefunden haben. Und der Pfarrer habe, so wurde mir erzählt, ungewöhnlich ergreifend gepredigt.
Und damit hatte dieses ungewöhnliche Frauenschicksal sein Ende gefunden. Eine Zeitlang Stadtleben und größere Welt; das hatte sie angezogen, aber rabiat wieder ausgespuckt. Sie hatte sich dann so rasch und so weit entfernt, daß ich vermute, es ist nicht mehr davon in ihr zurückgeblieben als das leise Rauschen in einer schon lange leeren Muschel.

Die andere, Marie, die wir Kinder Tante Mieze nannten: Ich hörte nie von Männergeschichten, und auch sonst lief wohl manches an Möglichkeiten für das Leben einer Frau an ihr vorbei.
Die vielen Jahre in Masuren zusammen mit dem alten Vater und dem unverheirateten Bruder. Die Flucht. Die zweite Hälfte des Lebens absolviert in jenem oberschwäbischen Dorf neben der kranken Schwester.
Daß sie zu den Brüdern nach Essen zog oder in deren Nähe, ist ihr wohl niemals in den Sinn gekommen. Und sie muß doch in den letzten Jahren ihres Lebens sehr einsam gewesen sein. Und dann war auch ihr Leben vorüber.
Die Stätte des Hofes der Wiesotzkis in Rydzewen: Auch sie

ist heute bloß noch ein Dickicht aus Bäumen und Sträuchern. Es zischelt schon lange kein Ganter mehr an der Straße. Keine noch gesunde Ida ist mehr mit ihren Mädchen zu Besuch. Und die Tante Mieze nicht mehr schimpfend herlaufend hinter der Katze.
Keine Mauern mehr am See, in deren Wärme Tomaten reifen.
Nichts Lebendiges mehr, das von Menschen kommt. Nur Öde.

Das Dorf in Masuren

»Weit weg waren die Menschen, die hier lebten, von der Unruhe und Hast unseres Alltags, auch wenn sie keine Wasserleitung und keinen Strom hatten. Sollte man sie bedauern – oder beneiden?«
Gerhard Eckert, über ein masurisches Dorf
in den siebziger Jahren

Concertante Nr. 2 e-moll für Violine, Harfe und Orchester, II. Romanze. Poco Adagio. Von Louis Spohr

Ich weiß nicht mehr, wann ich diese nicht sonderlich bekannte Concertante Nr. 2 von Spohr zum erstenmal hörte; es ist einige Jahre her. Doch kaum hatte der 2. Satz, die Romanze, angefangen, da sah ich unser kleines masurisches Dorf Rydzewen vor mir, als hätte das eine mit dem andern zu tun. Ganz so, als gäbe dieses Stück Musik, in dem Solo-Violine und Solo-Harfe dominieren, eine Schilderung meines Heimatortes.
Das ist natürlich nicht so. Der Braunschweiger Komponist und Geiger Louis Spohr hatte nichts mit meiner abgelegenen Heimat zu tun; ich weiß nur von einem Danzig-Auftritt.

Aber wann immer ich nun mich der lyrischen Stimmung seiner Romanze aussetze, in der Idylle, Gemächlichkeit, Burleske und auch Melancholie wechseln, fühle ich mich nach Hause versetzt...
Das ist sehr eigenartig. Aber sagt, über das Erzählen hinausgehend, wohl auch etwas über die schlichte Schönheit unseres kleinen masurischen Dorfes aus.

Im Oktober 1944 mußten wir dieses Dorf verlassen. Nicht in den folgenden Monaten, aber bald nach Kriegsende begannen wir uns zu fragen: Würden wir es je wiedersehen?
Es verging Jahr um Jahr. Es vergingen Jahrzehnte.
Man gründete zwei deutsche Staaten. Und das alte Reichsgebiet östlich von Oder und Neiße war und blieb in polnischem Besitz. Und die Teilung der Welt in zwei sich drohend gegenüberstehende Blöcke verlief jahrzehntelang mitten durch Deutschland; und die masurische Heimat erschien so entrückt wie eine nur noch sagenhafte Region. War ich bei der Flucht zehn gewesen, so erreichte ich 1980 die Fünfundvierzig...
Doch in jenem Frühjahr kam ich dieselbe Straße aus Lyck/Stradaunen zurück, auf der wir für immer fortgehen mußten. Ich war, nach fünfunddreißig Jahren, wieder in Lyck gewesen, unserer Kreisstadt, heute Elk und eine von Polen bewohnte Stadt. Ich war nach Stradaunen hineingefahren und zu unserer Kirche geeilt, die aus heimischen Feldsteinen gebaut ist und äußerlich noch völlig so aussieht wie früher.
War bald hinter Stradaunen links in eine kleine Schotterstraße eingebogen, wo ein Wegweiser mir angegeben hatte: Rydzewo 3 km. Fuhr dann langsam auf diesem Weg am Friedhof vorbei und erreichte den oberen Rand jenes Hohlwegs, der ins Dorf Rydzewen/Schwarzberge hinunterfällt...

Um alles wiederzusehen – alles? Was würde ich wiedersehen? Wie schwer hatte ich mich mit dieser ersten Reise getan. Hatte ich nicht von erheblichen Untergängen im Dorf gehört? Sollte nicht auch unser Haus vernichtet sein?
War es da nicht vielleicht besser, niemals mehr hinzufahren? Es für immer bei den Erinnerungen zu belassen, die mir den kleinen Ort am See so zeigen, wie er in meiner Kindheit war? Würden sich mir nicht die weniger freundlichen Anblicke von heute immer vor die Bilder von einst schieben, sie überdecken, vielleicht sogar zerstören?
Und dann bin ich doch gefahren! Mit meiner Frau Anneliese, ich wollte ihr und vielleicht später den Kindern (damals lebten sie noch beide) meine Heimat zeigen und die so vieler Vorfahren und etwas sagen wie: Schaut her, aus dieser kleinen Welt komme ich – ist es nicht *schön* hier?

Den Hohlweg hinunter. Das ist mit dem Auto ja nur ein Klacks. Links nun der See. Ich wende zaghaft die Augen. Wie klein er ist... Und um seine Osthälfte das Dorf –. In diesem Augenblick geschah etwas Schreckliches.
Es ist ja nichts mehr da –! stieß ich hervor. Es schnürte mir die Kehle zu, ich konnte kaum sprechen. Ich blieb auch nicht stehen: fuhr mechanisch weiter, bog nach rechts in die Straße in Richtung Kleinheinrichstal ein, und dorthin wollte ich doch am allerwenigsten –.
Halt an, sagte Anneliese.
Ich hielt. Wendete. Fuhr langsam zurück zum einstigen Mittelpunkt. Unser Dorf war untergegangen.

Erst später entdeckte ich, daß an den Enden des Ortes doch noch vier Gehöfte standen. Aber sein Kern war, bis auf das auch schon ruinöse Gebäude der Schule, völlig zerstört. Ein *Dorf* gab es hier nicht mehr.

Irgendwann an jenem Tag, ich weiß: als wir an der Stätte unsres völlig vernichteten Hofes, oberhalb des Sees, standen und zum gegenüberliegenden Ufer sahen, auf die so idyllische Landschaft, da habe ich es doch gesagt: Hier bin ich aufgewachsen. In dieser Umgebung. Das habe ich mir in all den Jahren seither doch nicht bloß eingebildet: Es war eines der schönstgelegenen Dörfer, die ich kennengelernt habe, vielleicht das am schönsten gelegene überhaupt. Und wenigstens die Schönheit der Landschaft ist geblieben –.
Ja, hat Anneliese ganz überzeugt geantwortet: Es ist hier märchenhaft schön.
Es ist gekommen wie befürchtet: Seither, und erst recht nach dem zweiten Besuch neun Jahre später, sehe ich beim Denken an das Dorf zunächst alles so, wie es sich heute zeigt. Das Dickicht aus Bäumen und Sträuchern und Unkraut, wo Gehöfte gestanden, Menschen gewohnt haben. Sehe: Tabula rasa. Die Historiker sprechen von Wüstung.
Und muß mich zu erinnern versuchen an das Einstige: die heilen Örtlichkeiten meiner Kindheit.

Das erste dieser Erinnerungsbilder ist zugleich das früheste, auf das ich mich besinne: Ich folge der Mutter vom Hof über die Straße zum See runter zu unserm Brett.
Der Mittelpunkt unsrer Welt war ja dieser kleine, fast kreisrunde See. Wie ein riesiges Auge lag er da, von Hügeln umgeben.
Hinter dem See der Sandweg aus Krzywen kommend mit den Kugelweiden zu uns hinunter. Ich sehe es noch: Manchmal kommt ein Wagen über den Berg, die Pferde traben, der Bauer ist unterwegs nach Stradaunen oder sogar Lyck. Ja: Das ist ein Weg für eine Menschen-Zeit der Pferdewagen und Fahrräder und (nicht selten für unbeschuhte) Füße.

Dieses Phänomen: Manchmal gingen Menschen am jenseitigen Ufer des Sees entlang, und es war so windstill und alles reglos, daß ihre Stimmen ganz nah schienen, als seien sie dicht neben einem ...
Am Fuß des hübschen Weges nach Krzywen: das Nordwestende unseres Dorfes.
Vom kleinen weißen Haus der Wengoborskis sah man von uns aus den Eingang und rechts und links von ihm je ein Fenster. Manchmal ging jemand durch diese Tür; ein andermal machte sich jemand am Haus zu schaffen. Die uns zugewandte Giebelfront verdeckte halb ein bescheidenes Wirtschaftsgebäude.

Blickt man vom Brett am See nach rechts, zum Zentrum des Dorfes: sieht man es um die rechte Hälfte des Sees gelegt. Sieht die Häuser der Rosinskis und Czillwiks; und dahinter steht die Schule. Der heutige Stradauner Pfarrer, der das Dorf noch vor etwa zwanzig Jahren einigermaßen vollständig kennengelernt haben will, meint ebenfalls: Es war ein schönes Dorf.
Uns direkt gegenüber, im vom See her ansteigenden Gelände, das große Wohnhaus der Karraschs, das leuchtende Ziegelrot des mächtigen Stalls. Zum Hof gehörten drei oder vier Gebäude; ein paar mächtige alte Bäume wuchsen längst über sie hinaus.
Als ich zur Schule ging, kam ein kleiner blonder Junge von diesem Hof, er war in meinem Alter: Siegfried Karrasch.
Denke ich an diesen großen schönen Hof, so auch gleich daran, wie der See im Winter unser Dorf veränderte. Dann war er auf einmal nicht mehr etwas Trennendes, sondern zu einem Mittelpunkt und einer Brücke geworden. Nun konnte man ja übers Eis zu den Wengoborskis oder den Karraschs gehen. Und neben Karraschs Hof lag, den Berg runter in

Richtung See, unsere liebste Rodelbahn. Was war dort manchmal für ein Geschnatter und Gekreische, besonders, wenn in sausender Fahrt ein Schlitten umkippte!
Na, und auf dem See war ja ebenfalls was los! Da schlitterten und schorrten wir, und einige liefen Schlittschuh. Aber natürlich nicht mit so aufwendigem Gerät wie heute. Ich denke an die Bretter in Fußlänge, die einige von uns unter die Schuhe banden, auf deren Unterseite so etwas wie zwei Kufen aus dickem Draht lagen. Die ganze Herrlichkeit war vom Vater oder sonstwem angefertigt worden – und was brauchte man mehr, um wunderbar auf dem Eis zu schlittern! Erst ganz zuletzt bekam ich ein paar gebrauchte, richtige Schlittschuhe; aber im folgenden Winter waren wir nicht mehr daheim, so habe ich das Schlittschuhlaufen niemals gelernt...
Vater erzählte, daß sie im Winter sogar Fußball auf dem Eis gespielt haben, ernsthaft, in einer Mannschaft. Das hätte ihnen den Namen »Eisbär Rydzewen« eingebracht.
Aber jeder Winter ging vorüber. Irgendwann begann das Eis zu krachen, der See brach auf, Wasser blinkte wieder herauf, die Hechtecke im Westen war plötzlich frei, und die Boote konnten eingelassen werden.
Ins Dorf kam man von uns aus jetzt wieder nur über die Straße am Seeufer entlang an Wiesotzkis und Kurbjuhns vorbei.
Dann war man mitten im Ort bei dem alten Masurenhaus, wo Czillwiks wohnten, und, etwas zurückliegend, der backsteinroten Schule.
Dieses Masurenhaus wurde von kleinen Leuten bewohnt. Nach meiner Erinnerung gings von draußen durch einen Flur zentral ins Haus, links und rechts davon wohnte je eine Familie.
Dort auch mehrere Kinder. Wir gingen zusammen zur

Schule. Mit einem von ihnen traf ich mich manchmal auch nachmittags, er hieß Gustav Czillwik. Aber mit seiner Gesundheit stand es nicht zum besten. Als während des Krieges so gut wie alle Kinder im Dorf Masern bekamen, führte das bei ihm zu einem Ohrenleiden, und er mußte operiert werden.

Auf der Flucht starb er.

War es der Gustav oder ein anderer aus diesem Armeleute-Haus, der auf die Frage von Lehrer Hein, was er denn gestern zu Mittag bekommen habe, antwortete: Kwasno bulwa (saure Kartoffelsuppe). Und was gibt's heute? Kwasno bulwa. Und morgen? Kwasno bulwa.

Was wohl zutraf.

Eines Morgens öffnete ich vom Flur her kommend die Türe zu einer der Stuben, um Gustav zur Schule abzuholen. Ich erschrak wohl etwas, als ich plötzlich vor ziemlich vielen Leuten in einem doch kleinen Wohnraum stand, und brachte nur heraus: Na, Traute?

Das war ein kleines Mädchen in meinem Alter, sie hatte ich als erste gesehen. Hinterher genierte ich mich: Weshalb hatte ich nur dieses Gänschen begrüßt, nicht alle?

Und war es nicht auch in diesem Haus, wo ein junger Mann ein Gewehr zum Spaß auf einen andern anlegte und abdrückte – und, o Schreck, ihm durch die Schulter schoß? Er hatte gemeint, die Waffe sei nicht geladen. Der Verletzte mußte natürlich ins Krankenhaus. Um dem Schützen blieb wohl nichts anderes übrig, als sich schnell zum Militär zu melden; es war schon mitten im Krieg.

Da ich von wenig Bemittelten im Dorf erzähle: Was spielte Besitz bei der Beurteilung von Menschen für eine Rolle?

Ich darf sicher nicht sagen: Gar keine. Aber offensichtlich eine verhältnismäßig geringe. Ich erinnere mich jedenfalls

nicht, daß soziale Unterschiede irgendwann ein Thema gewesen wären.
Es gab etwa ein halbes Dutzend wesentlich größerer Bauern, als wir es waren, aber auch Familien, die deutlich weniger besaßen. Doch ich fühlte mich deswegen niemals jemandem unterlegen oder überlegen.
Irgendwann kam der Sohn eines viel größeren Bauern zu uns ins Haus, um mit mir zu spielen. Mutter amüsierte sich: Dein Vater hat mit seinem Vater prozessiert, und ihr spielt zusammen! Das war alles, was es dazu zu sagen gab.

Wenn ich noch einmal alles an mir vorüberziehen lasse: Es gab nicht ein einziges Haus im Dorf, das zum Prunk tendierte. (Jenes des Gritzo, das sogar die Initialen seines Besitzers zur Straße herzeigte, lag außerhalb des Ortes an der Straße nach Przytullen.) Immer konnte man von Einfachheit sprechen, manchmal von ländlicher Herbheit, in einigen Fällen von dörflichem Charme.
War das aufs Ganze gesehen eher arm, armselig?
Unsere Sprache hat dieses interessante Wort: armselig. Das Grimmsche Wörterbuch führt dazu aus, das bezeichne »ein nachdrücklicheres arm«. Denn »selig als zweites compositionsglied ist zum theil nicht selig, beatus, felix«. Doch ich weiß nicht, ob in dieser Andeutung nicht zu viel Sophistik steckt. Und mag's denn nicht ganz zutreffend im Sinne der Sprachwissenschaft sein: Für mich sagt die Verbindung von arm und selig eher aus, daß eine gewisse Armut (so sie nicht quälend ist) mit Seligkeit zu tun haben kann. Vielleicht sogar im Sinne des »Faust«-Zitats: »In dieser Armut, welche Fülle!«

Das Dorf Rydzewen war als ein Freidorf gegründet worden. Adel und Großgrundbesitzer waren in unserm Kreis recht

schwach vertreten. Masuren-Chronist Weber: »Seinem Mangel an adligen Besitzern verdankt unser Heimatkreis Lyck die Erhaltung seiner bäuerlichen Struktur«. Was ja wohl heißt: Hier haben nicht habgierige Junker schindluderhaft die Bauern um ihren Besitz gebracht.
Einem Adligen bin ich während der ganzen masurischen Kindheit nicht begegnet, von einem Schloß habe ich weder etwas gesehen noch gehört.
Und das muß ich wohl nicht beklagen.

Das Alltagsleben aller bei uns, auch das zum Beispiel des Bürgermeisters, der ein großer Bauer war, und das des Lehrers, wurde erheblich davon geprägt, daß das Dorf wie gesagt bis zuletzt fernab von Elektrizität und Wasserleitung lag. In allen Häusern daher noch weitgehend die »alten Zeiten«; auch dem Komfort der Reicheren waren nicht überwindbare, technische Grenzen gesetzt.
Zwischen dem alltäglichen Leben jener also, die hier als erste zu Zeiten von Kolumbus und Luther siedelten, und dem meiner Großmutter aus dem 19. Jahrhundert, ja dem unseren also keine wirklich gravierenden Unterschiede.
Herausgenommen in so einem Dorf war eigentlich nur der Lehrer. Und unser »Papa Heinchen« schon deshalb, weil er kein Einheimischer war, wohl nicht mal Masure. Aber vor allem gab es natürlich dies: daß jede Generation nach damaliger Art unter der Rute der Lehrer hindurchmußte.
Marianne Peyinghaus, die zur Zeit meiner Kindheit Lehrerin in unserer Provinz war: »Nach Ansicht alter ostpreußischer Lehrer ist die älteste und erfolgreichste Erziehungsmethode der Stock.«

Vom Zentrum aus gesehen, eine kleine Skizze des Ortes als Ganzes.

Die amtliche Beschreibung lautet kurz und bündig: »Zwei Häuserzeilen an Fluß und See«. (Das mit dem Fluß erweckt eher einen falschen Eindruck: Es ist besser von einem Bach die Rede, der unseren See im Osten verließ und zum Gonsker See floß.)
Und keine Kirche, keine Post, kein Kaufmann, keine Gastwirtschaft, keine Mühle.
Angebunden an die Hauptstraße Lyck-Treuburg durch eine Schotterstraße. Zwei Kilometer nordöstlich von Stradaunen zweigte diese nach Norden ab, erreichte Rydzewen nach etwa drei Kilometern. Endete hier.
Von unserm Dorf aus zwei Sandwege in westliche Richtung und zwei nach Osten, an den Seeufern entlang zu den Nachbardörfern Piasken/Klein Rauschen und Krzywen/Bergenau. In Richtung Osten gings nach Przytullen/Seefrieden und nach Kleinheinrichstal; beide Straßen führten weiter nach Gonsken/Herzogskirchen.
Die Statistik spricht von acht landwirtschaftlichen Betrieben. Drei davon an unserer Straße, der vierte uns gegenüber jenseits des Sees, die anderen vier, darunter mit die größten, im Ostteil des Ortes, etwas vom See entfernt.
Wenn ich durch Rydzewen gehe und die Wohnhäuser zähle, so komme ich auf achtzehn.
Ja: Nur ein kleines Dorf.

Auf der Dorfstraße in Richtung Kleinheinrichstal. Mutter ist bei mir; aber ich hample herum, falle dabei hin, schlage mit dem Kopf auf einen Pflasterstein. Auf der Stirn bildet sich eine Beule. Mutter zieht mich hinter sich nach Hause. Dort wird die Beule mit einem Messer etwas platter gedrückt.
Und damit genug mit solchem Theater ...
Die Gehöfte an der Straße dort: Bahlo, Malinka, Priswitt, Lukaschewski. Lauter ansehnliche Anwesen.

Stand jenes dunkle Maschinen-Ungetüm, im Gedächtnis ist mir die Bezeichnung Lokomobile, in Bahlos oder Priswitts Hof?
Es scheint mich beeindruckt zu haben. Doch ich habe es nie in Betrieb gesehen. Es stand bloß noch da wie ein schweres, getötetes Ungeheuer.
Das schien mir, als habe auch bei uns jemand auf Technik und große Maschinen gesetzt (und was für ein Aufsehen muß allein die Ankunft des Kolosses in dem kleinen Dorf erregt haben!). Aber hat sich das dann nicht bewährt? Und man ging lieber wieder in die Zeit davor zurück? Sah es nicht ganz nach einer Fehldisposition aus, heute würde man sagen: einem Flop?
Es war wohl besser, so zu arbeiten, wie schon immer. So stand das Ungetüm nach meiner Erinnerung bloß herum.

Immer wieder, wenn ich von daheim erzähle, von unserer so bescheidenen Welt nach der herkömmlichen Art, spüre ich fast so etwas wie Mitleid: Mein Gott, wie klein, wie rückständig das alles war! Was müßt ihr darunter gelitten haben!
Haben wir aber nicht.
Ich sprach mit Mutter über die Landflucht im heutigen Masuren, wer könne, nehme Reißaus (und möglichst in die Bundesrepublik), und der Kommentar des Stradauner Pfarrers dazu: Was haben wir hier –.
Mutter: Wir hatten doch auch nichts.
Ich: Und waren wir schrecklich unzufrieden deswegen?
Sie: Überhaupt nicht! So war das nun mal.
Ich wüßte nicht, daß uns irgendwelche Träume von irgendeinem Schlaraffenland verrückt gemacht hätten. Wir lebten ein Leben abseits der Zentren und sogenannten »großen« Welt, und jeder hatte in etwa das gleiche wie der andere, der eine etwas mehr, der andere etwas weniger, das war wie

gesagt nicht so entscheidend. Weshalb sollten wir meinen, es gehe uns nicht gut?
Unlängst las ich in einer Tageszeitung, ein westdeutscher Theologie(!)-Professor habe bei Untersuchungen herausgefunden, daß es den wohlhabenden Mitteleuropäern zwar objektiv am besten geht, »doch die armen süditalienischen Kleinbauern zufriedener sind«.
Welch eine schier unglaubliche Erkenntnis! Und der Grund für die Zufriedenheit? Man staune: »Den Wohlstandsmenschen zermürbt das Streben nach immer mehr Geld, während der Kleinverdiener meint, sogar mit noch weniger auskommen zu können.«
Eine wissenschaftliche Untersuchung also, und ein klares Fazit! Nur, daß viele Menschen meiner Heimat, die es bei Kriegsende in den bald »goldenen« Westen verschlug, diese Erkenntnis dem Herrn Professor leichter hätten liefern können – es ist eine der zentralen Erfahrungen ihres Lebens, gewonnen ganz ohne Professorentitel, Forschungsauftrag und irgendwelchen Geldaufwand. Er hätte nicht bis nach Süditalien reisen müssen, sondern sich im Lande umhören können.
Und das Fazit der Zeitung? »Wohlstand und Reichtum allein machen den Menschen nicht glücklich. Bescheidenheit wird als neue Tugend wiederentdeckt.«
Na: Wie amüsant im Grunde auch das! Zum ersten: Bibellektüre ist verständlicherweise nicht jedermanns Sache, aber man stößt dabei auf allerhand uralte Lebenserfahrung, und die Sache mit der Gewinnsucht und dem Glücklichsein wurde schon vor über zweitausend Jahren recht achtbar bedacht. Zum zweiten, der Bescheidenheit: Darauf darf man allerdings gespannt sein – denn sonderlich verbreitet ist diese Tugend heute ja noch nicht. Doch es wird besagten »wohlhabenden Mitteleuropäern« früher oder später gar

nichts anderes übrig bleiben als sich in mehr Bescheidenheit zu üben, ob sie es wollen oder nicht. Und weshalb sollte ich das nach den eigenen Kindheitserfahrungen beklagen?
Wir lebten damals in einer Welt, in der keine Reklameindustrie Begehrlichkeiten auf Produkte in uns weckte, die man nicht wirklich brauchte. Es wurde nicht in Gebetsmühlenart auf uns eingeplappert, wir müßten doch auch noch dies und auch noch jenes kaufen.
Es ging uns besser als vielen Menschen heutzutage, mit all ihrem technischen Plunder, für dessen Anschaffung sie sich krummlegen. Ich sehe immer mehr Grund, es zu wiederholen: Es war eine Welt mit entschieden mehr seelischer Substanz und Tiefe.

Natürlich: Manche technischen Geräte sind durchaus sinnvoll, wenn sie zusätzliche Mühe im täglichen Leben ersparen. Viele andere aber sind reiner Schnickschnack und überflüssig. Niemand würde sie von sich aus haben wollen, man schwatzt sie ihm bloß auf.
Heute ist viel die Rede von der Endlichkeit der Bodenschätze, der Zerstörung unserer herkömmlichen Lebensräume. Aber auch das ist für viele bloß ein Lippenbekenntnis, es redet sich so leicht daher, und man bekommt Beifall dafür. Doch es bleibt beim Reden, und so ist es Geschwätz.
Ein letztes. Wir hatten nur wenig; aber wir waren nicht gestreßt, marode oder nervlich am Ende.
Und wie steht's heutzutage mit jenen Bewohnern der vielbeneideten westlichen Welt? Die ihre Stereoanlagen und Fernsehgeräte, Wäschetrockner und elektrischen Eierkocher und was weiß ich haben: sind sie glücklicher?
Ich rede nicht Dürftigkeit und Armut das Wort; das wäre lächerlich. Aber ich habe zu oft beobachtet, daß das Gegen-

teil davon eben nicht zufriedener macht – es geht wie immer und überall um das richtige Maß.

Die Menschen unseres Dorfes, die in den dargestellten Verhältnissen lebten. Sie waren natürlich nicht besser und nicht schlechter als die Menschen anderswo auch. Und doch ergäben die Geschichten, von diesen nur wenig mehr als hundert Menschen zusammengenommen so etwas wie ein Spiegelbild eines Großteils der Menschheit.

Sieht man vom Lehrer ab, so gab es zu meiner Zeit im ganzen Dorf keinen einzigen studierten Menschen. Aber wir hatten, wie jede Welt, unsere Lügner und Betrüger und Liebesdramen sogar mit handfesten Auseinandersetzungen. Und der Onkel August stolzierte eine Zeitlang durchs Dorf, als gehe er ins Maxim, und Onkel Adolf ließ sich keinen möglichen Schabernack entgehen. Es wurde gestritten und prozessiert und mancher blühende Unsinn getrieben – wir hatten von allem etwas, wir ließen nichts aus.

Das hatte manchmal fast etwas Märchenhaftes: Ein junger Bursche schlug Eggenzinken in den Giebel des Holzhauses zu einer Art Leiter, damit die Geliebte zu ihm durchs Fenster oben steigen konnte – ferne Erinnerung an Rapunzel. Nur: bei uns nicht Märchen, sondern *Wirklichkeit.*

Das stark Gemüthafte, das Beseelte dieses dörflichen Lebens, das heute, wenn man's zum Beispiel in alten Filmen sieht, (denn wo wäre es noch in der Wirklichkeit zu finden) so heimelig anrührt.

Und wenn es manche Naivität in Richtung Skurrilität und »dummem Verstand« gab – was machte das? Und das eine, das andre war zugleich so hübsch und fast anekdotenhaft, daß man es nicht schamhaft verschweigen muß.

Frau K. hatte einen Volksempfänger gekauft; und zufällig hat auch Lehrer Hein davon gehört. So fragt er sie, als er sie

auf der Straße trifft, wie sie denn mit dem Gerät zufrieden sei.
Na ja, sagt sie.
Also nicht zufrieden? meint er.
Na ja. Aber diese Musik! Immer diese Ofentüren ...
Sie hat es so gesagt. Der Hein hat es uns erzählt.
Aber was machte das? Raffael konnte wohl auch nicht wissen, was eine Ouvertüre ist, und war trotzdem ein gewaltiger Maler.
Oder Frau W. während des Krieges, nachdem ihre Tochter Nachricht bekommen hatte, sie müßte zur Marine:
Sie muß ja an Bord. Das ist ja Gott sei Dank nicht auf dem Schiff, das ist ja an Bord.
Oder ein gewisser Zimmermannsgeselle. Er will Meister werden, hat einen Teil der Prüfung, das Praktische, schon gut absolviert und auch einige Fachfragen zur Zufriedenheit beantwortet. Aber dann diese politischen Fragen der Nazis, und darunter diese tückische: Welches Reich kommt nach dem Dritten?
Darauf der gute Mann, ebenso nervös wie logisch: Das Vierte!
Aus. Vorbei. Nach damaliger Vorstellung hätte er natürlich antworten müssen: Das Dritte bleibt ewig bestehn! (Oder doch die propagierten tausend Jahre.)
Doch halt: Hier stocke ich. Hat jener Rydzewer, den man damals gewiß wie einen Trottel entließ, nicht bald darauf in etwa recht bekommen? War da nicht das Tausendjährige, Ewige schon so völlig im Eimer, wie das ein Reich vielleicht noch nie so schnell gewesen ist?

Noch einmal am See in Höhe unsres Hofes.
Auch unser »Brett«, das es schon lange nicht mehr gibt, ist auf einem Foto festgehalten. Es ist natürlich nicht bloß ein

simples Brett, sondern geradezu ein kleiner Landungssteg von einigen Metern Länge. Über einigen Pfählen im Wasser war ein Balken genagelt; das hatte die Form eines H. Vom Land bis zu diesem Balken waren zwei lange Bohlen gelegt, über die quer die Bretter genagelt waren, auf die man trat.

Links vom Brett der Kalmus-Wald im seichten Wasser. Auf einem meiner Fotos steht Onkel August vor ihm und angelt, und Cousin Horst, vielleicht drei, steht neben ihm.

Auf dem nächsten Bild sitzt Horst auf den Schultern seines Vaters August, während der am Rand des Kalmus durchs Wasser watet. Und dahinter Onkel Adolf, der Luftikus: Kalmus-Blätter reichen ihm bis zum Hals.

Was hat der August an? Ist das ein einteiliger Badeanzug – oder bloß Unterwäsche?

Wovon dabei die tiefste Rührung auf mich ausgeht, das ist etwas, das auf Fotos vordergründig gar nicht sichtbar sein kann. Ich meine die Ruhe in diesen Ausschnitten unseres damaligen ländlichen Lebens, die sie übermitteln, sowie dies: Die Menschheit, die sie zeigen, ist im Bewußtsein der ihr Angehörenden so wenig »endlich« wie jede andere anderswo. Nicht die Spur einer Andeutung im Sichgeben dieser Menschen, daß alles hier von den Bewohnern Geschaffene angefochten, ja einem baldigen Tod geweiht ist.

Aber das Bewußtsein dieser Menschen, es werde auch in Masuren so weitergehen, wie's üblicherweise weitergeht, hat sich also als völlig irrig erwiesen. Von denen, die einst so taten, als kämen sie »von hundert Pferden« (wie Mutter zu formulieren pflegte), lebt heute keiner in den verschwindenden Resten des Dorfes. Auch die eine Tochter Wegoborski, die nach 45 einen jungen Polen geheiratet haben soll und mit ihm angeblich auf einem großen Hof saß, ist fortgegangen. Der Stradauner Pfarrer, der alle Menschen in Rydzewo kennt (es sind ja nur noch wenige), hat es mir versichert. Ich hörte dann, sie lebe heute in Elk/Lyck.

Kleines Dorf in Masuren, das ein Teil der Geschichte meiner Kindheit ist. Die eine Tochter unsres letzten Bürgermeisters, Ilse Breiter, schrieb mir unlängst: erinnere dich, wie immer Leben war in jedem der Gehöfte: alte und junge Menschen gingen ein und aus, Hähnekrähen und Gänsegeschnatter und Hundebellen, und die Glucke scharrte mit ihren Küken im Sand.
Und manchmal war ein Habicht in der Luft, und im großen Weidenbaum am See summten die Bienen, und der Pirol pfiff im Garten, wenn es regnen sollte, und am Abend schlug die Nachtigall in den Büschen.
Das war einmal! Denn zuerst bist du, kleines Dorf, mutwillig ramponiert worden, dann Jahr um Jahr heruntergekommen – und so allmählich untergegangen.
Und das war die Vernichtung von vierhundert Jahren Leben und Weben sich abmühender, gutwilliger Menschen. Guten Tagen, ja, wie auch Zeiten der Not. Eben die alltägliche Mühsal.
Und nichts ist davon übriggeblieben.
Warum? Gott oder Schicksal: Warum?

»Auch ich war in Arkadien ...«

»Wegen der einfachen, urwüchsigen Verhältnisse des Berglandes hat die hellenistische und römische Schäferdichtung Arkadien als Land guter ländlicher Sitte und stillen Friedens zum Schauplatz ihrer Dichtungen gemacht.«
dtv-Lexikon

Bekäme ich all das noch hin, was ich in der frühen Kindheit konnte? Mir eine Pfeife aus einem frischen Weidenzweig machen? Oder einen Schwimmer aus Borke für die Angel?
Es ist ja nicht die weite Welt, es sind natürlich nicht irgendwelche großen Ereignisse, die in den ersten Jahren die prägende Rolle in der Erinnerung übernehmen. Und ich denke, das gilt ganz besonders für meine Kindheit in Masuren.
Wenngleich heutzutage mancher Fünf- oder Vierjährige schon nach Italien oder sagen wir Kenia oder Teneriffa mitgeschleppt wird und hat nie einen heimatlichen Wald gesehen, der weiß im Frühling ist von blühenden Buschwindröschen oder gelb von Schlüsselblumen oder blau von Leberblümchen, und nie empfunden, welch ein Zauber davon ausgehen kann.
Meine Welt damals endete zwölf Kilometer westlich von Rydzewen in der Kreisstadt Lyck und gut zehn Kilometer östlich in Satticken im Kreis Treuburg bei der Großmutter Guste, der Heimat meiner Mutter... Daß man auch nach Süden und Norden, und sei es nur ähnlich weit, reisen konnte, spielte für uns keine Rolle. Es war eine West-Ost-Achse bescheidenster Art, die bis in mein zehntes Jahr hinein alles bestimmte (und die meisten meiner Vorfahren sind wohl ihr Leben lang nicht weiter hinausgekommen).

Aber es sind ja wie gesagt mehr die Kleinigkeiten, unvergeßlichen Anblicke und die Menschen der nächsten Umgebung, die uns vertraut werden und charakterschaffend prägen.
Und dafür stand auch meine Mutter: Sie hing an ihrer masurischen Heimat bis zuletzt, an Einzelheiten wie ihrem Walnußbaum (sie hat ihn gepflanzt) im Garten unterhalb des Wohnzimmers des Elternhauses – und nichts davon gibt es mehr. Sie war fast achtzig und fragte mich doch immer wieder, ob wir das heimatliche Land zurückbekommen würden, sooft wir uns schon unterhalten hatten, wie es damit steht und daß sie dort wohl kaum noch leben könnte.
Mit ihr unterwegs zum Himbeerpflücken; sie weiß die Sträucher jenseits unsres Feldes, schon auf Piasker Gebiet. Und tatsächlich: herrliche Himbeeren in der Sonne.
Doch kaum haben wir zu pflücken angefangen, da taucht ein alter Bauer auf: laut schimpfend kommt er heran, wir sollten abhauen, das sind sein Land und seine Sträucher!
Mutter ist so erschrocken, daß sie sofort in Tränen ausbricht. Der Alte hat uns weggejagt und ist dann umgekehrt. Aber nun erscheint ein junger Mann, es ist der Sohn, und der beruhigt Mutter, wir sollten nur weiterpflücken, mit dem alten Bollerkopp würde er schon fertigwerden.
Aber Mutter ist zu sehr aus der Fassung. Wir gehen nach Hause.
Doch trotz allem unvergessen: Dort und anderswo die herrlichsten wildwachsenden Himbeeren. Und natürlich endet das Beerensammeln nicht immer so in Wut und Tränen.
An einem warmen Sommertag im Polommer Forst.
Wir sind mit dem Fuhrwerk nach Krzywen hinauf gefahren, durch das Dorf, und sind in einen schier endlosen Wald gekommen. Und dort gibt es unglaublich viele, dicke Blaubeeren, sogar auf sonnigen Lichtungen, und Mutter und

Ingrid und ich pflücken in kleinere Gefäße und leeren diese dann in große Eimer. Wir ernten Blaubeeren eimerweise. Irgendwann kommt ein Förster und fragt nach unserem Sammelschein, wir haben noch keinen, aber es ist natürlich keine Frage, daß Mutter einen kauft; und der Mann im grünen Anzug ist freundlich und alles ist gut. (Und war es denn nicht Mutters Wunsch, daß ich Förster werden sollte?) Und der herbe Geruch des Waldes, wenn die Sonne Stunde um Stunde auf den Stämmen und Ästen lag und das Harz weich wurde, so daß es manchmal zu tropfen begann – das leise ewige Rauschen, und die vielen verschiedenen Vögel... Und irgendwo in diesem Forst sollte es auch einen dunklen, unheimlichen kleinen See geben. Ihn wollten die Bauern mal abfischen, aber in dem Netz war dann bloß undefinierbares Getier, so schnitten sie lieber die Leinen ab und warfen alles zurück ins Wasser... Na, das spielte wohl schon hinüber zu dem Märchenhaften, und im Weitererzählen mag manches hinzugekommen sein...
Und es gab bei uns natürlich Pilze in jeder Menge!
Noch heute weiß ich wie damals einige besonders gute Fundstellen. Wenn ich von unserm Hof aus auf den grünen Berg jenseits des Sees sehe, dann könnte ich zeigen, wo es die Champignons gab.
Körbevoll haben wir in Wäldern Steinpilze geerntet und Echte Reizker; die standen massenhaft im jungen Fichtenwald in jener Senke an der Straße dem Friedhof gegenüber, manchmal konnte man dort zwischen den Baumreihen kaum aufrecht stehen.

Schöner, rasch erreichbarer Wald auch vor dem Krzywer See. Die Alten nannten die Region Bubrinä (das ä kurz gesprochen, ich weiß leider nicht, was das Wort bedeutet). Fast am Ufer blinkte schon Wasser durch die Stämme, und dann lag der Südwestzipfel des langgestreckten Sees vor einem; und dies sind wohl die schönsten Seebilder, wenn der Wald an ein Ostufer reicht und die späte Sonne auf Wasser und Bäume fällt.

In diesem Wald gab es im Frühling die meisten Leberblümchen.

Neben dem Krzywer See im Nordwesten waren es der Gonsker See im Osten und der riesige Laschmiaden-See im Westen, die den Charakter unsrer Gegend so sehr geprägt haben.

Der sich über fünf Kilometer hinziehende Gonsker See begann nur wenige hundert Meter östlich von Rydzewen. Was mich damals an diesem See am meisten faszinierte, war die kleine Insel in seiner Westhälfte. Zu ihr sah ich immer hin, wenn wir mit dem Wagen den Sandweg an seinem langen Ufer entlang in Richtung Gonsken fuhren, um die Großmutter in Satticken zu besuchen.

Einmal sah ich auf dieser Insel ein Pferd; es stand ruhig und blickte zu uns herüber. Das hatte mich mächtig überrascht und dann lange beschäftigt. Wie war es dorthin übers Wasser gekommen? Habe ich tatsächlich gesehen, wie es in einem Boot hinübergerudert wurde – oder bilde ich mir das bloß ein? Weil ich mir das so intensiv vorgestellt habe, daß ich es vor mir zu sehen meine? Und in Wirklichkeit hat man den Gaul vielleicht dazu gebracht, zur Insel zu schwimmen?

Ich wollte beim Wiedersehen Rydzewens unbedingt auch diese Insel begrüßen, wie einen alten Freund. Aber es war wie verhext.

Als ich mich zu Fuß ein Stück in Richtung Kleinheinrichstal aufmachte, um den See zu Gesicht zu bekommen, an den Gehöften von Bahlo und Malinka vorbei, da stellte sich mir ein großer Hund in den Weg, wie gelangweilt zwar,

aber doch wohl nicht ungefährlich, so daß ich es lieber unterließ, an ihm vorbeizukommen.
Zweiter Versuch: Ein Halt an der Straße Lyck–Treuburg in Höhe Przytullen. Aber der See mit der Insel war von dort oben nicht einzusehen, und ich stellte fest, daß es noch ein gehöriges Stück zu gehen war, und wir hatten doch noch viel zu fahren an diesem Tag ...

Aber den großen Laschmiaden-See bei Piasken haben wir uns angesehen – und so richtig bewußt sah ich ihn wohl zum ersten Mal. Mit seinen fast 1400 Hektar gehört er ja mit zu den größten masurischen Seen. Und läge er irgendwo westlich der Elbe: Was da wohl für ein Rummel an ihm aufgezogen wäre! Denn es ist ein sehr schöner See, von unregelmäßiger Form mit Buchten und Landvorsprüngen und sogar einer bewaldeten Halbinsel. An manchen Stellen hat er ein wenn auch bescheidenes Steilufer und am Dorf Piasken sogar einen schmalen Sandstrand – dahinter gleich die schönen »alten« Bäume. Dort saß ein Mädchen im Badeanzug in der Sonne, und das Wasser war glasklar. Die Ufer spiegelten sich in dieser Fläche und Schwäne zogen völlig lautlos ihre Bahn.
Von hier, aus Piasken sind also die Reinoß' nach Rydzewen gekommen, dachte ich; es war ja nur eine Veränderung über ein paar Hügel hinweg, von nicht mehr als drei Kilometern. Und auf diesem sich so idyllisch gebenden Gewässer hat vor über hundert Jahren mein Urgroßvater den Tod gefunden ...
Also auch hier war ich jenen auf der Spur, die als meine Vorfahren einen Teil von sich an mich weitergegeben haben. Und jeder von ihnen hielt sich offensichtlich wohl für den Mittelpunkt der Welt, denke ich, denn so sind wir alle im Bewußtsein angelegt. Und jeder mag seine Zeit und seine

alltägliche Plackerei für das Zentrale gehalten haben. Soviel dazu.

Na, im Vergleich mit dem Krzywer- und dem Gonsker-See, erst recht mit dem Laschmiaden-See, war der vor unserer Haustür natürlich nur ein Gnom und Kolbuk!
Aber er zeigte doch alle möglichen Gesichter, genau wie die andern. Ich sah ihn belanglos grau und wie geschmolzenes Blei unter schwülem Himmel und silbern blinkend in der Sonne und sogar aufgebracht in Wellen bei Sturm, den Angeber.
Bei uns haben wir die Kalmus-Kolonie gehabt, und am gegenüberliegenden Ufer sogar Wasserlilien in Gelb, und im Westen bei einigen Erlen und der »Hechtecke« allerhand Schilf. (Apropos diese Erlen: Deshalb gab irgendein Verwaltungsnarr während des Dritten Reiches dem kleinen Gewässer den Namen Erlensee, die offiziellen Listen davor sprechen nur vom Rydzewer See.)
Er war fischreich. Ich sehe noch die Wagen voller Fische vor mir, als er einmal während des Krieges mit Netzen abgefischt wurde. Es war also ein Paradies für Angler. Und ich habe von kleinauf von unserem Brett aus geangelt. Natürlich nicht mit einem teuren Gerät, wie ich es viel später an die norwegischen Seen mitschleppte (Fiberglasrute, Rollen, Blinker etc.), sondern mit der denkbar einfachsten Angel: schlanke Weidenrute, der Schwimmer selbstgemacht aus Baumrinde und Gänsefederkiel, und nur die Schnur und Haken waren in Lyck gekauft.
Damit machte ich ganz beachtliche Fänge. Einmal ging mir ein so großer Plötz an die Angel, daß ich seiner nicht Herr wurde und mir half, indem ich den »Riesen« mit beiden Händen an die Brust drückte und so mit ihm nach oben ins Haus lief. An einem andern Vormittag, einem schwülen

Tag, fing ich über zwanzig Plötze. Ich ging damals noch nicht zur Schule.
Mit der Zeit ging ich zu weiteren Raffinessen über. So streute ich Getreideschrot ins Wasser; das lockte Fische in die Nähe des Brettes, und die fielen dann auch auf meinen Wurm am Haken rein.
Hatte ich keine Lust mehr zum Angeln, so stellte ich die Rute an die Stallwand aus Feldsteinen. Einmal fiel sie um, und prompt gab's ein kleines Unglück: eins unsrer Hühner schnappte nach dem Wurmrest am Haken, und es machte einiges Theater, es von dem Haken zu erlösen.
Sehr viel später an einem norwegischen See dachte ich an die selbstgemachte Angel daheim in Rydzewen. Was ist aus ihr geworden? Sie ist wohl einfach stehengeblieben, als wir unser Dorf für immer verließen. Wie so vieles, das damals zurückblieb.

Denke ich an die vielen gemeinsamen Stunden mit Rydzewer Jungs zurück, so vor allem an die beim Kühehüten.
Ein Älterer, der aber auch noch zur Schule ging, mußte auf eine Kuhherde aufpassen, mal da, mal dort auf einer Weide, und meistens begleiteten ihn einige Jüngere.
Na, das war schon die Höhe, was wir da manchmal trieben und von uns gaben!
In jener Senke an der Straße nach Stradaunen habe ich die erste Zigarette geraucht, und gleich eine ganze, und dann war mir stundenlang schlecht, ich war ja noch nicht einmal sechs.
Und was nicht alles darüber erzählt wurde, was Männer und Frauen miteinander trieben! Unter den Älteren war dies das ausgiebigste Thema, und ich denke zurück an manche Geschichte, die auch orientalischer Erzählkunst Ehre gemacht hätte.

Ich hatte anfangs keine Ahnung, was da überhaupt gemeint war, doch allmählich kam auch ich so einigermaßen dahinter. So war ich in etwa »aufgeklärt«, noch bevor ich zur Schule ging.
Manchmal bei diesen Fabeleien (denn einschlägige Erfahrungen mit dem andern Geschlecht hatte natürlich noch niemand), diesem Phantasieren und Schwadronieren, stand plötzlich wie aus dem Boden gestiegen ein Erwachsener vor uns, und sofort war peinliches Schweigen.
Wenn ihr meine wärt, ich würd euch –! sagte mal einer und drohte mit dem Krückstock.
Aber so ganz ernst schien er das nicht zu meinen, es amüsierte ihn offenbar doch ein bißchen; vielleicht erinnerte er sich auch an seine eigene Kindheit.

Wir wuchsen ja auf mit den Tieren neben uns, auf dem Hof stieg jeden Tag der Hahn auf eine Henne, das war etwas Selbstverständliches, und sie schüttelte sich hinterher, als müßte sie sich wieder herrichten; und beim Kühehüten besprangen sich manchmal Kühe, und dann hieß es: Ich muß Bescheid sagen, die muß zum Bullen. Und irgendwann fand man nichts dabei, mich auf einen Gutshof im Piaskischen mitzunehmen, der eine Deckstation hatte und wo im Hof die Hengste Schwerstarbeit leisteten; und außer mir trieben sich da weitere Kinder herum und sahen sich das seltsame Geschäft an.
All das, denke ich heute, hatte seine arkadischen, seine bukolischen Züge, und sicher nicht nur in der Erinnerung nach einem halben Jahrhundert. Unser Kinderleben in seiner Einfachheit und Unverbildetheit, hier darf man wohl sogar sagen: Unschuld, hatte noch gleichsam etwas von herkömmlichem Landleben.
Das läßt sich sogar ein bißchen belegen. Ebensowenig wie

irgendwelchen Adligen bin ich damals der Kirche und den Pfarrern begegnet, und somit auch nicht ihren Ansichten. An Religionsunterricht in der Schule kann ich mich überhaupt nicht erinnern; und hat es ihn gegeben, so scheint er nicht gerade eindrucksvoll gewesen zu sein. Es war ja auch im Sinne des damaligen Regimes, wenn man dieses Schulfach reichlich vernachlässigte.

Doch auch an den für uns zuständigen Pfarrer Klatt in Stradaunen habe ich keine Erinnerung. Ich habe ihn sicher gesehen bei der Beerdigung der Großmutter Reinoß, denn sie wurde evangelisch beerdigt, obwohl sie mit der offiziellen Kirche nichts mehr im Sinn zu haben schien und einer Sekte anhing. Ich nehme an, daß es Klatt war, der bei ihrer Beerdigung gepredigt hat, aber ich kann mich nicht erinnern: weder an den Mann noch an seine Worte.

Meine Eltern habe ich nie ohne zwingenden Anlaß in die Kirche gehen sehen; sie taten es nur, wenn es einen familiären Grund gab. Daran dachte ich auch, als ich viel später einmal einen Mann in Helsinki sagen hörte: Wir Finnen gehen sehr selten in die Kirche. Wenn wir Probleme haben, gehen wir in die Natur, nicht in die Kirche.

Schließlich: Es war damals bei uns auf dem Land erheblich eine Welt der Pferde – auch das war noch ganz wie zu alten Zeiten.

Man kann das so eindeutig sagen, denn Pferde wurden allen anderen Tieren vorgezogen, sie spielten eine herausragende Rolle. Endlich ein Pferd zu besitzen und jederzeit vor den Wagen spannen zu können: das dürfte auch für meinen Vater mehr bedeutet haben als der meiste andere Besitz.

Das Pferd arbeitete ja nicht nur auf dem Feld, es zog auch den Wagen nach Stradaunen, in die Stadt und zur Großmutter nach Satticken. Auf einem Fahrrad konnte immer nur einer fahren, allenfalls setzte Vater mich manchmal vor

sich auf die Querstange, mit dem Fuhrwerk und einem Pferd davor konnte die ganze Familie transportiert werden. Und mit Pferden vor Bauernwagen vollzog sich schließlich der Exodus der meisten masurischen Familien ...
Auf dem warmen Rücken des Pferdes sitzen zu dürfen war etwas Besonderes auch für einen Jungen wie mich, von klein auf. Einen Sattel habe ich bei uns nie gesehen; es war schon gut, wenn das Pferd mit der Trense gezäumt war und gelenkt werden konnte. Und man nicht bloß einen Strick vom Halfter her in der Hand hatte.
Nur mit Halfterzäumung sollte ich einmal vom Feld nach Hause reiten. Da wußte ich noch nicht, wie schwer das für ein ungeübtes Kind ist. Der Gaul merkte wohl auch, daß er mich nicht ernst nehmen mußte – bog in ein fremdes Feld ab und blieb auf einem Stoppelacker einfach stehen. Als ich ihn wieder in Gang brachte, ging er immerhin in Richtung unserer Wiese. Kurz: Ich war in Nöten. Es blieb mir nichts übrig, als abzuspringen und ihn am Strick zu führen.
Später, während des Krieges, hatten wir Jungs manchmal mehrere Pferde auf die Weide oder von dort in den Stall zu reiten. Wenn wir sie auf schlechten Wegen mutwillig galoppieren ließen, war das nicht ungefährlich. Einmal flog einer von uns, noch etwas jünger als ich, vom Pferd und verletzte sich. Glücklicherweise ritten wir am Rand des Dumbels*, wo der Wegboden weich war, so brach er sich nichts.

Ich sehe von daheim aus über den See zu den Hügeln und den Waldrändern hin. Das war sie, die Welt damals für das erste Jahrzehnt meines Lebens, in dem wir geprägt wurden für immer, wohin es uns dann auch verschlagen hat. Eine Welt, nicht viel größer als dieses Stück Erde, das ich heute

* kleines Moor in der Nähe des Rydzewer Friedhofs

noch von unserer Hofstelle aus nach Osten und Westen und Norden überblicken kann.
Doch jede Welt, wie klein und bescheiden sie auch sei, hat ihre Unvergeßlichkeiten. Kam man zum Beispiel den Hohlweg hinunter ins Dorf, so gab es vor dem Masurenhaus der Czillwiks an der Straße eine Reihe dicker Sträucher: und waren in ihnen nicht Höhlen zum Spielen ganz im Verborgenen? An dieser Straße standen auch die Masten der Telefonleitung, und legte man das Ohr an einen solchen Mast, so hörte man es summen – und irgendwer erklärte, das komme daher, weil gerade jemand telefoniere ...
Lauter Wunder!: dort bei uns wie überall; ja dort wohl noch viel eher für uns Kinder als in dieser technisierten Welt von heute, weil wir in unserer freien Zeit nicht vor einem Fernseher sitzen konnten, um uns Zeit und Fantasie totschlagen zu lassen.

Aber alle, ausnahmslos alle, mit denen ich hier Beeren und Pilze sammelte und Kühe hütete und Pferde auf die Weide ritt, durch dieses Märchenland streunte und manchmal auch nur in den Himmel träumte – alle hat sie der Sturm davongejagt.

Exkurs II: Geschichte eines masurischen Dorfes

Jenes große Fest in unsrem Dorf, auf das ich mich vage besinne, obwohl ich damals noch nicht einmal fünf Jahre alt war. Wenn ich heute im früheren Zentrum stehe, den Dorfanger vor mir, wo die Häuser waren von Rosinski, Czillwik und Krahn, dann niemals ohne eine Erinnerung an dieses Fest, so unvollkommen sie's nach dem, was ein etwa Fünfjähriger erfaßte, ein halbes Jahrhundert später auch sein mag.

Tische und Bänke in der Nähe des Sees, Musik und alles, was dazugehört, und die damals unvermeidlichen Hakenkreuzfahnen an Masten, die dort sonst nicht standen – es war Sommer, und das ganze Dorf war auf den Beinen, und die Masuren verstanden ja mit geradezu kindlichem Vergnügen zu feiern! Ich habe so etwas in der Kindheit kein zweites Mal erlebt.

Noch ehe ich als Erwachsener dieses Fest mit der Umbenennung des Dorfes in Verbindung brachte, sah ich in ihm so etwas wie ein Abschiednehmen von den friedlichen, erst recht von den alten Zeiten. Und so erscheint es mir im Rückblick, aus großem Abstand, als der letzte Höhepunkt alter dörflicher Fröhlichkeit und zugleich der Anfang vom Ende des herkömmlichen Rydzewen, wie es über vier Jahrhunderte gewesen war. Und es kam bald der Krieg, man spürte die aufziehenden Schatten, die alles vernichteten.

Schrieben wir Juli 1938? Unser Dorf wurde, wie die meisten im Kreis Lyck, am 16. des Monats umbenannt, mitten im Sommer. Rydzewen hatte es geheißen vierhundert Jahre hindurch, und das war sinnvoll gewesen, denn dieser Name war von dem der beiden Gründer abgeleitet, die hier die Entstehungsarbeit geleistet hatten. Doch nun mußte es, deutsch klingend, Schwarzberge sein, mit einer weit weniger einleuchtenden Begründung, und dieser Name sollte angeblich mindestens tausend Jahre bleiben in einem Tausendjährigen Reich, aber es wurden nicht einmal ganze sieben.

Noch als ich daheim zur Schule ging, wurde ich mit ein paar Fakten aus der Geschichte unseres Dorfes vertraut gemacht. Lehrer Hein versuchte uns auch die »von oben« verfügte Namensänderung zu erklären, so wie man es ihm vorgeschrieben hatte.
Später interessierte mich mehr das Exemplarische dieser Dorfgeschichte: Hatten nicht sehr viele masurische Orte eine sehr ähnliche? Und ich wollte es objektiver haben, als man es uns zur Zeit des Dritten Reiches eingeredet hatte.
Und jene Namensänderung, fragte ich nun, jene Ausrottung der meisten jahrhundertealten masurischen Ortsnamen, wie sie flächenbrandartig ein Jahr vor dem Krieg betrieben wurde: war das nicht auch ein Akt der Vernichtung alter masurischer Kultur, von Gewachsenem und quasi ewig Gewohntem, und die Vernichtung fing also nicht erst mit der Flucht und Vertreibung des masurischen Volkes gegen Ende des Krieges an? Wie auch die Verfälschung der Geschichte Masurens nicht erst 1945 durch die neuen Herren aus Polen einsetzte, sondern damals kurz vor dem Krieg, als die in vielen Generationen vertraute Wirklichkeit mit einem Schlag übertüncht werden sollte?
(Wobei den ausführenden Bürokraten auch noch ein verheerender Mangel an Fantasie und Sprachempfinden zu bescheinigen ist, sonst wäre nicht aus Rudczanny ein plattes Niedersee geworden, aus Szeczinowen ein fades Steinberg, aus Klein Krzywen Grünsee, aus Pillkallen Schloßberg und aus Degůtschen Zapfengrund.)

Und wie also lautete die Erklärung für das Auslöschen von Rydzewen, Einsetzen von Schwarzberge, wie ich sie in der Schule zu lernen hatte?
Es sei doch jener Burggraf von Stradaunen Peter Schwarz gewesen, der den beiden Ortsgründern das Land verkaufen

konnte, er also habe darüber verfügen können, so sei das Dorf besser nach ihm benannt...
Aber die Geschichte eines Ortes ist nichts anderes als die Geschichte seiner Familien und Menschen und ihrer Schicksale. Daran läßt sich natürlich nichts per Anordnung regeln, schon gar nicht im nachhinein – das gilt, Masuren betreffend, für die deutschen Klitterer wie für die polnischen. Und die Geschichte meines Heimatdorfes verendete und endet, weil seine herkömmlichen Bewohner, die eingewurzelten, hier nicht mehr in der alten Weise leben sollten, und die neuen Herren offenbar nicht fähig waren, den polnischen Menschen die Voraussetzungen für eine Heimat zu schaffen. So ist die Gemarkung Rydzewen, die Siedlungsland war seit den frühesten Menschenzeiten, heute so gut wie menschenleer, in einem Jahrhundert, das menschenreicher ist als jedes vorhergegangene.

Diese vollkommene idyllische Landschaft um den kleinen See ist Siedlungsgebiet gewesen schon zu Zeiten der Pfahlbauten und Steinwerkzeuge, der Jäger und Sammler, und des alten prußischen Volkes, von dem auch ich herkomme, in seinen Wurzeln und Anfängen.

Irgendwann, ich mochte acht oder neun gewesen sein, trieben wir uns zu mehreren auf dem Dumbel, dem kleinen Moor unterhalb des Friedhofs, herum. Was wir dort eigentlich wollten: ich weiß es nicht mehr, wahrscheinlich war alles ganz ziellos. Irgendwann stocherte ich mit einem Stock in einem der trüben Gräben des Moores – und stieß plötzlich auf etwas Hartes, es war wohl aus Holz.
Ich rief die andern. Wir sahen nach – tatsächlich: da war etwas Festes im Moorgraben mit einer Oberfläche von nicht geringen Ausmaßen.

Und schon ging bei einigen die Fantasie durch: Wie, wenn das ein Gegenstand war aus ganz alter Zeit? Hatten wir nicht in der Schule von solchen Funden im Kreisgebiet gehört? War nicht vor wenigen Jahren erst ein Bauernsohn beim Pflügen auf ein beachtliches sudauisches Gräberfeld gestoßen; hatte nicht kurz vorher der Bauer Jeziorski den berühmten Silberfund von Skomanten zutage gefördert? Das war in aller Bewußtsein – vielleicht kommt das hier auch ins Museum, und du wirst berühmt, sagte einer.
Doch die Aussicht auf solche Berühmtheit scheint mich nicht sonderlich berührt zu haben; ich vergaß das Ganze genauso wie die andern, nach meiner Erinnerung hat uns das niemals mehr beschäftigt. Und es scheint mir heute auch unwahrscheinlich, daß wir vielleicht auf ein Einbaum oder etwas ähnliches hätten gestoßen sein können.
Erst viel später kam mir jenes kleine Ereignis wieder in den Sinn, nämlich als ich las: »Pfahlbauten wurden festgestellt im Schwarzberger Bruch« – und dieses Bruch war ja unser Dumbel!
Ich selber kann mich an Pfähle von Pfahlbauten dort nicht erinnern, von denen andere Rydzewer noch heute erzählen. Man soll sie von der Straße aus im Moor in der Nähe des Friedhofs gesehen haben. Was gewiß zutrifft: eine Karte der Heimatkundlichen Arbeitsgemeinschaft Lyck aus dem Jahre 1931 verzeichnet sie eben dort südlich des Dorfes – und weist auch auf eine steinzeitliche Siedlung am Westufer des Gonsker Sees hin, nur wenige hundert Meter von Rydzewen entfernt.
Uraltes Siedlungsland also, wo meine Heimat ist! Doch weshalb gab es dort zu Beginn der Neuzeit, als Rydzewen gegründet wurde, von den früheren Bewohnern anscheinend niemanden mehr? Die Schicksale jener Siedler waren gewiß so völlig vergessen, als hätte es sie nie gegeben.

So, wie die Namen derer, die bis zum Ende des Weltkriegs dort lebten, für die Heutigen der Region schon entfallen sind und für kommende Generationen ganz vergessen sein werden.
Für eine kleine Erzählung habe ich mir einmal vorzustellen versucht, wie das wohl gewesen sein mag, als jene Brüder Pavel und Stenzel Riszöffsky 1526 von Stradaunen aus an unsern kleinen See wanderten, um heimisch zu werden. Gingen sie zu Fuß durch lauter Wildnis, ritten sie, was brachten sie mit? Waren sie allein, war das zunächst erst einmal Männersache, war jemand aus Stradaunen dabei, um ihnen zu zeigen, was vereinbarungsgemäß nun ihnen gehören sollte; um sie dann dort zurückzulassen?
Nichts davon ist überliefert.
Notiert wurde lediglich, daß es der Tag »Reminiczere« war (d. h. der fünfte Sonntag vor Ostern, es war also noch früh im Jahr), an dem besagter Burggraf von Stradaunen an die beiden Männer »aus der Masau«, d. h. aus Masowien, dem polnischen Herzogtum im Süden, 15 »Huben Waldes« verkaufte. 1 Hube = Hufe: das waren mindestens 30 bis 60 Morgen Land, nach altdeutscher Rechnung sogar fast 70; es handelte sich also um einen beträchtlichen Besitz. Sie erhielten »einen Ort« und das Recht, »Wälder auszuräumen«.
Welche Rechte waren damit verbunden, welche Pflichten auferlegt, neben dem Kaufpreis von 16 Mark pro Hube? Die Erbfolge war nach »Magdeburgischem Recht zu beyden Kindern« geregelt. Sie durften eine Mühle betreiben »zu ihres Tisches Nothdurft zu malen und nicht andern Bewohnern«. Sie erhielten zunächst einmal »10 Jahre Freiheit«; dann hatten sie zu »scharwerken wie andere Kleine Freie im Amt«. Sie durften auch Bienen halten innerhalb ihrer Gärten, der Honig »soll ihnen gleich andern Beutnern von der

Herrschaft bezahlt werden«. Und sie hatten Abgaben zu leisten: »3 Scheffel Weizen je Pflugkorn und ein Pfund Wachs jährlich zu Martini«, dies alles »an die Herrschaft zu Stradaunen«.

Daraus kann man sich ein ungefähres Bild machen. Die Begründer dieses »Freidorfs« bekamen also zunächst einmal ein Jahrzehnt lang Zeit, unbelastet einen landwirtschaftlichen Betrieb aufzubauen. Sie haben Getreide angebaut auf dem urbar gemachten Land, Bienen gezüchtet; Holz gab es mehr als genug, und die Fische im See. Die ersten Häuser werden aus Holz gewesen sein und gewiß ähnlich denjenigen, die ich aus der Kindheit kenne.

Wie haben wir uns das Alltagsleben an dem kleinen Ort am See wohl vorzustellen? Ich denke: ähnlich jenem, das Knut Hamsun zu Beginn von »Segen der Erde« so anschaulich schildert – weniger mühsam, als der große Norweger es ausmalt, dürfte Kolonisation zu keiner Zeit und an keinem Ort der Erde gewesen sein. Bäume fällen und Roden, Gebäude errichten, Landwirtschaft betreiben, sich vor Raubtieren schützen, jagen und fischen – das meiste davon war eine schändliche Plackerei.

(Die Familie jener tüchtigen beiden Männer aus Polen, nach denen wie gesagt das Dorf dann über vierhundert Jahre benannt war, ob man es Rydzewen, Ridzewen, Ryszewen oder gar Rudzöwen schrieb, ist übrigens bis heute nicht ausgestorben; vor einigen Jahren meldete sich bei mir ein Karl Rydzewski, geboren 1916 in Lyck.)

Und nach den beiden Riszöffskys kamen weitere Menschen zu der Siedlung und blieben: Balthasar Fuchs, der damalige Amtshauptmann von Oletzko, verkaufte an vier Männer, von denen man nur die Vornamen notierte: Woitech, Matthes, Wellem und Jan, 1619 »eine Hube«, und die kostete nun nicht mehr 16, sondern 100 Mark.

Mühsam war das alles weiterhin, keine Frage. Ganz ausgeliefert den Willkürlichkeiten einer unberechenbaren Natur mit ihren »blutigen Zähnen und Klauen« und eines zu allen Zeiten despotischen Schicksals.

Und dann in Masuren die furchtbaren Katastrophen! Die nicht weniger brutal waren als die biblischen Plagen.
In der Kindheit habe ich Vater noch Einzelheiten der Grausamkeiten der Tataren erzählen hören – doch das lag nicht zwei oder drei Generationen zurück, sondern hatte sich, kaum zu glauben, 1656 ereignet. Das Schreckliche muß so ungeheuerlich gewesen sein, daß sich die Erinnerung daran in Jahrhunderten nicht verlor, sondern von Generation zu Generation überaus anschaulich weitergegeben wurde.
Einzelheiten für Rydzewen sind nicht überliefert; aber daraus zu schließen, daß der Ort wegen seiner Abgelegenheit vielleicht nicht in Mitleidenschaft gezogen wurde, erscheint mir angesichts der Genauigkeit der langen Erinnerung im Dorf kaum vertretbar zu sein.
Nur vier Jahre später, 1660, wird allerdings jene Feststellung notiert, die auch zweihundertfünfzig Jahre später noch Gültigkeit hat: das Dorf bestehe aus »2 Zeilen an Fluß und See«. Das ist schon fast identisch mit dem, was für 1900 angegeben wird: »2 kurze Zeilen an Fluß und See, 2 Abbauten«.
So mag unser Ort um die Mitte des 17. Jahrhunderts schon dieselbe Gestalt gehabt haben wie zu meiner Zeit.
Nur ein halbes Jahrhundert nach den Tataren von 1656 wütete in der Provinz Ostpreußen die Pest. Derart, daß von etwa 600000 Menschen nicht mehr als die Hälfte übrig blieb. Das Hauptamt Lyck gehörte zu den besonders schwer betroffenen in der Region. »Ehemals belebte Dörfer, in denen vordem hundert und mehr fleißige Einwohner waren,

hatten jetzt kaum zwei schleichende, zu Tode erschreckte Menschen aufzuweisen«. Und der Pfarrer Chucholowius aus Jucha, unserm Nachbar-Kirchspiel jenseits des Laschmiaden-Sees: »Die Menschen wurden völlig gleichgültig, da man nichts ändern kann.«

Weshalb trug mir die Fantasie irgendwann das Bild einer alten, schwarzgekleideten Frau zu, auch das Kopftuch tiefdunkel, die unterhalb von Karraschs Hof am See entlang einen Handwagen mit etwas Habseligkeit zieht?
Für welche Zeit sollte das gelten? Habe ich mir so meine Vorfahren vorzustellen, in der Pest-Zeit?

Im Frühsommer 1719 ließ Friedrich Wilhelm I., man nennt ihn den Soldatenkönig, in Ostpreußen eine große Bestandsaufnahme machen und die Dörfer »bereiten«.
Im »Dorf Rudzöwen« notierte die Kommission 16 Hufen, besetzt mit 11 Wirten (Bauern); und es gibt auch noch einen »Ritterdienst«.
Im übrigen: Das Dorf hatte weder eine Mühle noch einen Ausschank von Bier und Branntwein. Gehalten wurden Ochsen, Kühe, Pferde und Schafe, geerntet Weizen, Roggen, Gerste, Hafer, Erbsen und Leinsaat.
Von den vorhandenen Wiesen heißt es, sie erbrächten nur vier Fuder Heu wegen immer wiederkehrender Überschwemmungen. Solche Überschwemmungen sind mir aus der Kindheit nicht bekannt. Unsere Wiese am Rand des kleinen Torfmoores war gut drainiert – heute kann davon wie gesagt keine Rede mehr sein, sie ist wieder in dem Zustand wie zu Zeiten Friedrich Wilhelms I.
Im See durfte zur Deckung des eigenen Bedarfs gefischt werden.

Und wann sind meine Vorfahren in das Dorf gekommen?
Die Reinoß wie gesagt erst 1884, für die Ciernios weiß ich es nicht (sie können schon sehr lange ansässig gewesen sein), die Bandillas schon im 18. Jahrhundert.
Einwohnerzahlen liegen für den Ort erst seit dem frühen 19. Jahrhundert vor. Kurz nach den Napoleonischen Kriegen 1818 waren es 90, gegen Ende des Jahrhunderts (1885) 130. Damit aber scheint der Höhepunkt erreicht gewesen zu sein; 1939 waren es weniger: nur noch 118.
Für den Beginn des Zweiten Weltkriegs werden 18 Wohnhäuser genannt, davon 6 aus Holz.
Als nach Ende des Ersten Weltkriegs darüber abgestimmt wurde, ob die Masuren beim deutschen Ostpreußen bleiben wollten oder Polen zugeschlagen werden sollten: da stimmten in Rydzewen 90 für Deutschland, Pole werden wollte keiner.
1945 fragte danach niemand mehr ...

Will man nun von mir wissen: Was für einen Namen hat für dich dein Heimatdorf hinter den Sieben Bergen, in das so lange »kein Klang der aufgeregten Zeit« drang? Rydzewen? Schwarzberge? Oder Rydzewo?
Sachlich gesehen: Rydzewen hieß es bis 1938, Schwarzberge dann bis 1945, Rydzewo wird es seither von den Polen genannt.
In meinem Paß steht: Schwarzberge. Doch als ich 1935 geboren wurde, lautete der Dorfname Rydzewen wie seit Jahrhunderten; ich wurde in Rydzewen geboren. Und so halte ich mich an diese historisch zutreffende Bezeichnung.
Sodann aber kann ich Rydzewo eher akzeptieren als jeden sonstigen Namen neben Rydzewen: denn meine masurisch sprechenden Vorfahren dürften ihren Heimatort auch so genannt haben.

Schließlich eine Marginalie: Einige Autoren der ehemaligen DDR, die aus den früheren deutschen Ostgebieten stammen, geben Nachschlagwerken zufolge ihren Geburtsort so an, als habe er schon immer zu Polen gehört bzw. so geheißen wie heute. (Zumindest hielten sie es eine Zeitlang so.) Da gab es z. B. jemanden, der erklärte, er sei 1929 in Kiauken (Polen) geboren, obwohl der Ort zum Zeitpunkt seiner Geburt deutsch war.
Ich bin weder in Rydzewo geboren, noch in Rydzewen in Polen, sondern in Rydzewen im Kreis Lyck in Ostpreußen, einer damals seit Jahrhunderten preußischen bzw. deutschen Provinz.
Ich halte mich gern an die historische Wahrheit.

Mein Onkel Adolf

Das Leben, das er führt – sich wie Wasser treiben zu lassen, sich um nichts zu bemühen, außerhalb der Beschränkungen, die die Gesellschaft mit den Worten »richtig« und »falsch« bezeichnet hat, zu existieren – kommt dem idealen Leben des taoistischen Weisen nahe.«

»... und eines Tages kehrt er wieder zurück, völlig abgerissen und mittellos, aber immer noch äußerst zufrieden mit seiner planlosen, ziellosen, ganz und gar sinnlosen Existenz.«
Ferguson, über Hamsuns Abel Brodersen

Ich hatte in der Kindheit zwei Tanten, sechs Onkel. Eine lebhafte Erinnerung an sie alle.
Reden wir hier von den Onkeln. Jeder ein Charakter oder ein Original. (Ich will nicht entscheiden, was mehr zählt.)

Ein feiner Mann! sagte Mutter vom Onkel Fritz, Vaters ältestem Bruder, geboren um 1890.
Ja, das war er. Nicht groß, eher zart. Er hatte beim kaiserlichen Heer gedient, war am Ende Oberfeldwebel oder etwas ähnliches. Dann Verwalter auf ostpreußischen Gutshöfen. Bei uns zu Haus in Rydzewen sah man ihn selten.
1945 verschlug es ihn ins Süd-Niedersächsische. Vater hat ihn dort besucht, und nach Vaters Tod fuhr auch ich dort hin. Er lebte auf einem größeren Bauernhof in dem Dorf Lüthorst (wo Wilhelm Busch aufgewachsen war); ich gewann den Eindruck, er gehörte dort quasi zur Familie. Und mein Auftauchen war von denen wohl nicht sonderlich gern gesehen – war ich am Ende ein potentieller Erbe, der einem einen Strich durch eine gewisse Rechnung machen konnte? (Von seinem späteren Tod hat man uns keine Mitteilung gemacht – und es hat meines Wissens keiner seiner leiblichen Angehörigen auch nur einen Pfennig zu sehen bekommen.)
Onkel Fritz war in den späten fünfziger Jahren ein alter Herr von etwa siebzig (und das »Herr« benutze ich hier sehr bewußt). Er war guter Dinge. »Das mit der Liebe« klappe auch noch, flüsterte er mir irgendwann verschmitzt-vertraulich zu – und das war nicht unangenehm für mich jungen Kerl –, es hatte, wie alles bei ihm, einen leisen Charme im Ton.
Davor hatte ich ihn bei der Beerdigung meines Vaters gesehen. Wir traten zusammen an den offenen Sarg in der Leichenhalle – und er, der deutlich älter als mein toter Vater war, weinte leise.
Als wir wieder im Freien waren, schien er jedoch wie verwandelt. Er lud mich und meine Geschwister Ingrid und Gerd zu einem Vormittagsschoppen in ein kleines Hotel ein. Auch ein Masure.

Der zweite der Brüder: Mein Onkel August. Er hatte ebenfalls beim Militär gedient, volle zwölf Jahre. Dann saß er eine Zeitlang in unserm Rydzewen in Masuren und bezog »Wartegeld« – ein Paradiesvogel in dieser Umgebung, das Foto, das ihn in unserm Garten ganz in Weiß gekleidet zeigt, sagt alles.

Aus dieser Zeit gibt es hübsche, verrückte Geschichten um ihn. Er spielte den Dandy im Dorf. Oder sagt man besser: den »Feinen Max«?

Doch war manches davon nicht schon am Rand des Lächerlichen, werter Herr Onkel?

Er ging durch Rydzewen und schwenkte ein elegantes Stöckchen. Und Paul Saworra, der doch sein *Cousin* war, sollte, so verlangte er, *Onkel* zu ihm sagen ...

O August, manchmal warst du tatsächlich auch ein August und Clown ...

Dies alles wohlgemerkt in einem kleinen masurischen Dorf hinter den Sieben Bergen.

Der Paul rächte sich übrigens ein Menschenalter später, als vom August die Rede war: August, dummer August, sagte er. Aber dumm: Das war der August nun beileibe nicht. Und er hatte wohl sogar, wie erzählt, eine kleine poetische Ader.

Er wurde nach einiger Wartezeit bei der Polizei untergebracht. Zuerst in Ostpreußen, dann in Berlin. Dort heiratete er eine Katholikin vom Eichsfeld in Mitteldeutschland. Sie erwarben ein Reihenhaus am Tegeler Forst und hatten vier Kinder.

Ich erlebte ihn dort, als er nicht mehr berufstätig war. Aber Sir noch immer, wenn er am Vormittag den eleganten Mantel anzog und die feinen Lederhandschuhe, den Hut aufsetzte – bloß um sich seine Zeitung vom nahen Kiosk zu holen.

Onkel Erich, Mann der Schwester meiner Mutter, gebürtig im Rastenburgischen, hatte in etwa den gleichen Beruf wie August, doch auf deutlich höherer Ebene: als er in Pension ging, war er Polizei-Hauptkommissar. Kein Wunder, daß ich immer etwas Besonderes in ihm sah: Er trug eine so feine Uniform und sagte manchmal etwas, das mir als Kind sehr gefiel; wie zum Beispiel jenen Satz, daß ein Junge, der einen Spatz auf dem Zaun sieht und nicht mit einem Stein nach ihm wirft, kein Junge sei.

Zuletzt war dieser immer so aufrechte und gelassene, lebenskluge Mann weit über achtzig, doch mehrere Schlaganfälle hatten ihn körperlich und geistig ruiniert, und man hatte mich gebeten, die Vormundschaft für ihn zu übernehmen.

Und nun bin ich bei dir angekommen, Adolf, Abdul, Windei und vielleicht ein Weiser von Natur aus. Und von dir will ich vor allem erzählen, den sie nach Stand und Rang für den geringsten der Familie hielten. Mutter: Der Adolf, der war doch *nichts* –. Aber Streben und Besitz sind weiß Gott nicht der menschlichen Weisheit letzter Schluß, man sollte darüber nachdenken: vielleicht der verhängnisvollste abendländische Irrweg überhaupt...

Als Kind soll Adolf, jüngster Bruder meines Vaters, viel gekränkelt haben. Und damals ging man doch nicht gleich zum Arzt. Seine Mutter, meine Großmutter, soll »was aus Mohnköpfen gekocht« und ihm gegeben haben. Ich nehme an, der Mohn wurde hier wie seit Menschengedenken in aller Welt als ein Hausmittel verwendet; schon Homer erwähnt ja den betäubenden Mohn, »getränkt mit lethischen Schlummer«; und die alten Römer sollen unruhigen Kindern gekochte Mohnsamen verabreicht haben.

Der Mohn als schmerzstillendes und beruhigendes Mittel:

das dürfte er auch für den kleinen Adolf gewesen sein. Negative Wirkungen dürfte das wohl nicht gehabt und Schäden nicht hinterlassen haben. Doch manchmal, wenn der Adolf wieder jemandem was »zum Possen« gemacht hatte, hieß es: Der hat damals zuviel von den Mohnköpfen gekriegt! Womit gemeint war: Der ist doch nicht so ganz richtig im Kopf, der ist ein bißchen bekloppt.

Aber Vorsicht! Ich halte Adolf auch heute noch für einen Teufelskerl, wenn man darunter nicht bloß einen Haudegen versteht, obwohl mir da mancher (zum Beispiel meine Mutter) widersprechen würde. Ich habe seinesgleichen in der Kindheit kein zweites Mal erlebt (Gott sei Dank! würde Mutter an dieser Stelle sagen). Er war (und bleibt!) für mich ein exemplarisches masurisches Original, in dem ich viel von dem verkörpert sehe, was ich *das Masurische* nenne. Mag sein: ein bißchen verzerrt, aber deutlicher als in manchem geistig vermögenderen und reflektierenden Mann.

Meine frühesten Erinnerungen an den Adolf haben mit dem kleinen Abbauhof der Filons zu tun, der nach Süden zu, unterhalb des Rydzewer Friedhofs lag. Deutliche Erinnerungen; bloß weiß ich nicht mehr, in welche Reihenfolge sie gehören.

Ich mochte damals vier gewesen sein, als wir eines Abends zusammen in Filons Stube saßen. Es wurde Nacht und stockdunkel, aber niemand steckte die Petroleumlampe an; die alten Filons waren auch nicht zu Hause. Außer dem Adolf und mir waren noch mehrere Mädchen oder junge Frauen um uns herum; und Adolfs, mir verborgen bleibende, Verlustierung mit ihnen hatte jedenfalls zur Folge, daß immer mal eine von ihnen losquiekte. Griff er nach ihnen, kitzelte oder kniff er sie reihum? Was weiß ich.

Mich langweilte das jedenfalls schrecklich, ich war ein kleiner Kerl und längst sehr müde, ich wollte endlich nach Hause. Aber der große Adolf Reinoß war gerade so in seinem Element...
Er vertrug nicht viel Alkohol; doch oft trinken solche Menschen gerade mehr als für sie angebracht wäre, vor allem, wenn es was umsonst gibt.
Ein andermal gab's bei Filons irgendeine Familienfeier; und es war früher Nachmittag, als der Adolf mich auf die Schultern nahm, um stark angesäuselt in Richtung Heimat zu marschieren. Doch unterwegs ging ihm wer weiß was durch den betrunkenen Kopf, plötzlich bog er nach links ab in die Felder, ich ahne bis heute nicht, wohin er eigentlich wollte.
Und er redete und redete; er erzählte die verruchtesten Geschichten.
Aber auch ich hatte allerhand Flüssigkeit zu mir genommen. So drängte ich immer wieder: Onkel Adolf, laß mich runter, ich muß mal...
Worauf du, Adolf, überhaupt nicht hörtest. Sondern mit mir weitergestolpert bist und dein törichtes Zeug gebrabbelt hast. Was sollte ich machen –. Was dann kam, hattest du allein dir selbst zuzuschreiben –.
Psiakrew*, Adolf!

Kleine Verrücktheiten das; fantastisch und bukolisch. Aber doch so anekdotenhaft, daß ich es im Gegensatz zu vielem, vielleicht Wichtigerem, nicht vergessen habe.

Von Vaters Geschwistern war Adolf als einziger zu Hause geblieben. Ein Kobold unter unserem Dach. Hatte im Ge-

* verdammt

gensatz zu den andern nichts gelernt, ist nie fest angestellt gewesen, und hat nie etwas von Belang besessen, geschweige denn eine Familie gegründet. So daß ich lange die Vorstellung hatte, er habe zu jenen gehört, von denen man sagte, daß sie »bis dreißig auf der Wiese rumliegen und Kühe hüten«.

Mutter, die es besser wußte, korrigierte das ein bißchen: Er hat doch bei den Bauern gearbeitet.

Nun ja. Nur erinnere ich mich zu gut daran: Sollte er Vater auf unserem Hof helfen, so war er nicht selten wie vom Erdboden verschluckt. Vielleicht zum Angeln ausgerissen oder Hechtestechen.

Arbeitete er bei den Bauern, so war das wohl auch nicht immer die reine Freude mit ihm.

Gern provozierte er die Frauen. Mutter wußte da Einzelheiten, daß einem die Haare zu Berge stehen.

Cholery*, Adolf, manches davon ging wirklich etwas zu weit! Du auch ein masurischer Pan!

Ja, Abdul: So hat dich nicht jeder in so guter Erinnerung wie ich. Auch deine Mutter war mit dir nicht immer einverstanden, ganz im Gegenteil. Was hattest du der alten Frau nicht alles für Streiche gespielt.

Wie du dich überhaupt gern mit den alten Weibern im Dorf angelegt hast. Vor allem mit denen, die dir auf ihre Weise Moral predigen wollten. Na, damit kamen sie gerade bei dir richtig an! Aber am meisten hatte unter dir die eigene Mutter zu leiden.

Sie sitzt vor dem Haus in der Sonne und liest in ihrer masurischen Bibel. Verstiegen in eine heftige Altersfrömmigkeit, fängt sie eins ihrer frommen Lieder zu singen an.

---

* Verdammt (noch mal)!

Bist du in der Nähe, Adolf, so geht das damit los, daß du ihren Singsang nachmachst. Um dann dazu überzugehen, zu jaulen wie ein Hund, den irgendwelche Töne quälen. (Viel später gab es in meiner Nachbarschaft einen Köter, der hat so ähnlich geheult, wenn der Sohn des Hauses Trompete übte.)
Ganz schlimm aber wurde es für deine Mutter, nachdem der Sektenprediger bei ihr gewesen war und sie erzählte, man wolle von ihr, daß sie bei uns auf dem Hof ein Treffen ihrer frommen Brüder und Schwestern abhalte.
Hier?! sagte der Adolf und fing schallend zu lachen an. Na, die sollten nur kommen! Denen würde er schon von oben was auf den Kopf tun. Die Jauchegrube sei in diesem Jahr besonders voll ...
Aber da geriet seine Mutter so außer sich vor Wut, daß sie ihm prophezeite, er werde eines Tages wie ein Hund am Zaun verrecken, und liegen bleiben, und keiner werde sich drum kümmern, und die Läuse würden ihn fressen ...
Meine Mutter zitierte diesen Fluch noch lange wörtlich.
Jenes Treffen bei uns: Es fand nicht statt. Ich weiß nicht, ob deshalb, weil die Mutter doch lieber nicht Adolfs Schabernack riskierte, denn man wußte: Er beließ es nicht nur beim Reden. Oder ob Vater, dem jede Schwärmerei fernlag, ein deutliches Wort dagegen gesagt hat.

An dieser Stelle fiele es natürlich leicht, solche Eskapaden Adolfs als üblen Unfug abzutun, und nichts weiter. Aber ich meine, damit machte man es sich allzu leicht; denn sieht man genau hin, so galt sein Schabernack niemals dem Natürlichen und Akzeptablen, sondern immer dem stark Übertriebenen und Unechten mit seinen manchmal lächerlichen Zügen, ob es um Prüderie ging oder Bigotterie. Den Unterschied scheint er instinktiv erspürt zu haben; und so ist sein Verhalten doch nicht ohne Sinn gewesen oder wenigstens zu tolerieren.

Seine »Frömmigkeit« war von ganz andrer Art.
In dem einen Fall, von dem ich erzählen will, ging es um vernunftraubende Liebe, und die hat schon weit größere Geister als unsern armen Adolf zu Narren gemacht.
So lag denn bei ihm eine Zeitlang das Siebente Buch Moses herum; weiß der Himmel, woher er es hatte. Und Zettel guckten aus diesem Buch raus, auf die er geschrieben hatte: Maria, du sollst keine Ruhe finden, wenn du nicht zu mir kommst!
Maria? Sie war auf dem Nachbarhof der Wrobels, und er total in sie verschossen. Und daß ihm die Beschwörungen aus dem Siebenten Buch Moses helfen sollten, war nicht die einzige Verrücktheit, die ihm dazu einfiel.
Es ist Heiligabend, und Adolf soll den Weihnachtsbaum aus dem Wald holen. Verhältnismäßig früh, schon am Vormittag, geht er aus dem Haus.
Aber er kommt und kommt nicht wieder. Ja, es wird bald zu dämmern anfangen, und kein Adolf, und kein Baum. Da macht sich Fritz, der zu Besuch ist, auf in den Wald.
Der Adolf, der kam irgendwann spät nachts nach Hause. Und hatte etwas ganz anderes im Kopf gehabt als einen Weihnachtsbaum. War bei den Zigeunern gewesen, die oben am Krzywer Wald lagerten – um sich wahrsagen zu lassen: ob er wohl Chancen bei der Maria habe . . .

Der Adolf und seine zahllosen kleinen und großen Spinnereien.
War es nicht so, daß er meiner Mutter hinterherlief, mit einem Frosch auf der Schaufel? Oder geht jetzt meine Fantasie mit mir durch: Wollte er ihr nicht einmal sogar die

Blumen im Garten abmähen? Brachte er sie nicht oft zur Raserei mit seinem Herumkramen im ganzen Haus, vor allem, wenn gerade aufgeräumt worden war?
Adolf, was zum Kuckuck suchst du wieder, sagte sie ärgerlich.
Die alten Germanen, antwortete er ungerührt.
Wenn sie ihm ordentlich den Kopf zurechtgesetzt hatte, er sich in die Enge getrieben sah, dann schlug er andere Töne an, mimte den Beleidigten, nannte sie »Gräfin«, die wohl zu fein sei für alles …
Vor ihr hatte er immer einen gewissen Respekt.

Seine »Sprüche«!
Ich sah dich zuletzt vor einem Menschenalter, und doch habe ich einige von ihnen bis heute nicht vergessen.
Manchmal, wenn sie dir ordentlich die Leviten lasen, drohtest du, dich »runterzulassen«. Und »ich laß mich runter«, das hieß: Ich laß mich am Strick runter, ich häng mich auf. Was du natürlich niemals vorhattest. Denn du nahmst doch kaum etwas so richtig ernst. Warst also auch nicht wirklich zu erschüttern.
Aber jener Spruch war noch gar nichts gegen die folgende Krone deiner Erkenntnis: Brot mit Furz schmeckt wie Apfel!

Es sind deine ständigen »verrückten Einfälle«, deine zahllosen Skurrilitäten, weshalb ich bei Ambrassats Behauptung, die Masuren hätten »eine hohe poetische Veranlagung«, zuallererst an dich denke, obwohl du nicht gerade der feinsinnige Lyriker warst, auch nie eine Zeile zu Papier gebracht hast, so gesehen kein Dichter gewesen bist. Nichts von dem, was dir durch den Kopf ging, dürfte dir je ungewöhnlich erschienen sein: So warst du nun mal, und damit gut.

Erinnerungen über Erinnerungen an dich, wie:
Das Pferd ist in die wassergefüllte Torfkaule* neben unserer Wiese gefallen, die Sache ist nicht ungefährlich, denn es ist gefesselt, damit es nur hoppeln kann und nicht wegläuft. Es schafft es jedenfalls nicht, aus der Kaule zu kommen.
Da springst du rein, mit dem blanken Messer in der Hand, tauchst, schneidest die Fesseln durch, kommst wieder hoch mit angeklatschtem Haar wie ein Seehund ...
Eine kleine Heldentat, die dir sicherlich Spaß machte.

Du hast mich mitgenommen zum Angeln, hinter dem Wald auf dem Krzywer See. Auch dies noch vor dem Krieg, ich war höchstens vier.
Es ist Winter, der See ist tief zugefroren, aber es sind in Ufernähe einige meterbreite runde Löcher ins dicke Eis geschlagen, und in eins von ihnen hast du die Schnur mit Haken und Köder runtergelassen und wartest.
Hast du etwas gefangen? Ich weiß es nicht mehr. Jedenfalls wurde mir das Ganze immer langweiliger, ich stand doch bloß rum und guckte dir zu, wie du deine Schnur beobachtetest. Also fing ich an herumzudammeln, ging ein paar Schritte nach rechts und ein paar nach links, und auch einige rückwärts – und rutschte plötzlich in eins der Eislöcher.
Noch heute denke ich mit Schrecken, was damals hätte geschehen können – von Lebensgefahr zu reden, ist sicher nicht übertrieben.
Ich habe wohl wie am Spieß geschrien, und du holtest mich raus aus dem eisigen Wasser.
Verdammt, daß dir das passiert war! Mutter würde dir die Hölle heißmachen –!

* Grube, Loch

Doch wohin nun mit mir, in den nassen, eiskalten Klamotten? Bis nach Hause war es etwa eine halbe Stunde. Aber mit der Situation fertigzuwerden war doch eine von deinen kleineren Künsten – in Windeseile, ich sehe es wie heute, sammelst du trockene Äste im Wald, machst einen Holzstoß am Ufer und dann ein Höllenfeuer...
Stell dich ran, stell dich ran, sagst du, wir werden dich schon trocken kriegen! Und bibbernd folge ich dir...
Irgendwann kommt der alte Krahn vorbei; das ist der, der den Bandillaschen Hof gekauft hat, von dem deine Großmutter Lotte kam. Was er wollte? Eigentlich nichts. Er lief an dem schönen Wintertag ein bißchen in der Gegend herum und hatte wohl das Feuer gesehen, na und das war plötzlich was, wo man nachgucken konnte. Und stand da, ihn amüsierte unser Mißgeschick, und man palaverte dies und das, dann ging er weiter.
Und auch der Adolf hatte irgendwann genug von der Angelei; er wollte mich wohl auch zu Hause loswerden...
Aber das mit dem Feuer: Ist das nicht das einzig Richtige gewesen, und hast du es sofort gewußt? Du galtest *nichts* – und konntest *alles*.
Warst aber auch nach eigener Ansicht ein Alleskönner.

Du konntest natürlich auch Schlittschuhlaufen. Und das hast du einmal nach allen Regeln der Kunst demonstriert.
Wir Dorfkinder guckten dir zu.
Worauf du es natürlich auf die Spitze treiben mußtest: Die Pirouette auf einem Bein war doch gar nichts!
Doch: Au weia! Das ging schief! Brillanter als du, hat sich wohl noch nie ein Eiskunstläufer auf die Nase gelegt...
Und den Rydzewer Kindern hat natürlich gerade das den meisten Spaß gemacht...

Das alles sind bloß Episoden. Und zusammengenommen nur Minuten aus einem ganzen Leben. Ich wage nicht einmal zu behaupten, daß das schon exemplarisch für den Adolf war und ihn erklärt.
Ich behaupte aber: Das Leben meines Onkels Adolf war ein großes und trotz allem gelungenes Beispiel gegen das oft so mörderische, und vor allem sinnlose, abendländische Streben nach Erfolg.
Denn was für einen Sinn sollte es haben, sich aus lauter Ehrgeiz und Besitzgier mit Arbeit umzubringen? Um auch nur auf dem ewigen Ruhelager, in einem Sarg, anzukommen – nur um einiges schneller? Doch nicht den geringsten! Die alten Völker des Ostens mit ihren kontemplativen Leben sind sehr viel weiser. Und du, Adolf, mit all deinen Sperenzchen und deiner sogenannten Ehrgeizlosigkeit, bist für mich quasi die masurische Verkörperung jenes Hamsunschen Abel Brodersen, der sagt: »Alle wollen etwas werden, aber nicht ich.«
Und das hat nicht das geringste zu tun mit Faulheit oder Mangel an Initiative. (Was uns auch immer beigebracht worden sein mag, das Wichtigste jedenfalls nicht: Nämlich daß nicht die Menschen für die Betriebe in die Welt gesetzt wurden, sondern die Betriebe für die Menschen; und so legen manche Taktschläger der modernen Arbeitswelt den Wert eines Menschen nach seiner gemessenen Leistung am Arbeitsplatz fest, aber die Maschine gilt ihnen ohnehin als zuverlässiger.)
Deine Art, Adolf, kommt von einem ganz andern *Stil zu leben*, dem *genau gegenteiligen*. Von Bedürfnislosigkeit und Fatalismus und einer großen Zufriedenheit und *inneren Ruhe*. Es gibt doch ohnehin keine Siege zu erringen, sondern man kann das Leben nur in Gelassenheit ertragen und in Würde zu Ende bringen. Du, Adolf, die glitzernden

masurischen Seen und das ganz wenig bewegte Leben in meinem Heimatland: Das wird für mich immer viel höher stehen als die angebliche Krone der westlichen Welt: der Lebensstil des Konsummenschen. Denn mich bewegt die Art meiner Heimat: das Masurische.
Der Krieg. Auch er packte den Adolf nicht gleich; und genaugenommen bekam sogar der Krieg ihn nie so richtig in den Griff. Fast möchte man sagen: Sogar der Krieg schien Rücksicht zu nehmen auf seine Art zu leben.
Der Adolf kam überall erst dann zum Einsatz, wenn das Schlimmste schon vorbei war.
Wie klein, ja geradezu rührend und verloren er in der Uniform eines Gefreiten aussah!
Und dann in Finnland bei der »Verpflegung für den Nachschub«. Dort hört der auch nie eine Kugel pfeifen, hieß es darüber bei uns.
Und schließlich der lange Heimweg aus Skandinavien über Dänemark. Und kaum war der Krieg aus, da war der Abdul auch schon entlassen! Aber Masuren, und nur dort gehörte er hin, nur dort konnte er existieren, war für ihn verloren. Er fand zu uns in unsere damals so dürftige Behausung im Niedersächsischen.
Und so waren wir beide eines Tages wieder zu Fuß unterwegs über Land, der Adolf auch diesmal nicht ganz nüchtern. Bloß daß ich inzwischen zehn oder elf war und nicht mehr auf seinen Schultern saß, sondern neben ihm ging.
Wir waren eingekehrt, und er hatte zwei Bier getrunken, es war ein heißer Tag... Und er redete und redete, hatte wieder wie einst die Sabbleritis...
Daran erinnere ich mich, als sei es gestern gewesen. Und leider an nichts anderes sonst.

Lange konnte er nicht bei uns bleiben; in einer winzigen Fliegerbaracke mit zwei hintereinander liegenden Räumen war neben einer Frau und vier Kindern nicht auch noch für ihn Platz.

Adolf zog weiter zu Verwandten nach Westfalen. War irgendwo irgendwann angemeldet als Hausschuster. Der Adolf – und Schuster? Nun: Wenn es mal nötig war, Schuster zu sein, dann war er eben Schuster.

Später an einem andern Ort Nachtwächter auf einem Holzlagerplatz.

Das scheint mir schon eher zu ihm gepaßt zu haben.

Ein Cousin von mir besuchte ihn, als er bereits bei seiner Schwester Marie in Altenessen lebte. Kam rein in die Wohnung und machte die Tür zu Adolfs Wohnraum auf – da war, o Schreck, das Zimmer voller Weiber!

War das noch einmal so etwas wie damals mit den Mädchen bei Filons in der dunklen Stube in meiner frühen Kindheit? dachte ich, als ich davon hörte. O nein, antwortete ich mir, bestimmt nicht mehr.

Die Marie hat ihm, hieß es, bald danach den Stuhl vor die Tür gesetzt.

Hatte sie sich, wie meine Großmutter, nicht zu einer Sekte geschlagen? So jemandem war der Adolf mit seinem Treiben natürlich ein Greuel.

(Wie sie ihm. Es beruhte wohl auf Gegenseitigkeit.)

Und zuletzt bei ihr: Da hat er bloß noch im Keller gehaust.

Er kam damals, 1957, zu uns, unmittelbar vor Vaters, seines Bruders, Tod. Und daran beschäftigt mich eigentlich am meisten: *Wie* hatte er erfahren, daß es mit dem Karl zu Ende ging? Wir hatten ihm meines Wissens nichts mitgeteilt; und jene aus der Familie, zu denen wir Kontakt hatten, hielten mit an Sicherheit grenzender Wahrscheinlichkeit keinen Kontakt zu ihm.

Wenn also jemand käme und behauptete, der Adolf habe es im Traum erfahren oder auf eine noch ungewöhnlichere Weise mitgeteilt bekommen – ich glaubte es aufs Wort.
So wie ich Mutter aufs Wort glaubte, daß der Karl (mein Vater) und der Adolf (mein Onkel) guter Dinge bei diesem Treffen waren, obwohl es ihr letztes war, weil das Leben des einen zu Ende ging.
Wieweit es mit ihm gekommen war, als er uns im Süddeutschen noch einmal, ein letztes Mal, besuchte, weiß ich nicht.
Und ich erinnere nur, daß er erzählte, er habe eine Freundin, und die (nichts sonst strich er heraus) besitze einen Plattenspieler.

Bedenke ich es recht, so war der Adolf eigentlich fast immer guter Dinge. Und hatte doch auch allen Grund dazu: er hat ja immer nach seiner Art leben können. So müßte sein Leben, mag das manchen auch erstaunen, eigentlich durchgehend glücklich gewesen sein.
Aufs Ganze gesehen vielleicht das glücklichste von uns allen.
Und dann? Ich meine: Wo und wie endete der Adolf?
Ich weiß es nicht. Und ganz genau will ich es eigentlich auch gar nicht wissen. Es mag bis zuletzt skurril und ein bißchen unalltäglich und vielleicht sogar unwahrscheinlich bleiben.
Er wäre heute fünfundachtzig, siebenundachtzig; und nüchtern bedacht ist nicht anzunehmen, daß er noch lebt.
Und Mutter meinte irgendwann, es ist mit ihm so gekommen, wie es ihm seine Mutter damals in ihrer Wut prophezeit hat. Und sie wiederholte wörtlich, was diese damals fluchte.
Aber gleich darauf meinte sie doch wieder: Tot?! Der

Adolf?! Und sie lachte wie bei etwas so Unwahrscheinlichem, daß man darüber wirklich nur lachen kann. Und fuhr fort: Springt der nicht noch *in Masuren* rum? Habt ihr ihn nicht *dort* gesehen?

Exkurs III: Von den alten Zeiten …

»Dunkle und geheimnisvolle Mächte üben nach der Vorstellung des Masuren auf das Schicksal der Menschen den unmittelbarsten Einfluß … und es ereignen sich in Masuren vor aller Augen Dinge, welche in aller übrigen Welt unerhört sind.«
Max Töppen, Geschichte Masurens, 1870

»Das Dorf hatte noch Zugänge zu den Urgründen seiner Vergangenheit, es war wie eine tiefe Höhle, durch deren Schatten noch Gespenster und Gesetze aus fernen Vorvätertagen geisterten.«
Laurie Lee, Des Sommers ganze Fülle, 1959

Auch das Dritte Reich hatte nicht alles in seinem schlimmen Griff.
So kamen zu meiner bei uns lebenden Großmutter, die doch in einen gewissen Verruf gekommen war, weil sie nicht deutsch sprechen wollte, sondern den slawischen Dialekt Masurisch als ihre Muttersprache bezeichnete, irgendwelche Heimat- oder Volkskundler, um sie über die alten Zeiten zu befragen; das war wohl schon während des Kriegs.
Es war, als wollten sie noch einen letzten Zipfel einer schon dem Tod geweihten Welt zu fassen bekommen – die alte Frau war 1861 geboren, als die Eisenbahn Masuren noch nicht erreicht hatte, man kann sagen: die Region an die »Welt« noch nicht angeschlossen war. Ihre Kindheit lag in

jener Zeit, als der »Klassiker« der Masuren-Chronisten, Max Töppen, seine Studien über das kleine Volk betrieb und 1870 veröffentlichte.
Was die Marie Reinoß, geborene Ciernio, ihren Befragern erzählt hat, weiß ich leider nicht. Doch sie wird zumindest in ihren frühen Jahren all das noch als Wirklichkeit erlebt haben, was Töppen mitten in der zweiten Hälfte des 19. Jahrhunderts in Masuren vorfand, aufzeichnete und festhielt.
Die »Überreste altheidnischer Vorstellungen« waren damals, so schrieb er bilanzierend, »noch ziemlich weit verbreitet«. Ähnlich auch der masurische Schriftsteller Fritz Skowronnek, nur drei Jahre älter als meine Großmutter, aus seiner Kindheit: Der Masur »stand unter einem Überfluß an Aberglauben. Er glaubte an Geister, Gespenster und Kobolde. Jede Krankheit wurde ihm von bösen Geistern angehext«.
Er habe, schreibt Skowronnek, bis etwa in sein dreizehntes Lebensjahr »diese Zustände bewußt miterlebt«.
Das wird genauso für meine Großmutter gelten. Wohl keine Frage, daß man sich auch in ihrer Familie damals in Nöten an die Bozki (Götterchen) wandte. Noch seinen eigenen Kolbuk (Kobold) hatte, und diesen gut versteckte vor anderen. Wo mochte er in unserm Masurenhaus verborgen gewesen sein? Auf dem dunklen Boden oben? Vielleicht in einer Tonne? Und wann in Großmutters langem Leben ist der Glaube, ist *ihr* Glaube daran verblaßt (und in ihrem Fall schließlich durch Sektierer-Frömmigkeit abgelöst worden)? Oder blieb ein Rest des alten Aberglaubens in ihr, bis zuletzt?
Was hatte es auf sich mit jenen fatalen bösen Geistern, die in den Leib des Menschen fuhren, um ihn zu quälen? Gnomenartige Wesen wie den »biale Ludzie« und den »zmine

Ludzie« (d. h. weißen und kalten Leuten) und den »krazno Lutki« (Fettleuten), lauter Kreaturen in Gestalt von ganz kleinen Würmern mit bunten Köpfen? Die Krankheiten brachten? So daß man sie versegnen mußte; damit sie mitsamt ihrem König den Menschenleib verließen und der Kranke gesunden konnte?

Und wie war das mit dem »Zmora« (Mar)? Einem verzauberten Menschen, der nachts in Gestalt von Katze, Hund oder was weiß ich umging, um Schlafende zu plagen? Oder gar dem »Wilkolek« (Wehrwolf), der ebenfalls ein verwandelter Mensch war?

Und gab es nicht auch im Rydzewer See einen »Topich« (Wassergeist), der in Gestalt eines kleinen Jungen mit roter Mütze sich manchmal zeigte? Der ankündigte, daß jemand ertrinken werde, indem er plötzlich auftauchte und dreimal in die Hände klatschte?

Und wie stark war zumindest in Omas frühen Jahren noch der Glaube an die guten und die bösen Tage, die guten und die schlechten Zeichen am Himmel, Menschen mit dem guten und andere mit dem bösen Blick? Der Glaube an bestimmte Orte, wo man den dunklen Mächten und ihren Wirkungen näher war als anderswo? Ich bin sicher: weitaus stärker als in meiner Kindheit – und auch da hörte ich noch viel davon. Denn bei den stark im Herkömmlichen verwurzelten Masuren waren siebzig, achtzig Jahre keine Zeit, um etwas gänzlich zu verändern.

Töppen versichert ja, »bis auf den heutigen Tag«, d. h. 1870 (da war die Oma neun, also so alt wie ich zu Beginn der Flucht, 1944), lebe das Geschlecht der Waidelotten, Signoten und Zauberer fort, das für die Vermittlung zwischen der schwachen Menschheit und den dunklen Mächten zuständig war, auch wenn man sie inzwischen Versegner und Hexer nenne. Hatte damals auch unser Rydzewen eine

gebrechliche oder durch einen körperlichen Schaden auffallende Person, vielleicht sogar einen über das Dorf hinaus berühmten Oberzauberer, der zum Beispiel das Vieh gegen Wölfe und Krankheiten versegnete, bevor es im Frühjahr auf die Weide getrieben wurde?
Und wer alles war in der Familie durch »Antun«* gestorben? Oder gar durch das schlimme Totsingen? Und ist nicht Vieh durch den bösen Blick, durch die Hexe verendet?
Nichts davon war wie ein böses Märchen, womöglich bloß zur Unterhaltung einfacher, furchtsamer Leute gedacht, sondern alles basierte auf einem ernsten und tiefen Glauben im Volk. Und dieser Volksglaube scheint tatsächlich Ereignisse heraufbeschworen zu haben, die »fortschrittliche« Menschen für unglaublich hielten; sonst spräche Töppen nicht davon, daß sie »in aller übrigen Welt unerhört sind«.
Und dann die verbreitete Furcht vor den bösen Tagen, zum Beispiel dem 1. April, an dem Kain seinen Bruder Abel erschlug. Welches Lebensverhängnis, wenn man an diesem Tag geboren war! Dann drohte einem ein früher Tod; oder man erreichte nichts im Leben; jedenfalls durfte man nichts an diesem Tag anfangen, nicht mal eine Reise beginnen.
Und all das, was die Verstorbenen betraf. Hatte man sie begraben, so blieben sie doch noch eine Zeitlang mit ihren Angehörigen in Verbindung. Sie hatten in ihrem Sterbezimmer noch einen Platz: einen Stuhl, wenn sie nach Hause kamen (und sie kamen ja, und zwar an bestimmten Tagen), und sogar ein Handtuch.

Erstaunlicherweise scheint sich solcher sogenannter Aberglaube in der Familie meiner Mutter deutlicher bis in die Jahre meiner Kindheit erhalten zu haben als in der doch

* abgeleitet von: jemandem etwas Böses antun

stärker prußisch und masurisch geprägten Familie meines Vaters. Jedenfalls erinnere ich es so. Was nicht zuletzt an Großmutter Reinoß' Frömmeleien und Vaters Nüchternheit gelegen haben mag.

Mutter erzählte jene bezeichnende Geschichte aus einer Silvesternacht. Alle auf dem Abbauhof waren vors Haus gegangen, bis auf den einen Onkel, der krank in einer Kammer lag; man wollte um Mitternacht die Glocken des Kirchdorfes hören und das, was man aus Satticken mitbekam. Irgendwann soll das Türchen in der Nordostecke des Hofzauns geknarrt haben, als öffne es jemand, *jeder* soll das gehört haben – aber man sah dort niemanden. Doch später, als sie nach dem Onkel sahen, erzählte dieser: Der XY (ein Verstorbener) sei dagewesen, und habe gesagt: Johann, es ist fünf vor zwölf! Und genau fünf Monate später sei der Onkel gestorben...

Oder jener Traum meiner Mutter in der Nacht, bevor ihr Onkel Gustav starb. Ich ging damals schon zur Schule, als sie eines Morgens erzählte, sie habe geträumt, ihr sei gesagt worden: Und kauf dir schwarze Strümpfe! Und später, im Lauf des Vormittags, kam die Mitteilung vom Tod des Onkels...

(Auch den Unfalltod meiner großen Tochter, ein Menschenalter später, will Mutter zumindest insoweit vorausgesehen haben: mehrmals erschien ich ihr in ihren Träumen in Trauerkleidung.)

Oder jene andere Ankündigung während des Krieges, die ich bestätigen kann: Über dem Großmutter-Bett hing unter anderem Vaters gerahmte Konfirmationsurkunde mit dem Bibelvers: Sei getreu bis in den Tod, so will ich dir die Krone des Lebens geben.

Dieses Bild fiel eines Tages herunter und ging kaputt, ohne daß jemand auch nur in seine Nähe gekommen war. Mutter erschrak tief: Hoffentlich ist jetzt nichts mit Vati passiert –. Er war an der Front in Rußland. Ich spürte: Sie fürchtete das Schlimmste nach diesem »Zeichen«.
Tatsächlich war Vater genau in jenen Tagen todkrank und ohne Besinnung; er hatte Flecktyphus.
Der Glaube an Teufelsverschreibungen (wodurch man zu Reichtum kam), geheimnisvolle Orte, an denen die Pferde einen ängstlich flackernden Blick bekamen und durchgingen, und an die krankmachende Macht des Bösen Blicks war noch gang und gäbe. Einen von jenen, der wohl seinen ganzen Wohlstand dem *Schwarzen** verdankte, will man nachts bei Vollmond splitternackt in einem Kornfeld sitzen gesehn haben (davon hörte ich bei der Oma Nowotsch erzählen) usw. Die Natur war für den Masuren unendlich belebt und voller Geheimnisse und Unglaublichkeiten.
Die Oma Guste habe ich auch noch sagen gehört, die XY dürfe man nicht in den Stall gucken lassen, sonst werde das Vieh krank.
Und man hatte Angst davor, daß einer, der starb, sich dann jemand anderen »holte«... Ja es war sogar die Rede davon, daß mehr als einer dem Toten ins Jenseits folgen mußte. Erst dann gab er Ruhe. Ich habe noch die Drohung eines Kranken gehört: Wart, wenn ich erst mal tot bin, dann hol ich dich nach!
Seltsam auch die Vorstellung, daß ein Verstorbener sich in anderer Gestalt auf der Erde zeigte!
Der Onkel Bruno: Wie oft hatte er gehört, daß Menschen sich dann in Tiere verwandelten!
Und nun ist er allein von einer Beerdigung auf dem Weg

* Teufel

nach Hause, und denkt daran – und plötzlich kommt da wie aus dem Boden gewachsen ein großer Hund auf ihn zu, den er noch nie gesehen hat, und er erschrickt furchtbar: Verfolgte ihn der Tote?!
Wann das geschehen ist? Um die Zeit meiner Geburt.

Uns Kindern war verboten, etwas zu spielen, das mit Beerdigung zu tun hatte. Doch einmal taten wir es doch, wir legten einen ganzen Friedhof an.
Aber das war ja nicht mehr lange entfernt von Flucht und Vertreibung vieler und dem Untergang …

Weshalb ich all das erzähle, obwohl es im allgemeinen auch heute noch bloß als Aberglaube und Hokuspokus gilt und eher gegen als für ein Volk zu sprechen scheint?
Weil ich diese Abwertung ganz und gar nicht akzeptiere und eine Reihe kluger Leute nennen könnte, die das inzwischen ebensowenig tun. Sogar bei Freud findet sich dies: Er habe »es gewagt, gegen den Einspruch der gestrengen Wissenschaft Partei für die Alten und für den Aberglauben zu nehmen«.
Während das heute noch vorherrschende, mechanistische Weltbild – das nur für wirklich hält, was man vereinfacht gesagt, sehen, messen, wiegen kann – in seiner verhängnisvollen Rolle für die Entwicklung der Menschheit immer mehr durchschaut und immer schärfer kritisiert wird.
Der Glaube an das Heil allein durch rationalistisches Denken und wissenschaftlich-technischen Fortschritt ist dabei, tief erschüttert zu werden.

Der gute Masuren-Chronist Max Töppen, vor einhundertzwanzig Jahren ganz Kind seiner Zeit, war freilich noch so kindisch in seinem abendländischen Fortschrittswahn und

Glauben allein an die Segnungen der westlichen Kultur, daß er die Zukunft der Masuren einzig darin sah, daß sie sich »der modernen Cultur... rückhaltslos anschließen«. Das aber werde vermutlich »nicht eher geschehen, als bis mit ihrer heimischen Sprache ihre heimischen Überlieferungen untergegangen sind«.
Nun: Auch siebzig Jahre später, in meiner Kindheit, war beides wie gesagt noch nicht erledigt. Da aber waren zwei *verfeindete Brüder* schon auf dem besten Weg, um das Werk nacheinander zu vollenden...
Dem guten Mann ist also geholfen worden. Wenn auch nicht in der Weise, wie er es gemeint und gehofft hat.

In der Abgelegenheit unserer masurischen Welt haben sich auch die alten Bräuche länger und ausgeprägter erhalten als wohl überall sonst im Deutschen Reich. Brauchtum kommt ja auch weitgehend von Beschwörungs- und Götterdiensten, Uraltem und Mythischem; transportiert viel von Glauben und Aberglauben aus sehr fernen, oft vorchristlichen Zeiten in die jeweilige Gegenwart.
Ich will hier nun nicht von der Adventszeit und dem Nikolaus, von Weihnachten und Ostern reden, soweit das bei uns ähnlich gestaltet wurde wie anderswo auch.
Nur Weihnachten zum Beispiel dauerte bei uns länger, hatte noch einen dritten Feiertag, ich höre noch die Oma Guste von »Letztfeiertag« sprechen. Ja eigentlich waren alle Tage von Heiligabend bis Dreikönig eine einzige Feierzeit.
Es war die Rede von den »Heiligen Nächten«, um die sich viel sogenannter Aberglauben gesponnen hatte. Nun mußte besonders aufgepaßt werden, denn böse Geister waren unterwegs; und manche Arbeiten verboten sich ganz, wollte man sich nicht Übles einhandeln.
Besonders an Silvester wurde die Frage gestellt: Was kommt

auf uns zu? Vor allem an Krankheit, Tod? Bleigießen war üblich wie in anderen Regionen auch. Wurde aber um einiges ernster und ängstlicher betrieben.
Und ich erinnere mich an Fastnacht. Da gab es wie fast überall in Schmalz gebackene Krapfen. Und in der Schule versuchte man schulfrei zu erbetteln, mit Versen an der Wandtafel, und der Lehrer kannte das natürlich und hatte damit gerechnet, und es kam ja auch ihm zugute, wenn er die Kinder früher nach Hause ließ als üblich.
Hübsche Bräuche auch um Ostern, und weniger mit düsteren Drohungen belastet als die Weihnachts- und Neujahrszeit. In Satticken habe ich noch das alte Schmackostern erlebt. Da standen plötzlich einige Halbwüchsige vor der Tür und sangen etwa dies:
Schmackoster, Schmackoster, paar Eier, Stück Speck,
dann geh ich wieder weg!
Und die Oma ließ sich natürlich nicht lumpen...
Und es wurde Osterwasser geholt. Gleich unterhalb des Hofs entsprang ein winziger Bach, der nach Osten floß; damit war die erste Forderung glänzend erfüllt. Die zweite: daß ein Mädchen das Wasser früh vor Tag schöpfen sollte, machte größere Probleme – es gab kein Mädchen im Haus. Nun ja – ausnahmsweise durfte es vielleicht auch eine alte Frau sein... Und Menschen und Tiere wurden mit dem segenbringenden Wasser bespritzt.
Pfingsten war das heitere Fest der Birkenzweige. Sie kamen mit ihrem jungen Laub neben die Haustür, wurden hinter Bilderrahmen gesteckt und auch in die Vase gestellt.
Von fröhlichen Johanniabenden in ihrer Jugend hat Mutter viel erzählt. Johanni zu Beginn des Sommers fiel in die Zeit der hellen Nächte, galt als »Fest der Hingabe an die Natur«. Da war ein großer Holzstoß geschichtet worden und wurde bei Einbruch der Dämmerung angezündet. Und um das

Feuer wurde gesungen und gesprungen, es war eine Sache unbeschwerter Ausgelassenheit. Ja: auch gesprungen: Bei heruntergebranntem Feuer sprang man schließlich über die Glut...
Plon war ein Fest (oder doch eine fröhliche Stunde), wenn die Roggenernte glücklich abgeschlossen war. Dann gab es gutes Essen, auch was zu trinken, und man war überhaupt in bester Stimmung...
Ich habe noch zugeschaut, wie bei sommerlicher Glutsonne das Korn mit der Sense gemäht, von Frauen gerafft und gebunden und schließlich zu Hocken gestellt wurde. Ich habe noch im Ohr, wie Vater die Sense klopfte (anderswann sagte man wohl: dengelte) und wie man sie auf dem Feld immer wieder mit dem Wetzstein scharfmachen mußte. Das erschien mir als eine ganz besondere Geschicklichkeit; als ich es viel später, nachdem ich selbst leidlich mähen gelernt hatte, auch so virtuos versuchte, schnitt ich mir prompt sehr schmerzhaft ins untere Gelenk des Zeigefingers...
»Alte Zeit« in meiner Kindheit in Rydzewen auch im Hinblick auf die Technisierung. Wir lebten ja eigentlich noch im »vormotorisierten« Zeitalter.
Dabei ist in jedem Geschichtsbuch zu lesen, Deutschland sei in den dreißiger Jahren ein sehr fortschrittliches Land gewesen, das man seiner Wissenschaft und Technik wegen in aller Welt beneidete. Uns in Rydzewen betraf das nicht. Bei uns gab es bis zur Flucht keine Elektrizität. Die raren Ausnahmen (das Auto des Lehrers, das im Krieg ohnehin nicht fuhr, das Motorrad des Otto Wiesotzki, der Soldat wurde) zählten wohl kaum.
Und wann habe ich das erste Flugzeug gesehen? War es jenes russische Ungeheuer, das uns an jenem Herbstabend 1944 beschoß, als wir auf die Flucht gingen?

Vater fuhr zu seiner Maurerarbeit in die Dörfer der Umgebung stets mit dem Fahrrad. Zu ihm gehörte immer ein Rad.

Und was gab es im Dorf für Landmaschinen?
Es wurde in der Regel schon mit dem Dreschkasten gedroschen. Auch vor unsrer Scheune arbeitete eines Tages ein solches Vehikel, auf dem der Hersteller zu lesen war: Ködel und Böhm, Lauingen an der Donau. Der große Kasten wurde über Treibriemen von einem Benzinmotor angetrieben; ich erinnere mich an diese Einzelheit: damit der nicht vom vorgegebenen Platz rutschte, sobald er in Aktion trat und vibrierte, wurden um ihn herum Pfähle in den Boden getrieben. Aber das war schon die Ausnahme.
So scheint mir, daß man auch zu der einzigen großen Maschine bei uns im Dorf nur ein sehr begrenztes Verhältnis fand.
Gut auch das.
Sandwege durch den Ort. Keine Masten mit Drähten für Elektrizität. Alte Zeit!

Versuche ich ein Fazit dafür, und hier heißt das: Vergleiche ich, was damals unser Leben bestimmte, und was das heutige ein halbes Jahrhundert später in Westdeutschland beherrscht, so drängt sich dies auf:
Dort noch die alte Mythos-Nähe, entschieden mehr »Seele« – hier prägend von den Wissenschaften ausgehendes Denken, mit Schwerpunkt Ratio.
Und lange Zeit sah es so aus, als ob »Aufklärung«, Intellektualismus auf einem durch nichts aufzuhaltenden und einzudämmenden Vormarsch seien, unterwegs zur Alleinherrschaft. Und unser »altes« Leben: Es galt als das überholte, ewig gestrige und bloß durch die Abgelegenheit des Landes noch nicht auf Vordermann gebrachte – aber das mußte so

rasch wie möglich nachgeholt werden! Wer auch nur zaghaft eine etwas andere Ansicht vertrat, war tumber Außenseiter, wurde nicht ernstgenommen.
Doch inzwischen sind die Gewichte nicht mehr ganz so eindeutig verteilt, die Gegenstimmen nicht mehr so sicher von oben herab weg zu polemisieren.
Hat nicht die totale Dominanz der Naturwissenschaften, gipfelnd wohl in jener Vorstellung des französischen Physikers *Pierre Laplace*, »daß die Forscher eines Tages eine einzige mathematische Gleichung herleiten würden, die mächtig genug wäre, alles zu erklären«, zu jenen Verheerungen geführt, die die Menschheit heute in einen Abgrund blicken lassen? Ja für die dominierenden Wissenschaften ist die Natur zu einer Art großer Maschine geworden: und diese mathematisch darstellbar.
Die Stichworte der heutigen Anklage lauten: Barbarischer Raubbau an der Natur, bedenkenlose Verschleuderung der Ressourcen, Zerstörung der Biosphäre, völlige Vernichtung vieler Arten von Lebewesen. Am schlimmsten aber wohl: die zunehmend seelische Verarmung des modernen Menschen.
Dazu *C. G. Jung*, der bedeutendste Psychologe des Jahrhunderts: Die Vernunft habe uns viel zu enge Grenzen gesteckt. »Je mehr die kritische Vernunft vorwaltet, desto ärmer wird das Leben... Die überschätzte Vernunft hat das mit dem absoluten Staat gemein: unter ihrer Herrschaft verelendet der einzelne.«
Und nach Max Weber ist die rationalistische »Entzauberung der Welt« nicht weniger gefährlich als all die andern Katastrophen im Gefolge des wissenschaftlichen »Fortschritts«: immer zerstörerischere Kriege, Vergiftung von Luft, Wasser und Nahrung. Und noch stärker im Hinblick auf unser Thema *Jacques Monod*: Er hält die Demontage der einfachen, animalistischen Mythologien durch die Wissenschaft

für ein noch größeres Unglück als die Atombombe und die Naturzerstörung. Denn der Mensch brauche nichts so sehr wie diese Mythologien: sie weisen ihm seine Stelle im Dasein an, und der zum Überleben nötige Gruppenzusammenhalt werde vor allem von ihnen gesichert.
Mit dieser heftigen Kritik an dem diktatorisch herrschenden wissenschaftlichen »Fortschritt« geht also eine Aufwertung des alten erheblich von Mythen bestimmten Lebens einher. Wir kommen zu einer neuen Einschätzung des sogenannten Fortschritts und auch der sogenannten Rückständigkeit, wie man sie uns Masuren nachsagte.

Ein Mythos – was ist das? Der Begriff wird häufig benutzt; doch nicht immer in zutreffender Weise.
Nach *Richard Cavendish* bedeutet Mythos eine »phantasievolle Überlieferung über das Wesen, die Vergangenheit und die Zukunft des Universums, der Götter, der Menschen und der Gesellschaft«. Mythen beinhalten »eine grundlegende Wahrheit über das Universum und das menschliche Leben«. Ein »Grundzug« in den Mythen der Völker »ist das Bewußtsein, in einer Welt zu leben, die von seltsamen, außermenschlichen Kräften, Göttern, Geistern und übernatürlichen Wesen beherrscht wird«.
Und ist nicht gerade ein solches Bewußtsein in meiner Kindheit in noch bemerkenswertem Maße lebendig gewesen, wie auch der sogenannte Aberglaube noch Bestandteil des täglichen Lebens war – denn zur Erklärung der Welt ist mehr nötig als ein paar sogenannte Naturgesetze. Wittgenstein: »Der ganzen modernen Weltanschauung liegt die Täuschung zugrunde, daß die sogenannten Naturgesetze die Erklärung der Naturerscheinungen seien.«
Der bereits erwähnte Masuren-Chronist Max Töppen freilich, Kind des fortschrittsnärrischen letzten Jahrhunderts,

sah deshalb (deutlich von oben herab) in den Masuren bloß ein »Naturvölkchen«, bei dem »die Mächte der Natur länger das Übergewicht über die Mächte der Cultur behauptet haben, als anderswo«. Was er natürlich sehr kritisch meinte – und worin ich ihm absolut nicht folge.

Doch auch zu seiner Zeit war diese simple Ansicht nicht die einzig vertretene, (wenn auch diejenige im Sinne des Zeitgeistes, und dem folgen bekanntlich die zweit- und drittrangigen Geister ohne jede Einschränkung). Damals lebte zum Beispiel noch Theodor Storm, und der gestand dem Spukhaften und Gespenstischen durchaus Realität zu. Deren völlige Leugnung ist also ein Produkt der weiteren seelenfressenden Intellektualisierung.

Für etwas frühere Zeiten brauchen wir aber durchaus nicht bis zu Luther zurückgehen, der – alles andere als ein einfältiger Betbruder – bekanntlich den Beelzebub leibhaftig vor sich sah und mit dem Tintenfaß nach ihm warf.

Halten wir uns an denjenigen, der der größte weltliche Lebenslehrer genannt worden ist, den Europa je hatte: Goethe.

Ihm – gerade ihm! – ging es zeitlebens um alles andere als um mathematisch formulierbare Gesetzmäßigkeiten. Gerade er mühte sich um eine anschauliche Erfassung der *einfachen* Formen (»Urphänomene«).

Goethe sah – und wie verwandt ist das den Gewißheiten der herkömmlichen Masuren! – wie die Dämonen »ihre Pfoten in all dem Spiel haben«. Dämonen, die aus trügerischem Blau auf Blitzen herbeireiten oder sich langsam einschleichen wie der Schwamm in eine Hauswand. Das war für ihn eine ebenso fest einkalkulierbare Realität wie jene Depeschen, die ihm Thurn und Taxis brachte.

Erst einer engstirnigen Wissenschaft blieb es vorbehalten, die Existenz von Dämonen zu leugnen.

Das Verhältnis der Masuren zu der sie umgebenden Natur. Schon für die Prußen, Ureinwohner des Landes, heißt es, sie seien ein »natur- und kosmosverbundenes Volk« gewesen. Und für die Masuren muß man da auch für die Zeit meiner Kindheit nur geringe Abstriche machen.

Und wie wichtig ist gerade das! Und man muß die heidnischen Wurzeln des Phänomens nicht leugnen. Bei einem Russen, Daniel Granin, las ich, das Heidentum sei in gewissem Sinne *fortschrittlicher* gewesen als das Christentum: nämlich in der Betrachtung der Natur als eine Gottheit. (Das Christentum habe dann den Menschen auf Kosten der Natur privilegiert, und das sei der Natur nicht gut bekommen.)

Ja: Die Masuren waren bis zuletzt der Natur und dem Kosmos verbunden. Waren ein Teil davon und in den Kreislauf des Lebens auf Erden fest eingebunden, der die diesseitige und die jenseitige Welt nicht so voneinander trennt wie nach heutiger »versachlichter« Ansicht. Das sogenannte Wirkliche und das Unwirkliche: Hier war beides noch eine Einheit.

Die jahrhundertealte Menschheitserfahrung als inneres Wissen. Nirgendwo in Deutschland hat sich das so lange erhalten wie bei uns in Masuren.

Der wissenschaftliche Fortschritt mag einiges mehr an Komfort und materiellem Besitz gebracht haben, aber zweifellos auch mehr an menschlicher Kälte und Unzufriedenheit. Und wenig an jenem Wissen, das wir für die Orientierung in unserem Leben so gerne hätten, im Gegenteil: Da von den alten Erfahrungen das meiste zum Abfall geworfen wurde, sind die Menschen heute beschränkter, als sie es früher in den angeblich »primitiveren« Zeiten waren.

So wurde von den für ein Menschenleben wirklich relevanten Fragen durch die Wissenschaft wohl nicht eine beantwortet. Wir können noch soviel ausrechnen und hochrechnen und unsere Computer weiterentwickeln: Es bleibt für jeden von uns die alte Unsicherheit und Unvorhersehbarkeit des persönlichen Schicksals. Die »dunklen und geheimnisvollen Mächte« haben sich keinesfalls verabschiedet, bloß weil wir sie leugnen, und Goethes Dämonen haben wie eh und je ihre Pfoten im Spiel – ein Verkehrsunfall, eine Krebserkrankung oder ein Herzinfarkt, eine plötzlich bösartige Konstellation am Arbeitsplatz, von Krieg und seinen Folgen gar nicht zu reden: Der Zufall und das Schicksal sind durch keine Formel im voraus zu erfassen oder einzukalkulieren und schon gar nicht auszuschalten.

So ist nicht nur alles unvollkommen geblieben, sondern noch unvollkommener geworden.
Und so ist zu fragen, ob an einer früheren Wegscheide nicht noch einmal anzufangen wäre: um in eine andere Richtung zu gehen als in die so verhängnisvolle jetzige.
Ich bin also noch in einer Art zu leben aufgewachsen, die mit allem respektvoll umging: mit der Natur und dem Erklärbaren so wie dem völlig Rätselhaften – *und die folglich der Gegenpol zur westlichen Lebensart war.*

Der kleine H. R.

Gehe ich zurück in die erste Hälfte der masurischen Kindheit, die durch den Ausbruch des Kriegs und meine bald darauf folgende Einschulung endete, so sind es immer noch jene wenigen erhaltenen Fotos, die mich am meisten irritieren.
Mögen sich die Erinnerungen in mir langsam und leise

immer mehr verändert haben und mir Gewißheiten vorgaukeln, die mitunter mit den tatsächlichen Ereignissen und Beobachtungen nicht mehr deckungsgleich sind: sie sind mir gerade dadurch, daß sie mit mir weiterlebten und weitergingen, so nahe geblieben. Nicht jedoch die Fotos, die das quasi objektive Bild unverfälscht erhalten haben: sie erstaunen mich bei jedem neuen Betrachten und befremden mich längst ein bißchen.

Ich sehe einen kleinen strohblonden Jungen, der interessiert an seiner Umgebung zu sein scheint, doch sich auch etwas geziert und – im Gegensatz zu später – recht selbstbewußt zeigt, zugleich aber skeptisch zu sein scheint. Ohne Zweifel ein empfindsames Kind.
Doch alles so lange her, ein halbes Jahrhundert schon.
So erscheint mir dieser kleine Junge auf den Bildern noch entfernter, den ich mir in einer Mischung aus Erstaunen und Rührung betrachte: Das soll ich gewesen sein? Wann? War's wirklich schon in diesem Leben, nicht vielleicht in einem früheren?
Und so fällt es mir gar nicht schwer, dieses Kind wie eine der Figuren zu sehen, die ich in meinen Romanen dargestellt habe. Und einige wenige seiner Züge zu skizzieren und mit Ereignissen zu belegen, wie ich's in einem Roman tue: unbefangen, nüchtern, leicht verstehbar.
Nicht unerwähnt ließe ich selbstverständlich jene schwere Lungenentzündung am Anfang; um ein Haar wäre er so früh gestorben, wie damals nicht wenige Kinder auf dem Land. Aber danach offensichtlich keine labile Gesundheit; er hatte die Krankheit ohne Folgen hinter sich gebracht und wuchs auf wie jeder normale Junge.
Ja?
Hatte er sie tatsächlich ganz weggesteckt? Und war er je ein

»normaler« Junge? Oder eher, zumal in kleinbäuerlicher Umgebung, eigentlich überhaupt nicht?
Ja und nein.
Jedenfalls: Er war immer leicht zu verletzen; nehmen wir's zunächst im äußerlichen Sinn. Zahllose Verletzungen, die er sich selbst zufügte – vielleicht ist es ein bißchen übertrieben, wenn man sagt: Er brauchte nur ein Messer in die Hand zu bekommen, und schon fuhr's ihm ins eigene Fleisch?
Dabei war er durchaus nicht ungeschickt; manches offensichtlich handwerkliche Talent seiner Vorfahren hatte er mitbekommen.
Aber seine Hände haben viele Narben aus den frühen und frühesten Jahren: die Daumen, die Zeigefinger.
Ein Detail: Am vierten oder fünften Geburtstag bekam er ein Taschenmesser geschenkt. Mit einem Stück Kuchen ging er hinaus auf den Hof, schnitt sich davon mit dem neuen Messer ab – und prompt drang die Scheide tief ins Fleisch des rechten Zeigefingers, schälte den Ballen über dem unteren Glied zur Hälfte vom Finger. Aber da Wunden bei ihm gut verheilen, ist auch davon nichts mehr als eine happige halbmondförmige Narbe geblieben.

In große Gefahr durch Wasser geriet er auch noch öfter. Nicht nur jenes eine Mal auf dem Krzywer See, wo er beinahe ertrunken wäre.
Als kleines Kind fiel er mehrmals vom »Brett« in den See, schluckte Wasser. Seine Mutter erzählte, er habe einmal auf dem Grund gelegen mit offenen Augen ...
Und dies noch ein halbes Jahrhundert danach deutlich in seinem Bewußtsein: wie er, schon besinnungslos, im Wasser neben dem »Brett« liegt, und es ist ihm, als blicke er in jenen kritischen Augenblicken aus einer gewissen Höhe auf sich selbst, der am Ertrinken ist.

Seine Mutter rettete ihn.

Er war überempfindlich. (Und es besteht kein Grund, darin eine besondere Bevorzugung zu sehen – er empfand es eher als Belastung: öfter unangenehm, nicht selten quälend.)
So aß er niemals etwas »bei fremden Leuten« – im ländlichen Masuren, wo es Gewohnheit war, Gästen gewaltig etwas aufzutischen, ja sie vollzustopfen bis zum Gehtnichtmehr!
Seinen Eltern mochte das manchmal peinlich sein. Ihm auch. Aber er brachte in fremden Häusern einfach keinen Bissen hinunter.
Eine kleine Episode.
Ein Vormittag im Frühjahr. Man hatte ihn mit aufs Feld genommen und dort wie üblich sich selbst überlassen – natürlich: man hatte zu arbeiten.
Er mußte pinkeln.
Na und. Kein kleiner Junge hätte damit irgendwelche Probleme gehabt; das ließ sich bei jedem Baum oder Strauch auch alleine erledigen.
Aber *er* genierte sich.
Er wollte also unbedingt nach Hause zu dem Häuschen mit dem Herz in der Tür. Er machte sich auf den Weg.
Doch der war für einen Jungen mit kleinen Beinen durchaus weit. Und es bedrängte ihn immer mehr.
Was sollte er tun –?
Hatte er nicht den Deckel einer Schuhcremeschachtel in der Hosentasche? Wenn er in diesen Deckel machte und das Ganze nach Hause trug, war alles wohl weniger schlimm.
Aber natürlich war dieser Deckel viel zu klein, das hatte er nicht bedacht – er ließ ihn erschreckt fallen, es war ein Fiasko ...

Weshalb schlug gerade er so aus der Art? Wo mochte das herkommen?
Als er erwachsen war, beschäftigte ihn diese Frage manchmal; doch lange fand er nicht die Spur einer Erklärung.
Ob man hier jenen Tobias Bandilla ins Spiel bringen kann? Der an der Universität Königsberg studiert hatte? Er muß zweifellos eine ungewöhnliche Begabung gewesen sein. Denn welch eine Rarität, daß jemand im hintersten Masuren, fünftes von neun Kindern, nicht auch als Feldarbeiter oder bestenfalls Handwerker auf den Lebensweg kam, wie es das Schicksal so gut wie aller nachrangig Geborenen gewesen war. Sondern über jene Welt weit hinausging, sie schließlich ganz verließ.

Eines Abends hatte der Vater des Jungen Besuch aus dem Dorf in der Stube. Sie redeten über dies und das, tranken wohl auch etwas, es war eine angeregte Runde. Der kleine Junge, fünf oder sechs, bekam dies mit: Man lobte seine »Begabung« in hohen Tönen, er sei ein »heller Kopf«, das sage jeder. Und einer meinte schließlich: Karl, der wird noch mal Bürgermeister!
Sie dachten im Rahmen ihrer Welt; und den Besten ließen sie also Bürgermeister werden.
Doch eins wäre er mit Sicherheit nicht geworden: Hoferbe und Landwirt wie sein Vater. Und auch nicht Handwerker wie er.
Und also auch nicht Bürgermeister des kleinen Dorfes.
Vielleicht wäre er Lehrer geworden irgendwo auf dem Dorf oder in der Stadt, wer weiß. Vielleicht ebenso in die Fremde gegangen wie Tobias Bandilla. Vielleicht in Mitteldeutschland gelandet wie jener andere Herbert Reinoß, von dem er später hörte. Vielleicht in Berlin wie der Onkel August oder in einer Stadt weit im Westen wie die Tante Marie.

Aber solche Spekulationen sind müßig. Sie zeigen nur Möglichkeiten und, vage, eine Richtung an.

Und damit genug von dem kleinen H. R.

Perkunos, zum letzten Mal

»Omnem naturam pro deo coluerunt.«
(Alles in der Natur verehrten sie wie Gott.)
Der Ordensgeistliche Peter von Dusberg über die Prußen

»Die Prußen wurden Christen, und die masurische Göttertrias verschwand im Dunkel der Geschichte.
Aber verschwand sie wirklich?
Blättert man im Geschichtsbuch dieses Landstrichs die letzten 700 Jahre zurück, wird man den Verdacht nicht los, daß die drei überlebt haben bis in unsere Tage.«
Hans Joachim Kürtz, Masurische Reise, 1982.

Wann starb Perkunos?
Wie leicht einem diese Frage fällt. Und er war doch ein Gott (so wie Zeus oder Wodan einer war oder Jehova einer ist).
Götter sind also auch sterblich. Und sie werden von Menschen umgebracht: vor allem, indem der Gottesdienst für sie plötzlich verboten, der Glaube an andere Götter, einen anderen Gott mit Gewalt befohlen wird. Ja: Mit Menschen-Gewalt, Schwerthieben und Blutvergießen. Und geraten irgendwann in Vergessenheit. Und sind tot.
Wie war das in Masuren mit dem Dreigestirn Perkunos (bärtigen Götterkönig, zornig flammenden Donnerer), Pikollos (hageren Greis mit eisgrauem Bart), Potrimpos (ewi-

gen Jüngling: Gott der Fruchtbarkeit, des Werdens und Wachsens)? Meine prußischen Vorfahren haben lange, lange an diese Verkörperungen einer angeblichen Weltenlenkung geglaubt. Bis die Weißmäntel mit dem schwarzen Kreuz kamen und als Christenmenschen mit Feuer und Schwert, mit Folter und Mord die Prußen besiegten und unterdrückten – die nicht wollten, wie sie auf einmal sollten.
Doch noch Jahrhunderte nach der gewaltsamen Verordnung des Christentums haben meine prußischen Vorfahren ihrer alten Götter gedacht; denn treulos waren sie nicht. Obwohl das prußische Brauchtum erbarmungslos verfolgt worden war. Noch für das 16. Jahrhundert bezeugt der Bettelmönch Simon Grunau das Bocksopfer für die Prußengötter und den Schwur »bei Perkunos«.
Trotz allem sprach viel für die alte Götterwelt, der man so beharrlich anhing. Sie war etwas Heimisches: dem Charakter der Region entsprossen und daher dem Leben angemessen. Neben der führenden Trias gab es noch zahlreiche weitere Götter und eine vielgestaltige Geisterwelt (die Töppen noch im letzten Jahrhundert vorfand). Die ganze Natur war davon erfüllt, das ganze Leben der Menschen wurde von ihnen bestimmt. Sie beherrschten die Gestirne, schenkten das Licht und die Nahrung; sie ließen den Menschen Warnungen zukommen und halfen ihnen.
Da gab es unter anderen noch den Gott Kurche: Er war der Nahrungsspender. Oder den Wald- und Baumgott Puskaitis, dem ein ganzes Heer Waldmännlein unterstand und dem der Holunder heilig war – noch heute gibt es Masuren, die sich ihren Garten nicht ohne Holunderstrauch vorstellen können (ich gehöre zu ihnen ...). Und die Toten waren ja nicht tot, sondern nur verwandelt. Der Pole des 13. Jahrhunderts, Vincenz Kadlubek, bezeugt den Glauben der Prußen an die Reinkarnation: sie seien sicher, »daß die vom Körper

getrennten Seelen von neuem eingeflößt würden in künftig geborene Körper«. (Und das entspricht ja nicht nur den Lehren der großen Religionen des Ostens, sondern so dachten auch noch Lessing und Goethe.)
Es war also ein menschenwarmer Kosmos, dem die Prußen sich zugehörig fühlten. Er entsprach ihrer Welt der Hügel, Seen und Wälder, kam nicht von einer andern Mentalität her. Und so haben sie niemals ganz aufgehört, daran zu glauben – wie Kürtz also meint: bis in unsre Tage. Und er hat wohl recht, es spricht einiges dafür.
Oder sollte gerade ich nicht soweit gehen? Der ich doch zu wissen meine, wann Perkunos starb (und mit ihm die andern Götter)? Auch das ereignete sich in meiner masurischen Kindheit; ich behaupte: Ich habe es erlebt.
Wir schrieben Frühsommer 1939.
In unserem Gemüsegarten stand ein prächtiger alter Birnbaum. Mitten im Frühjahr hatte er wunderschön geblüht, war überladen gewesen mit weißen Blüten.
Und dann die ersten heißen Tage, und bald auch die schwülen. Und plötzlich ein Gewitter von einer ganz ungewöhnlichen Heftigkeit! Man konnte Angst bekommen.
Es blitzte blendend, es krachte entsetzlich – als wolle der Himmel klarmachen, was für eine Macht er habe – und daß sich die Menschen ja in acht nehmen sollten! Donnerte da immer noch Perkunos – aber vielleicht zum letzten Mal?
Und urplötzlich jagte er einen solch fürchterlichen Blitz in unsern Birnbaum, daß dieser einen Teil der Krone geradezu amputierte.
Oh, die Masuren und die bösen Vorzeichen! War dies doch eins von unübersehbarer Deutlichkeit!
Nie, soweit man zurückdenken konnte, hatte auf unserm Hof der Blitz eingeschlagen, und nun solch eine Verkrüppelung!

Ja: Perkunos. Noch dieses eine Mal. Denn schon war sein Volk: das doch die Voraussetzung war für sein Dasein, in der höchsten Gefahr des Untergangs. Und so mußte er denn wohl auch sterben. Die alte masurische Welt, zu der er so lange und bis zuletzt immer noch ein bißchen gehört hatte, sollte zwischen Hammer und Amboß kommen, aufs Totenbett.

Aber noch einmal war er in mächtiger Anstrengung durchs Land gebraust im Gewittersturm! Und vielleicht hatte es auch immer noch Masuren gegeben, die auf die Knie gefallen waren und im geheimen gefleht hatten im Sinne des alten Prußen-Gebets: »Djewas Perkunos, abgehle nus!« (Gott Perkunos, erbarme dich unser!)

Was gäbe ich darum, erführe ich, was meine Großmutter Marie Ciernio, die aus der Mitte des vorigen Jahrhunderts, in diesen Augenblicken des schlimmsten Unwetters und des bösen Zeichens empfunden und gedacht hat! Welche bodenlosen Ängstlichkeiten und (trotz aller späten Christenfrömmigkeit) herkömmlichen Masurenvorstellungen ihr da durch den Kopf gingen!

Und es war in jenen Tagen, daß Vater uns eines Abends erzählte: Der Lenz sagt, es gibt Krieg.

II

In Richtung Untergang

Anfänge des Krieges

Ja, es gab Krieg.
Doch er brach nicht wie ein brüllendes Ungeheuer in unsre stille Idylle hinter den Sieben Bergen. Nein. Eher wie ein leises, zunächst kaum wahrnehmbares Raubtier, das trotzdem allgegenwärtig zu sein schien und sein Ziel schließlich nur umso unerbittlicher erreichte.
Es wurde nach den Vorstellungen in den Gehirnen deutscher Politiker losgelassen, die von vielen nun erst recht als krank und verbrecherisch bezeichnet wurden. Die Reaktionen der Gegner, gerade im Osten, waren Wut, Haß und Rache.
Schon die Vorbereitungen zum Krieg haben unsre masurische Welt mit einem Schlag verändert.

Und Vater, für dessen Schicksal bezeichnend war, daß er stets in besonders übler Weise hergenommen wurde: er wurde sofort eingezogen. Seine Truppe stand anfangs noch nicht weit weg nahe der polnischen Grenze. Mutter hat ihn dort noch einmal mit dem Fahrrad besucht.
Plötzlich gab es kaum noch Männer im Dorf. Bis auf den Lehrer, den Bürgermeister und einige Ältere, wie den Milchfahrer; (bald wurde einer von ihnen der Wachmann für die Gefangenen).
Dann fing der Krieg an.
Unser Radio hatte nun eine zentrale Bedeutung: war fast immer eingeschaltet, wenn Mutter zu Hause war. Les Preludes und die Sondermeldungen. Aufs Ganze gesehen schien es ja für die deutsche Seite sehr gut zu laufen. Polen lag schon nach einer Reihe von Tagen am Boden, war erobert.
Ganz im Gegensatz dazu blieben die Menschen während

der Kämpfe in gedrückter Stimmung; auch ein Kind spürte diese alles betreffende Veränderung im Dorf. Hatte doch fast jeder ein Familienmitglied »im Feld«. Der eine stand da, der andere dort, ich hörte fast nur noch darüber sprechen, immer war von Verwundeten, von Gefallenen die Rede. Mutter hat damals viel geweint; ich habe das bis heute vor Augen. Ich war etwa fünf Jahre alt, aber begriff dies: Krieg war etwas Böses und Gefährliches, er hatte uns Vater fortgenommen, und es konnte wohl noch viel schlimmer kommen.

Im übrigen war der Krieg für uns Masuren, da es gegen Polen ging, eine ganz andere Sache als für einen Holsteiner oder Schwaben. Zwischen uns und den Polen lagen nur wenige Dörfer, eine Entfernung für eine Nachmittagstour mit dem Fahrrad.

Die Polen waren unsre Nachbarn und oftmals, wenn auch entfernt, Verwandte: viele Masuren hatten, wie gesagt, auch masowisches Blut in den Adern. Es waren bis zuletzt immer wieder Polen zur Erntezeit herübergekommen, um sich etwas zu verdienen, in Masurisch und natürlich in Polnisch konnte man sich mit ihnen verständigen.

Wie bekannt: Der überzogene Nationalismus des 19. Jahrhunderts, dem die Polen nach den Teilungen ihres Staates nicht gerade am zurückhaltendsten anhingen, war dieser Grenzregion alles andere als gut bekommen. Er hatte in jenem unsererseits ungewünschten Griff Polens nach Masuren bei Ende des Ersten Weltkriegs gegipfelt, dem bei der Abstimmung auch in unserem Dorf niemand eine Stimme gab; und das Drumherum hatte weitere Gegnerschaft aufgebaut. Doch wie immer in solchen Fällen war das zunächst fast ausschließlich eine Sache irgendwelcher Tonangeber gewesen; für die einzelnen Menschen aber und ihr Nebeneinander hatte das offenbar wenig geändert. Der mörderische Haß aufeinander, der sich während und bei Ende des Krieges so schauerlich austobte: er hat sich nicht in der jahrhundertelangen Nachbarschaft entwickelt, sondern durch die Abnormitäten des fernab in Österreich geborenen Adolf Hitler, und manche Masuren gerieten mit in den verhängnisvollen Sog. Und am Ende hatten es alle, Schuldige und Unschuldige, auszubaden ...

Ich vergegenwärtige mir die Situation meiner Mutter in jenem September 39.
Sie wurde erst sechsundzwanzig in jenen Tagen, hatte zwei Kinder, die noch nicht einmal zur Schule gingen, und erwartete das dritte; und plötzlich stand sie mit dem Hof und allem alleine da. Die Kartoffeln und die Rüben waren in jenem Jahr noch einzuholen, und Getreide neu einzusäen.
Von der achtzigjährigen Schwiegermutter war keinerlei Hilfe zu erwarten. Und als auch Onkel Adolf eingezogen wurde (er hatte wie üblich Dusel gehabt und ist, wie erzählt, zu allen Kämpfen glücklicherweise immer zu spät gekommen), scheint sich Mutter ein Herz gefaßt und hingesetzt und nach Lyck geschrieben zu haben. Es war der einzig richtige Schritt: sie hatte die Misere nicht verursacht, weshalb sollte sie allein mit ihr fertigwerden.
Der Bürgermeister scheint einen Rüffel bekommen zu haben. Jedenfalls erinnere ich mich an einen Streit an einem Morgen in unserm Wohnzimmer. Der Bürgermeister war laut geworden und warf Mutter vor, sie meine wohl, bloß weil sie Kriegerfrau sei, könne sie die Hände in den Schoß legen und nach Hilfe rufen, aber es müßten nun alle Opfer bringen, etc ... Doch er selbst war offenbar in dieser Sache in keiner angenehmen Situation.

Aber dann schickte man uns die kriegsgefangenen Polen ins Dorf; sie mußten auf den Höfen arbeiten und die eingezogenen Männer ersetzen.
Zu uns kam ein guter, ruhiger Mann, Jan Palmowski. Ich habe ihn bis heute nicht vergessen, denn ich habe so viele angenehme Erinnerungen an ihn, und nicht eine unerfreuliche. (Leider konnte uns nach der Flucht niemand erzählen, was mit ihm geschehen ist, nachdem wir im Januar 45 Pferd und Wagen vor Heilsberg verließen, um uns vor den heranziehenden Russen zu retten, und er die Flucht fortsetzen wollte. Und aus welchem Ort in Polen er kam, habe ich auch nicht herausbekommen können.) Er war wohl etwa so alt wie Vater, also damals ungefähr vierzig; so müßte er, lebte er heute noch, etwa neunzig sein, ein Methusalem.
Er schlief in der Kammer, die es in der Scheune gab, aß aber mit uns im Wohnzimmer. Mutter redete er mit pani (Herrin) an.
Als Kind von etwa fünf Jahren habe ich natürlich nicht darüber nachgedacht, was das hieß: fern von der eigenen Familie für die erklärten Feinde arbeiten zu müssen. Auch das war bloß etwas Neues für mich in jener plötzlich so aufgewühlten Zeit.
Manchmal habe ich damals die polnischen Kriegsgefangenen am Abend zusammen gesehen, bei uns hinter der Scheune am See unten. Sie palaverten, einige rauchten, und der Wachmann mit dem Gewehr über der Schulter war bei ihnen und gab sich nicht als Aufpasser.
Heute denke ich, daß dieser alte Mann mit seiner Knarre ohnehin eine Farce war. Das Dutzend Polen hätte ihn leicht entwaffnen können, und bis jemand beim Telefon bei Malinka war und Hilfe eintraf, wären sie über alle Berge gewesen. Aber sie hatten ja auch sonst jede Gelegenheit zum Ausreißen, zum Beispiel bei der Arbeit vom Feld aus, und

Polen ließ sich in einer Nacht erreichen. So ist es erstaunlich, daß sich, wenn ich es zutreffend erinnere, in all den Jahren nicht ein einziger davongemacht hat. (Vielleicht hat da die Furcht, daß man dann die Angehörigen verantwortlich machen würde, eine nicht geringe Rolle gespielt?)
Der Janek ist meines Wissens sogar einmal für ein paar Tage zu Hause in Polen gewesen. Und wiedergekommen.

Was bekamen wir in Rydzewen, äußerlich gesehen, sonst noch vom Krieg mit? Sehr wenig.
Irgendwann kamen ein paar Militärautos aus Richtung Piasken ins Dorf, was schon erstaunlich genug war. Wir lagen ja nicht gerade an einer Durchgangsstraße. Ein paar Soldaten machten einige Stunden Rast im Ort, aßen zu Abend. Und schon waren sie wieder weg. Danach jahrelang, bis zu unsrer Flucht, nicht noch einmal solch ein Besuch.
Die Lebensmittelrationierung scheint kaum jemandem bei uns Probleme gemacht zu haben. Feld und Garten und die Haustiere gaben wie immer genug her.
Ich erinnere mich auch an einige Evakuierte aus westlichen Großstädten; aber das war später. Mit ihnen kamen auch einige Großstadtlehrer ins ländliche Ostpreußen.

Und dann die in Urlaub heimkehrenden Soldaten! Männer, die man in irgendwelcher unauffälligen Alltagskleidung kannte: nun steckten sie in ihren Uniformen! Sie kamen von wer weiß woher und erzählten abenteuerliche Geschichten. Der eine hatte während der langen Bahnfahrt den Kameraden beim Kartenspiel eine geradezu abenteuerliche Summe abgeknöpft, das ganze Dorf sprach darüber, Adolf brachte aus Frankreich den erwähnten Champagner mit, und Vater hatte von polnischen Bauern fette Gänse. Menschen, von denen mancher niemals die engere Heimat verlassen hatte,

waren nun in Paris und Italien, in Griechenland und Finnland und irgendwann vor Moskau – was Wunder, daß dieses andere Leben die einfachen Männer beeindruckte. Doch gab es auch bewegende Aussagen: Ich komme nicht wieder, sagte ein junger Mann. Was sollte das bedeuten? Tatsächlich ist er kurz darauf gefallen.
Irgendwann waren dann die Truppen Hitlers in Rußland eingefallen, und eines Tages lag Vater dort todkrank, und Stalingrad fiel, und bald ging es rückwärts, und nicht weit von uns, bei Rastenburg, wurde auf Hitler ein Attentat versucht, aber da schrieben wir schon Sommer 44.
Und dann hatte die Front Ostpreußen erreicht; und die Grausamkeiten der Russen bei Nemmersdorf ließen uns das Blut in den Adern gefrieren. Nun wußten wir also, was auf uns zukam, wenn wir solchen Soldaten in die Hände fielen.

Noch einmal: zurück zum Kriegs-Anfang.
Auch wenn ich mich jetzt bemühe, herauszuhalten, was ich erst später über den Charakter jener Tage und Wochen erfuhr, und nur erzählen will, was ich selbst beobachtete und empfand: Eine dumpf lastende Drohung über allem war trotz allen äußeren Friedens auch für ein Kind nicht mißzuverstehen. Bei Mutter entlud sich das in dem vielen Weinen. Der selbstverständliche alte, so oft fröhliche Ton im Dorf – er war mit einem Schlag wie weggenommen.
Zu Ende die alte unbefangene Welt.

Mutter

An einem nebligkalten Vormittag Mitte Februar 1993 haben wir in Biberach an der Riß in Oberschwaben meine Mutter begraben.

Es war ein sehr plötzlicher Tod. Obwohl sie nur wenige Monate von ihrem achtzigsten Geburtstag trennten, schien sie uns noch nicht am Rand des Grabes zu stehen. Sie hat bis zuletzt in ihrer kleinen Wohnung gelebt, sich selbst versorgt und den Vorschlag Altersheim weit von sich gewiesen (»Ich geh' doch nicht ins Gefängnis!«). Doch dann in ihrer Wohnung ein Sturz von einer kleinen Trittleiter, drei Rippenbrüche, sie mußte ins Krankenhaus. War dort aber ansprechbar wie immer, nichts ließ etwas Dramatisches ahnen. Eine Embolie raffte sie plötzlich hinweg, als sie eines Morgens frühstückte.

Ich hatte die Skizze ihres Lebens schon geschrieben, aber sie ihr noch nicht zu lesen gegeben; und nun wird sie sie niemals mehr lesen.

Ich lasse sie hier in allen Schilderungen und Bewertungen unverändert folgen: Was für die Lebende galt, kann für die Tote durchaus stehenbleiben.

Bloß Anfang und Ende meiner Erzählung können nicht daran vorübergehen, daß es nun auch meine Mutter nicht mehr gibt.

★

Ein knappes Jahrzehnt meiner Kindheit, vom Ausbruch des Krieges bis zu Vaters Rückkehr aus russischer Gefangenschaft (da lebten wir schon seit drei Jahren fern der masurischen Heimat im Niedersächsischen) wurde weitgehend von meiner Mutter bestimmt. Ich war im Herbst 39 noch nicht mal fünf Jahre alt, bei Vaters Rückkehr dreizehn – es war also eine Spanne wichtiger Jahre. Mutter war bei Kriegsbeginn gerade sechsundzwanzig und bei Wiederaufnahme ihrer Ehe fünfunddreißig – niemanden hat diese unsinnig brutale, zerstörende Zeit unversehrt gelassen.

Nach Vaters Einberufung mußte sie also den Hof in Griff bekommen, später trug sie die Verantwortung für die inzwischen fünf Kinder auf der Flucht, fünf höchst gefährliche Monate lang, um anschließend Jahre hindurch in sehr dürftigen Verhältnissen unter wenig freundlichen »Einheimischen« die Familie durchzubekommen.
Daß meine Eltern beim Verlust der Heimat deutlich jünger waren, als ich es heute bin, ist mir erst allmählich bewußt geworden.
Ein Kind neigt ja dazu, Vater und Mutter erheblich älter zu sehen, als sie es tatsächlich sind. In Wirklichkeit waren meine Eltern sogar 1945 noch verhältnismäßig junge Menschen: Vater etwas über vierzig, Mutter erst wenig über dreißig. (Und selbst meine Großmutter mütterlicherseits, geboren um 1885, war gegen Kriegsende noch nicht viel älter als ich es heute bin – was mir, der ich durchgehend eine alte Frau erinnere, ohne Frage: eine Oma, fast nicht glaubhaft erscheint; aber die Zahlen liegen ja vor und sind unbestreitbar.)
Sich darauf zu besinnen, ist nicht Zahlenspielerei, sondern der Versuch, Menschenleben auch in ihrer zeitlichen Dimension zu begreifen. Nicht nur, daß ich nach über fünf Jahrzehnten eigenen Beobachtens dazu neige, stärker historisch zu sehen und zu werten und auch den Vorfahren immer gerechter zu werden. Mir ist inzwischen bewußt geworden, daß (mit einem Wort Gottfried Benns gesagt), das

Leben vorübergeht wie ein Nachmittag, und Vater hat nicht einmal mein heutiges Alter erreicht, und alles, alles ist so unglaublich eingeschränkt durch Ort, Zeit und die wahnwitzigen Zufälle.

Ich bin mit meiner Mutter nicht immer in allem einig gewesen; doch ich denke, das ist nur natürlich und macht gar nichts. Jedenfalls verdanke ich ihr genausoviel wie meinem Vater. Ich weiß, daß ich von ihr in der Kindheit viel länger geprägt worden bin als von ihm; so mag ich ihr in einigen Zügen vielleicht sogar ähnlicher sein als ihm in anderen, wer weiß; zumal die goethische Konstellation: vom Vater »des Lebens ernstes Führen«, von der Mutter »die Lust zu fabulieren«, sich für mich in etwa zu wiederholen scheint.

Mutter wurde 1913 in Satticken im ehemaligen Kreis Oletzko (später Treuburg) geboren, etwa zehn Kilometer von unserm Rydzewen entfernt. Sie war das jüngste von vier Kindern des Johann Nowotsch (1883–1917) und der Auguste, geborene Bieber, und wuchs auf dem schönen Abbauhof auf. Es war ein ansehnlicher und erst recht sehr gut gelegener Hof am Rand der Straße nach Gonsken, einen Wald im Rücken.
Aber »heile Welt« dort? Nein.
Ihren Vater kannte Mutter mehr von Bildern als aus der eigenen Erinnerung. Sie war gerade eins, als der Erste Weltkrieg anfing und er in diesem Krieg in Frankreich fiel. Doch sie hatte ihm ein gutes Andenken bewahrt. Dazu eine kleine Einzelheit: Wenn wir irgendwann in den fünfziger, sechziger Jahren zum Hermannsdenkmal bei Detmold fuhren, so vor allem deshalb, weil Großvater auf dem Weg an die Front mit seiner Truppe dorthin transportiert worden

war und sich in ein Besucherbuch eingetragen hatte. Über ein halbes Jahrhundert war das her – aber dort war er also gewesen, und so wollte Mutter die Stätte sehen und vielleicht dieses Buch ...

Sicher wäre in der Familie Nowotsch manches anders und wohl auch für meine Mutter glücklicher gelaufen, wenn ihr Vater den Krieg überlebt hätte. Nicht Oma Guste hätte dann allein im Haus dominiert, und es wäre vielleicht auch nicht zu manchem über das Übliche hinausgehende Uneinssein zwischen den Geschwistern gekommen, das das Bild dieser Familie mit gefärbt hat.

Weshalb ich auch das erwähne, obwohl es doch kein erfreuliches Detail ist? Sollte man so was nicht lieber verschweigen? Ich meine: Das ist leider nicht möglich. Und zwar nicht so sehr deshalb nicht, weil ich mir unter Eingeweihten den Vorwurf eines geschönten Bildes einhandeln würde (das hielte ich leicht aus), sondern weil es eine so erhebliche Rolle in Mutters Dasein gespielt hat, daß ich nicht hoffen könnte, eine Skizze ihres Lebenslaufs ohne Einbeziehung dieser Komponente aufzuzeigen. Sie hat sich zeitlebens als die eigentliche Leidtragende wohl der meisten familiären Disharmonien gesehen – und ob zu Recht oder nicht, muß dabei nicht gefragt werden: denn unser Empfinden und Reagieren folgt allein der subjektiven Sicht.

Sie hätte zum Beispiel vielleicht nicht so früh geheiratet, als Jüngste früher als die Geschwister, wenn sie sich daheim bei der Mutter wohler gefühlt hätte.

Wie oft habe ich sie dazu Einzelheiten ausbreiten hören! Wie oft ist das auch zwischen uns Kindern Gesprächsstoff gewesen! Denn das Fatale daran war ja, daß es niemanden in der Familie unbeteiligt ließ, schon gar nicht Mutters Kinder. Keinem von uns war im Grunde je gestattet, sich nicht einbeziehen zu lassen; und wie für einen Konfessions-

streit sind Glaubensbekenntnisse zumindest erwartet worden. Irgendwer stellte immer (wenn auch niemals präzise formuliert) die Forderung, blindlings Mutters Version zu folgen, wollte man nicht als unsichrer Kantonist, wenn nicht gar als halber Deserteur gelten.
Waren es nur Divergenzen zwischen zwei sehr ungleichen Schwestern? Natürlich nicht! Vielleicht war nur der jüngere Bruder Walter, der Gutaussehende, Gute, so Unglückliche (gleich einem Götterliebling kam er viel zu früh zu Tod: er fiel am ersten Weihnachtstag 44 in Italien), an den meisten Auseinandersetzungen unbeteiligt, doch daß er davon ganz unberührt sein konnte, ist nicht wahrscheinlich: Es war, als habe eine böse Fee irgendwann einen Fluch über diese Menschen gesprochen und damit für ein latent schwelendes, immer wieder aufflammendes Unheil über Generationen hinweg gesorgt.
Nehmen wir als Beispiel den redlichen Bruder Bruno. Ich traf ihn vor einigen Jahren bei einer Treuburg-Zusammenkunft als schon recht alten Mann, und als ihn dort jemand auf meine Mutter, seine Schwester, ansprach, die doch auch da sei, da antwortete er mit einer für ihn ungewöhnlichen Bestimmtheit: Ich habe keine Schwestern!
Und bis in meine Generation hinein setzt sich das fort: Zwar sind alle sieben Kinder zu Mutters Beerdigung gekommen, es erschien mir wie ein Wunder, aber der eine entzog sich einem Wiedersehens-Gespräch nach wohl über zwanzig Jahren, und mit einer der Schwestern war es insoweit blokkiert, als es den Zorn einiger anderer Geschwister heraufbeschwor.

Irgendwann, leider spät: jenseits der vierzig, bezog ich für mich folgende Position: Ich melde mich ab von euren Zerwürfnissen und diesem Nachtragendsein »bis in die Steinzeit« – ich bin nicht mehr bereit, dem auch nur noch zuzuhören. Ich hätte mich schon früher so erklären sollen; habe ich doch die Schwester Mutters und ihre Bürder immer sehr gemocht. Denn danach blieb mir vieles erspart.

Weshalb vor allem das Bild meiner Mutter ohne Skizzierung dieses familiären Hintergrunds nicht möglich ist: Ihr Alleingelassensein, Aufsichgestelltsein von frühauf, würde sonst wie gesagt nicht in seinem ganzen Umfang anschaulich und verständlich werden. Es ist geradezu eine tragende Komponente und ein dominierender Zug in ihrem Leben: in der Jugend zu Hause auch mit der Mutter uneinig; nach nur sechs Jahren einer jungen Ehe der Mann in Krieg und Gefangenschaft für fast ein Jahrzehnt und die Beziehung zum Elternhaus weiterhin nicht unbelastet und für sie nicht sehr hilfreich; nach seiner Rückkehr lebte Vater nur noch neun Jahre, und wieder war sie mit allem allein, diesmal endgültig.

Das gab ihrem Leben neben allem andern doch so etwas wie einen tragischen Zug. Ihr Charakter mit seinen Ecken und Kanten, seinem Eigen-Sinn (»sie macht ja doch, was sie will!«) mußte sich in den Wirren der Zeit und des persönlichen Schicksals wie in einem alles mitreißenden Sturzbach offenbaren. Und gerade sie schien mir ihrer Art nach dafür nur unzureichend gerüstet gewesen zu sein. Ihre Sachen waren doch weniger Lebensplan und Konsequenz, als vielmehr Spontaneität, Vitalität und den momentanen Neigungen folgen. Es kam zu Überforderungen, unumwunden gesagt, zu manchem Kopfschütteln von Außenstehenden. Aber Schlaumeier sollten den Schnabel halten: Sie hat alles gut durchgestanden und die Ihren über die Runden gebracht und ist schließlich angekommen im ruhigen Fahrwasser eines weitgehend unbeschwerten Alters.

Und mochte es manchem Menschen schwerfallen, zu ihr ein wirklich herzliches Verhältnis zu finden, da sie wenig entgegenkommend war; und mochten manche ihrer Bemerkungen direkt und die Urteile über andere im Lauf der Zeit eher noch rigoroser geworden sein: In ihren späten Jahren hatte sie auch an Selbstbewußtsein entschieden hinzugewonnen und war schließlich kaum noch von jemandem zu beeindrucken.

Zum Beispiel auch nicht von jenem Arzt, der im Krankenhaus allerhand läppische Tests mit ihr durchführte. Der Zirkus wurde ihr bald zu bunt – und Respekt vor einem Weißkittel? Sicher nicht.
Da hätte sie nicht diejenige sein dürfen, die sie geworden war.
Er hatte ihr, in einer Ecke des Raumes stehend, gesagt, sie solle die Augen schließen. War dann rasch in eine andere Ecke geschlichen.
Wo bin ich jetzt, hatte er von dort aus gefragt.
Woher soll denn ich das wissen, hat sie ihm geantwortet – ich hab doch, wie Sie wollten, die Augen zu!

Was war wohl am charakteristischsten für sie, ist es immer gewesen?
Ich sah häufig an ihr einen Zug, der über das alltäglich Übliche der masurischen Welt hinausging. Ich möchte es einen im besten Sinn naiven, weil ursprünglichen Drang nennen, »nicht von Brot allein« leben zu wollen.
Das Offensichtlichste: Sie liebte Blumen und hatte immer Glück mit ihnen. (So gediehen ihre Zimmerpflanzen besonders gut. Sie redete mit ihnen und war überzeugt davon, daß das deren Wachstum fördert.)
Ihre Welt in Masuren war in der dort üblichen Weise be-

grenzt. Ihre Schulbildung war, wie damals auf dem Dorf gängig, nicht gerade intensiv; doch sie las später gern und vieles Achtbare.

Und wir hatten früh ein Radio und im Gegensatz zu den meisten, einen großen und guten Apparat, und sie hörte sich vieles Interessante an.

Bis zur Flucht 1944/45 ist sie jedoch kaum über die engste Umgebung ihrer Heimat hinausgekommen (»man hatte ja kein Fahrrad«).

Im Haus Reinoß gab's tatsächlich nur ein Fahrrad. Und damit Mutter etwas beweglicher wurde und auch mal nach Satticken kommen konnte, schenkte ihr der Onkel Gustav eins.

Aber auch dieses Fahrrad wurde sofort zum Allgemeinbesitz. Der Adolf, Hallodri, schnappte es sich eines Tages und fuhr zur Oma Nowotsch nach Satticken.

Was er gerade dort wollte? Na, vielleicht überhaupt nichts. Das ist sogar das Wahrscheinlichste. Jedenfalls hat er dort Sitzfleisch. Die Oma will mehrmals gefragt haben, ob er denn nicht nach Hause wolle, es sei spät und werde schon dunkel.

Irgendwann fährt er tatsächlich zurück. Hat er getrunken? Er verträgt ja nicht viel. Wie war diese Rückreise?

Als Mutter am nächsten Tag ihr schönes Rad sucht, findet sie es zunächst nicht. Doch dann steht es hinterm Stall unten am See. Weshalb dort?

Weil es übel zugerichtet war! Ist der Adolf gestürzt, hat er sich überschlagen, ist geradezu in einen Kampf geraten? Das Schutznetz war total zerrissen, und in einem platten Reifen zeigte sich ein Loch, das nicht weniger als faustgroß war.

Mutter ist ärgerlich, wütend – sie könnte heulen. Sie nimmt sich den Adolf vor.

Aber der konnte mal wieder nicht ernst sein. Und Vater gegenüber witzelte er wohl sogar. Mutter, auch in der Erinnerung noch zornig: Und die beiden Männer rissen nur die Schnauzen auf und lachten schallend!

Jener über das übliche Masurische hinausgehende Zug.
Bei Erwähnung von etwas Ungewöhnlichem wurde Mutter sofort hellhörig. Es mochten manchmal ungewöhnliche Sachen sein – so besorgte sie sich zum Beispiel während des Kriegs von irgendwoher ein Rezept zum Bierbrauen, setzte einen Eimer voll des Getränks an. Oder sie kaufte in Lyck Bastelbögen (Häuser, Schiffe und so weiter), und zusammen schnitten wir aus und klebten zusammen. Man mochte manchmal von rausgeschmissenem Geld sprechen (und ich weiß, daß das geschah) – doch sie wollte es nun mal etwas anders und nicht bloß so langweilig alltäglich haben wie andere. Und so war es richtig und gut.
Und das vor allem ist es, was ich im Gegensatz zu vielem anderen bis heute nicht vergessen habe.
War der Grund für all das neben einer gewissen Veranlagung eine Unzufriedenheit mit ihrem Dasein, wie es geworden war, möglicherweise auch mit der Ehe?
Das erste kann man wohl nicht rundheraus verneinen – sie kam von einem schönen Abbauhof, und dort war es neben allen Querelen quasi feiner zugegangen, als in dem rustikalen Masurenhaus in Rydzewen, mit einer alten, nicht einfachen Schwiegermutter und einem unberechenbaren Schwager. Nicht leicht das, nicht leicht.
Und sie war die »schöne Helene« gewesen! Auch das Hochzeitsbild belegt es; und einen alten Herrn, der sie damals vielleicht geliebt hatte, habe ich vor wenigen Jahren versonnen sagen hören: Schöne Helene –.

Auf die Ehe gesehen, ich will nicht kneifen: Da habe ich sie aber in meiner Kindheit sich nur positiv äußern gehört, ja sogar, wie es mir schien, betont zufrieden. Ich hab noch im Ohr, daß sie Vater als »so gut«, ja »zu gut« bezeichnete. Das herauszustreichen ist um so angebrachter, weil sie nach seinem Tod in den fünfziger Jahren von diesem so erfreulichen Bild Vaters wegdriftete, sich immer mehr ein anderes, weniger freundliches zurechtgelegt hatte. Ja: nachträgliche Behauptung und einstige Wirklichkeit hatten sich schließlich extrem voneinander entfernt, waren quasi Antipoden geworden, paßten zusammen wie Feuer und Wasser. Aus der Zeit meiner Kindheit leitete sich das aber nicht ab, sondern es gehörte zu einer späteren Entwicklungsphase.

Gab es eine Erklärung dafür? Vielleicht diese aus der Familie: daß sie es unbewußt dem armen Mann Karl Reinoß übelnahm, daß er sie so früh verlassen hatte, mit ihren sieben Kindern und allen Problemen, und sie war doch erst wenig über vierzig. Wieder stand sie mit einem (wenn auch noch kleineren) Hof alleine da; später arbeitete sie dann viele Jahre in einem Chemie-Werk in der Stadt.

Aber meinem Vater selbst ist ja von allen am übelsten mitgespielt worden, und er verdiente unbedingt die beste Erinnerung.

Für mich aber, bedenke ich alles miteinander, haben von Mutters Seite her zwei Faktoren ihrer Persönlichkeit die größte Rolle gespielt.

Zunächst ihr Sinn fürs sogenannte Unwirkliche, Irrationale, sicher auch Jenseitige: das für Oma Auguste und für sie immer genauso wirklich war, wie das uns umgebende Sichtbare. In beiden Frauen zeigte sich wiederholt eine echte Fähigkeit, Zukunftsdinge zu erahnen (oder ein einst vielleicht allen Menschen eigener Blick nicht nur für das Vergangene, sondern auch für das Kommende, der sich für die meisten völlig verloren hat, aber in manchem Masuren noch am ausgeprägtesten weiterlebte?).

Auch den plötzlichen Tod unserer großen Tochter hat Mutter vorausgesehen. Wie so manches andere Unheil. »Was das bloß wieder bedeutet!« konnte sie nach einem seltsamen Traum sagen, der sie irritierte – und dann war nach aller Erfahrung nichts Gutes zu erwarten.

Und dies schrieb mir ihr bester Jugendfreund aus Satticker Zeiten, und es erscheint mir wie ein Schlußpunkt: »An ihrem Todestag fühlte ich mich, trotz meiner relativ robusten Gesundheit, unerklärlicherweise krank und zerschlagen. Ob Leni sich von mir verabschiedet hat? Wir haben uns ein Leben lang gekannt...«

Ich habe diese Fähigkeit des Vorhersehens nicht mitbekommen; aber sehr lange neben einem Menschen mit dieser Begabung gelebt – und davon gelernt.

Zweitens Mutters Drang zum nicht bloß Alltäglichen, wenn man will: zum Höheren. Darin bin ich ihr vorbehaltlos gefolgt; ja wir haben uns in meiner Kindheit und Jugend nicht selten gegenseitig angeregt und bestärkt.

Aber natürlich war zunächst lange Zeit sie es, die mich dafür empfänglich und empfindsam gemacht hat. So daß es sich mir einprägte.

Das, vor allem, verdanke ich meiner Mutter.

★

Viele von uns sterben Fast-Tode, lange vor ihrem eigentlichen Tod; wohl nur in einförmig grauen, durch und durch alltäglichen Lebensläufen gibt es auch so etwas nicht.

Meine Mutter betreffend erinnere ich mich daran, daß sie erzählt hat, als junges Mädchen (fünfzehn, sechzehn Jahre alt?) im Treuburger See fast ertrunken zu sein. Sie badete dort mit einer Freundin, geriet ins Tiefe – und da sie zeitlebens nicht schwimmen konnte, gelang es ihr nicht, sich aus eigener Kraft zu retten.

Sie erzählte, ein eigenartiges Glücksgefühl habe sie plötzlich ausgefüllt – Sterben sei ihr überhaupt nicht schrecklich erschienen, im Gegenteil.

Doch jemand hatte die beiden Mädchen beobachtet und holte Helene Nowotsch ins Leben zurück.

Wiederholte sich die Glücksstimmung, als Mutter tatsächlich starb? Sie ein so dummer, fast abgeschmackter Tod aus einem körperlich wie geistig noch rüstigen Dasein riß?

Oder lief ihr in den letzten Augenblicken, wie von manchen Menschen behauptet wird, das ganze Leben noch einmal als ein rascher Film ab? Und wie stellte sich ihr da dieses Leben dar? Wie nun, im Fazit, die Kindheit und die Jugend auf dem Abbauhof? Das Jahrzehnt Ehe im Rydzewer Masurenhaus, davon die letzten fünf Jahre: die Kriegsjahre, so gut wie ganz alleingelassen? Die Flucht? Die sieben tristen Jahre im Niedersächsischen (»Wir waren damals doch wie Zigeuner«)? Wie die über vierzig Jahre (und das war mehr als die Hälfte ihres Lebens!) in Oberschwaben und schließlich in Biberach selbst?

Was davon hat sie uneingeschränkt als ein Zuhause empfunden? Ist sie irgendwo je richtig zu Hause gewesen?

Ich weiß es nicht, ich werde es niemals so richtig wissen. Und am Schluß mögen nun Worte von jemandem stehen, der sie stärker von außen zu sehen vermag, als es mir je möglich sein wird, und der sie doch gut genug erlebte, um sie angemessen beurteilen zu können: Josef Erath, mein guter Freund seit den gemeinsamen fernen Gymnasialjahren:

»Welche Kraft wurde dieser Frau abverlangt, als sie mit den kleinen Kindern fliehen mußte! Und wie hat sie dieses

Schicksal gemeistert, und was hat sie euch trotz all des Furchtbaren mitgegeben, euch auch in einfachen Verhältnissen eine Heimat geschenkt. Vor solchen Menschen können wir uns nur in Ehrfurcht und Dankbarkeit verneigen.«

Zur Schule

Ein Tag im späten Sommer 1941.

Wir wollen zu Tisch, das Essen ist schon aufgetragen. Da kommt der Schornsteinfeger. Mutter bietet auch ihm einen Teller Suppe an, es ist eine leckere Kirschsuppe. Und er sagt nicht nein.

Ich erinnere mich wohl nur deshalb so genau an diese kleine Episode, weil jener Tag für mich ein besonderer war: mein erster Schultag.

Die Schule: das Fatalste, was bis dahin unbeschwert in den Tag hinein lebenden Kindern zustößt und auch überdurchschnittlich Begabte nicht unverletzt läßt.

Doch zunächst scheint sie mich nicht sonderlich beeindruckt zu haben; ich erinnere von den Anfängen wenig. Und natürlich kannte ich längst jeden der höchstens dreißig Schüler, die mit mir in dem einen Klassenraum saßen: vom Spielen, vom Kühehüten, vom Umherstreunen. Und zunächst fiel mir alles sehr leicht, ich mußte mich überhaupt nicht anstrengen.

Aber Extrawürste wurden mir von Lehrer Hein nicht gebraten, das war nicht seine Art. (Eine Sonderrolle hatte ich erst später bei Lehrer B. in Satticken.)

Die Klippe kam um so drastischer, als Paukerei nötig wurde: das Kleine Einmaleins gelernt werden sollte, und ich auch da vage glaubte, ich brauche kaum etwas zu tun und wäre immer noch besser als die andern.
Hein rief mich auf, stellte mir eine, und die zweite, und die dritte Aufgabe – ich wußte die Antworten nicht, erstarrte. Es war ein Fiasko.
Der Bursche kann das Einmaleins nicht, stellte Hein sachlich fest. Das war alles.
Aber mich, der ich bislang ganz ohne das Bewußtsein, mir seien Grenzen gesetzt, gewesen war, hat dieses Versagen, diese Blamage so erschüttert, daß ich in Tränen ausbrach.
Kurz darauf war die Schule aus. Mutter wird merken, daß ich geheult habe! dachte ich; sie merkt so etwas immer. Um dieser weiteren Peinlichkeit zu entgehen, stapfte ich am Seeufer durchs seichte Wasser nach Hause und wusch mir unterwegs gründlich das Gesicht.
Sie sagte es mir trotzdem sofort auf den Kopf zu und wollte natürlich wissen, was losgewesen war. Ich gab mich verstockt – was für ein schrecklicher Tag!

Wieviel vom Erleben in unserem Dorf spiegelte sich im Verhalten der Kinder in der Schule? So richtig bewußt wurde mir das natürlich erst später. Eine Art Klassenjustiz durch den Lehrer wie zu Vaters Schulzeit gab es zwar nicht mehr, wo nur die Kinder der Ärmeren geprügelt wurden, dafür war der gute Walter Hein zu korrekt, aber soziale Unterschiede wurden trotzdem deutlich, auch wenn sie nicht so schwer wogen.
Was habt ihr gestern zu Mittag gegessen? fragt Hein einen der Jungen aus dem Armeleutehaus mitten im Dorf.
Kwäschna Bulwä.
Und was gibt's heute?

Kwäschna Bulwä.
Da trieb es Lehrer Hein auf die Spitze: Und weißt du auch schon, was es morgen geben wird?
Kwäschna Bulwä.
Was wohl leider zutraf: tagein, tagaus gab es diese verdammte Saure Kartoffelsuppe.

Ein Vorfall ohnegleichen spielte sich immer wieder folgendermaßen ab: Begann es im Klassenzimmer zu stinken, weil irgend jemandem ein Pups entfleucht war, so ließ Hein die beiden Größten aus der hintersten Reihe von Hose zu Hose schnüffeln, bis einer der (sagen wir) »Hoosenrycher«, die Jagdhunden gleich ihre Aufgabe erledigten, bei einem der Hintern die Nase gequält verzog und laut aufheulte – der Delinquent war gefunden und flog zur Strafe aus dem Klassenzimmer.
Oder: Wir übten, mit vorgegebenen Hauptwörtern Sätze zu bilden, unter anderem tückischerweise mit dem Wort Hain (kleiner Wald). Da meldete sich einer emsig zu Wort, sagte: Der Hein lernt die Kinder!
Klatsch! da hatte er eine Ohrfeige weg.
Es heißt: Der Herr Lehrer lehrt die Kinder! fügte Hein erklärend hinzu.

Auch Hein hat manchmal geprügelt – die Rute scheint ja damals zum Lehrer gehört zu haben wie die Kelle zum Maurer oder der Hammer zum Schmied. Aber er tat das mit der Korrektheit eines Beamten nach einem (selbstgefertigten) ehernen Gesetz und anscheinend ohne jede Spur von Sadismus, wie ich ihn später bei einem der Satticker Lehrer beobachtet habe. Für ein Eselsohr in einem Schulbuch zum Beispiel gab es unweigerlich eine Ohrfeige – die hätte der Papst ebenso bekommen wie ein Taschendieb.

Für andre Vergehen erschienen Hein zwei Rutenhiebe über die Fingerspitzen einer Hand angemessen. Diese für den sehr korpulenten Mann schließlich in körperliche Anstrengung ausartende Bestrafung vollzog er eines Tages am überwiegenden Teil seiner Schülerinnen und Schüler, da diese entgegen des immerwährenden Verbots in einer großen Pause den Schulhof verlassen hatten, um zuzusehen, wie ein Lastwagen der Firma Willy Wandersleben aus Lyck nicht den Berg aus dem Dorf hinaufkam. Bei seiner Bestrafung hielt er bis zum letzten durch, er machte keine Ausnahme.
Ja: Ein preußischer Beamter.
Sagte ich, daß für einen Lehrer eine Rute damals eine glatte Selbstverständlichkeit war?
Daran sind mir wenigstens für einen Tag starke Zweifel gekommen, angesichts folgender kleiner Episode: Eines Tages packte Hein blitzschnell die Rute, die immer auf seinem Tisch lag, und lief mit einer federnden Behendigkeit, die man ihm nicht zugetraut hätte, zum Klassenschrank, um auf diesem seine Rute zu verstecken.
Weshalb das?
Da trat auch schon der Schulrat in den Raum – offenbar kam er unangemeldet; aber Hein hatte ihn durchs Fenster kommen sehen und rasch das doch nicht unbedingt erwünschte Folterinstrument beseitigt.
Natürlich durfte auch die »neue«, die »große« Zeit an einer kleinen, einklassigen Schule hinter den Sieben Bergen nicht ganz vorübergehen. Lehrer Walter Hein hatte sich anscheinend mit den politischen Gegebenheiten arrangiert – und hatte doch 1933 nach einer Rückkehr aus der Kreisstadt Lyck zu meinem Vater gesagt: Reinoß, ich habe etwas Schreckliches gehört: Hitler ist Reichskanzler geworden! Hatten die denn keinen andern Mann!

Schulbeginn morgens: Die Schüler haben sich mit erhobener Rechter zu erheben (und sie wurde besonders für uns Kleine immer schwerer), um das Horst-Wessel-Lied (Die Fahne hoch...) zu singen. Dann trat ein Älterer vor und sprach zur Klasse, immer noch mit durchgehend erhobener Rechter, einen »Tagesspruch«. Dieser war nicht immer das Gelbe vom Ei – einmal soll jemand (es war leider nicht zu meiner Zeit) hinausgeblökt haben: Wer Arbeit kennt / und sich nicht drückt, / der ist verrückt!
Worauf es eine Tracht Prügel gesetzt haben soll.
Vor der Klasse hing immer die Europakarte. Auf ihr wurden ständig Fähnchen gesteckt: Wir sollten stets vor Augen haben, wo die deutschen Truppen standen – bald tief in Rußland.
(Als ich nach der Satticker Zeit wieder an meine alte Schule zurückkehrte, wurde dieses Verfahren unter Fräulein Spieß nicht fortgesetzt – aber da schrieben wir ja auch schon 1944, und die deutschen Truppen hatten sich rückwärtsgehend wieder unserer Grenze genähert...)
Was überhaupt Lehrer Hein und die damalige Politik betrifft: Ich nehme für ihn auch im nachhinein nicht an, daß er bei Vermittlung des obligatorisch gewordenen, nazistischen Zeugs irgendwie Herzblut vergoß. Er trug, auch darin folgsamer Beamter, dem Geforderten Rechnung, man hätte ihm formell nichts nachsagen können – aber scheint dabei sehr gleichgültig geblieben zu sein.
Jedenfalls: Wenn es in unserm kleinen, sehr überschaubaren Dorf zwischen den Deutschen und den polnischen Kriegsgefangenen jahrelang, bis auf eine üble Ausnahme, friedlich, ja fast alltäglich zuging, so lag das daran, daß es an einem Antreiber oder Hetzer fehlte. Der Lehrer Hein jedenfalls war keiner. Undenkbar, daß er im Besitz eines Gummiknüppels hätte sein können mit der von ihm stammenden

schrecklichen Benennung »Polentröster« (wie ich das über den Lehrer eines andern Dorfes, der zugleich Ortsgruppenleiter war, hörte). Ich erinnere mich an kein Wort der Polenhetze oder Judenhetze aus seinem Mund.
Und als er uns während des Krieges einmal abfragte, was wir denn werden wollten, und es eigentlich obligatorisch war zu antworten: Offizier, zumindest: Soldat, und ich statt dessen aus einer Laune heraus sagte: Schornsteinfeger, da schien ihm auch das egal zu sein und ihn eher zu amüsieren.

Ich denke an unsern damaligen Schulhof, der zur Straße hin von einem dichten, hohen Bretterzaun begrenzt wurde.
Eines Tages, in der großen Pause, saß ich dort auf irgendeinem Balken und fühlte mich schrecklich schlapp – alle Kraft schien mich verlassen zu haben. Eine Masernwelle hatte das Dorf erwischt und die halbe Schule lag im Bett. Einige Tage daheim in einem abgedunkelten Zimmer, ein Arzt kam, und man hatte es überstanden. (Nur meinen Schulfreund Gustav hatte es ärger erwischt: Auf die Masernerkrankung folgte eine Mittelohrentzündung, die operiert werden mußte, und irgendwie schien er mir danach niemals mehr der Alte zu sein, und während der Flucht ist er dann an ich weiß nicht was gestorben.)

Irgendwann damals erkrankte auch unser Lehrer Hein. Der Schulunterricht fiel zunächst aus; es zog sich hin. Wir mußten eine Zeitlang ins drei Kilometer entfernte Seefrieden gehen und wurden dort unterrichtet. Es war während der Winterzeit und wir sammelten uns morgens mit einigen Stallaternen. Für die Kleinen von uns war dieser tägliche Fußmarsch auf dem Sandweg eine Strapaze.
So vergingen knapp zwei Jahre meiner Schulzeit. Es kamen das Frühjahr, der Sommer 1943.

Mein erster Lehrer, Walter Hein, war nicht nur deshalb die auffallendste Erscheinung im Dorf, weil ihn sein Amt heraushob, sondern er produzierte auch ständig irgendwelche skurrilen Auftritte, von denen einige Anekdotenrang haben. War er ein Masure? Der Sprache nach schien er weit entfernt davon zu sein, und auch Mutter meinte: Wohl nicht.
Von woher dann hatte es ihn und seine Frau Frieda zu uns in die größte Abgeschiedenheit an diese »Zwerg«-Schule verschlagen?
Ich weiß es nicht. Eine Zeitlang habe ich angenommen, er könnte jemand gewesen sein, den man auf der Basis irgendwelcher Erkenntnisse nicht gerade als hervorragenden Lehrer eingeschätzt hatte; jemand der sogar aus irgendeinem Grund eine Art Zwangsversetzung auf sich hatte nehmen müssen, an einen Ort, wo sich für einen Menschen aus der großen »Welt« Fuchs und Hase gute Nacht sagen.
Habe ich ihm damit Unrecht getan, unserem »Papa Heinchen«? Das möchte ich keinesfalls. Und inzwischen weiß ich auch, daß es für manche Junglehrer schon damals nicht leicht war, nach der Ausbildung eine Anstellung zu finden; so mußten sie sich zunächst sogar in anderen Berufen durchschlagen und man griff nach jeder Möglichkeit. In den masurischen Dorfschulen hat es daher nicht wenige Lehrer aus dem Westen, später sogar einige aus Österreich gegeben.

Der Lehrer Hein, dieser beleibte Mann (Mutter sprach nur vom »dicken Hein«), stapft durchs Dorf, den Spazierstock in der Hand.
Plötzlich bleibt er stehen, stößt den Stock in den Straßensand, stützt sich auf ihn, ruht ein bißchen aus. Er kommt leicht ins Keuchen, ist wohl schon länger nicht ganz gesund.
Und redet mit sich selbst:

Gehe ich hin?
Ja.
Nein – vielleicht doch lieber nicht.
Pause.
Doch, ich gehe –!
Die Entscheidung ist gefallen: Er geht.

Mit meinem Vater scheint er sich gern unterhalten zu haben; doch auch das ging nicht ohne Kuriositäten ab. Irgendwann bewegte er den Gedanken im Kopf, er könnte sich ein Fahrrad zulegen.
Er spricht auch mit Vater darüber: Ob er nicht radfahren lernen könnte.
Natürlich. Warum denn nicht. Vater rät ihm zu.
Pause.
Aber plötzlich schüttelt Hein traurig den Kopf: Nein, das geht nicht. Da werden ja die Kinder hinter mir herlaufen.

Nun: Er hat sich aber ein Auto zugelegt, einen schönen Wagen. Lange Zeit war es das einzige Auto, das ich kannte. Wenn ich nicht irre: Das einzige im ganzen Dorf.
Manchmal, wenn es um eine wichtige Sache ging, wurde er gebeten, jemanden zu fahren oder irgendwohin mitzunehmen. (So erinnere ich mich dunkel, daß auch ich einmal in diesem Wunderfahrzeug gesessen habe, auf dem Weg zwischen Rydzewen und Przytullen – wohl zur Hochzeit von Tante Grete und Onkel Erich in der Gonsker Kirche.)
Aber auch das ging nicht ohne eine der Heinschen Sperenzchen ab: Er stimmte dem Transport nicht zu, ohne sich nach dem Gewicht des Mitfahrers oder der Mitfahrer zu erkundigen. Das gute Auto sollte doch auf den Sitzen und den beiden Seiten möglichst gleichmäßig belastet sein –!
(Als ob es nicht, wenn er allein fuhr, extrem einseitig belastet

wurde; und auch bei den Fahrten mit seiner Frau – mit ihm verglichen eine halbe Portion – keine auch nur halbwegs ausgewogene Gewichtsverteilung zu erreichen war ...)
Die Leute aber dachten: Ach, wenn es solche Überlegungen nötig machte –. Solche Umstände bereitete –! Dann ließ man es doch lieber.
Bald fragte ihn also niemand mehr.
Nach Kriegsbeginn durfte er aus irgendwelchen Gründen nicht mehr fahren; der Wagen stand nur noch im Schuppen. Ab und zu wurde er rausgeschoben, und dann durften wir Schüler ran zum Putzen und Wienern. Wir haben uns viel Mühe gegeben. Denn dieses Fahrzeug auch nur anfassen zu dürfen: Das war schon was –!

Eine Kleinigkeit noch, nicht ohne Rührung beim Drandenken:
Eines Tages nahm er in Erdkunde die Lüneburger Heide durch, erläuterte deren Kultivierung mittels Wendepflug – tat all das so auffallend engagiert und anschaulich, daß es nach fast einem halben Jahrhundert noch in meiner Erinnerung ist. Und ging plötzlich raus und kam wieder mit einem längst verblaßten Sträußchen Heidekraut: Das habe er von einem Urlaub mit seiner Frau aus der Lüneburger Heide mitgebracht –.
Der behäbige, sonst allem Anschein nach nie gefühlvolle Mann – mit diesem Sträußchen in der Hand vor uns ein bißchen irritierten Kindern –, ja, das hatte etwas Bewegendes. Wir alle haben auch unsere Herzensheimat – vielleicht war die Heide die seine.

Er starb, als ich für jene Monate in Satticken war.
Irgendwer im Dorf kam auf die Idee, ich sollte es sein, der den Kranz der Gemeinde hinter dem Sarg trug – als sein

vielleicht begabtester Schüler damals (ich weiß nicht, doch weshalb sonst).
Aber dazu hätte man mich verständigen und holen müssen – das war wohl ein zu großer Aufwand.
Ich hätte ihm diese kleine Ehre gern erwiesen. Damals war ich acht oder neun, und ich habe ihn bis heute in durchweg guter Erinnerung behalten.

Nachtrag: Seine Frau Frieda Hein-Lojewski betreffend, die er Friedchen genannt hat und die am selben Tag Geburtstag hatte wie ich: Es hatte sie 1944/45 ins Holsteinische verschlagen, und sie hat ihn um ein Menschenalter überlebt, ist 95 Jahre alt geworden und erst 1983 gestorben.
Was ist in den vielen Jahrzehnten nach seinem Tod alles geschehen und wie hat sich die Welt verändert!

★

Die alte Rydzewer Schule!
1980 traf ich den schönen Ziegelbau nur wenig beschädigt an, es war eins der wenigen, weitgehend erhaltenen Häuser im Dorf. Nur die Fensterscheiben waren zertrümmert und die Wirtschaftsgebäude gab es nicht mehr. Und nicht den Schulhofzaun. Der Schulhof war schon kniehoch verkrautet, wie der Grund der untergegangenen Höfe des Dorfs.
Wenige Jahre danach wurde mir berichtet, in dem Gebäude sei nun eine Art Diskothek. Warum nicht? Besser als Verfall war so was allemal.
Aber die Geschichte erschien mir nicht recht wahrscheinlich; ich fragte mich: Diskothek – für wen dort in der Einsamkeit?
Und 1989 ließ, wie ich sah, nichts auf eine solche zeitweilige Nutzung schließen.

Da war das Gebäude schon am Verfallen; ja, auch die so massive Schule ging unter.
Und wieder Jahre später, 1992, war sie nur noch eine halbhohe, häßliche Ruine, und der Bauwagen neben ihr stand sicher nicht da, weil sie wieder aufgebaut werden sollte, sondern um sie vollends zu beseitigen, ihrer noch verwendbaren Ziegelsteine wegen.

Aber noch sehe ich in Gedanken alles vor mir. Ich habe eine Reihe von Monaten als Kind in dem lichten Klassenraum gesessen. Und war einmal im Arbeitszimmer des Lehrers Hein, um mir die Abmeldung zu holen und wegzugehen nach Satticken. Als ich zurückkam, war er nicht mehr da, sondern das junge Fräulein Spieß hatte seinen Platz eingenommen. Ich sehe die Pumpe im Hof, zu der sie mich rasch führte, als mir am ersten Tag vor lauter Aufregung schlecht geworden war, ich war in keiner guten Verfassung in jenen Tagen. Und Heins Auto. Und den Schulgarten. Und die jagdhundgleichen »Hoosenrycher«.
Nun liegt der Hein schon bald ein halbes Jahrhundert auf dem Friedhof, und vom Schicksal des Fräulein Spieß nach 1945 habe ich nichts in Erfahrung bringen können.
Aber ist es mir denn überhaupt abzunehmen, daß ich in einem Dorf zur Schule ging, das heute in Polen liegt? War das vielleicht in einem früheren Leben?
Denn erlebt habe ich all das, wann auch immer. Ja: Ich habe es in Masuren erlebt.

Oma Reinoß

Auch von der Mutter meines Vaters, meiner Großmutter, besitze ich ein Foto: es zeigt eine einfache, alte Frau von wohl achtzig Jahren. Sie steht im Blumengarten vor unserm Masurenhaus und hält ein paar Blümchen in den Händen. Sie trägt ein schlichtes, dunkles Kleid, das Oberteil ist hemdartig genäht und geknöpft.
Was aber den Blick auf sich zieht, das ist ihr Gesicht, ihr Kopf. Wie ein Indianer! sagte spontan mein damals etwa zwanzigjähriger Sohn, als er sich das Bild ansah.
Und das ist in mehrfacher Hinsicht richtiger, als es sich anhören mag. Sie hat das Haar (das bis zuletzt schwarz war, ohne eine Spur von Grau) streng in der Mitte gescheitelt und glatt nach hinten gekämmt; und das asketische Gesicht zeigt etwas von jenem Selbstbewußtsein und der inneren Ruhe eines selbstverständlichen Daseins, zeigt jenen Fatalismus, der aus uraltem Wissen um das »So-ist-es-nun-mal!« herkommt, wie es auf jenen stolzen indianischen Gesichtern liegt, die uns auf Fotos überliefert sind.
Gibt es die Andeutung eines Lächelns in diesem Gesicht (aber nur eine winzige Andeutung)?
Fast betont aufrecht steht sie da mit ihren Blümchen. Auf ihre Art unerschütterlich. Sie ist am Ende eines langen mühsamen Lebens angekommen.
Dieses Bild ist für mich immer wieder ein rührender Anblick.

Diese alte Frau, die in den ersten Jahren meiner Kindheit mit unter unserem Dach gelebt hat; deren ererbtes Haus es war, in dem wir lebten. Bei meiner Geburt war sie schon fünfsiebzig und gewiß dann nicht nur für mich als Kind,

sondern auch für manchen Außenstehenden allmählich eine etwas fremdartige Erscheinung.
Ihr Leben wurzelte noch ganz in der masurischen Welt des vorigen Jahrhunderts, und das hieß: in der alten Welt vergangener Jahrhunderte, geradezu in den masurischen Urgründen. Heute gilt vor allem sie mir als eine exemplarische Verkörperung des alten Masuren. Um sie war immer die äußerste Einfachheit und Bescheidenheit der herkömmlichen Kätnerfrau. Sie sprach nicht nur fast ausschließlich masurisch, sie hat diese Sprache auch verteidigt. Dazu kam: eine gewisse Neigung zu Frömmigkeit und Sektierertum.
Und ihr Ende war dann so qualvoll wie das großer Teile ihres masurischen Volkes.

Ich erinnere mich sehr genau an die bibellesende Oma in der Sonne vor dem Haus. Sie las also in der »polnischen«, das heißt masurischen Bibel. Nach ihrem Tod sah ich dieses abgenutzte, fast zerfledderte Buch auf unserem Dachboden.
Die waren doch Sektenmitglieder, wußte Mutter. Die Oma und die Tante Marie (ihre Tochter). Die Oma in einer und die Marie in einer andern. Eine war bei den Blaukreuzern.
Und eines Tages war da »der aus Stradaunen« da, erzählte Mutter, und redete auf sie ein; das war wohl ein Sektenprediger. Vor dem Haus und unten auf der Straße lag er ihr in den Ohren: Sie solle sich gut halten...
Und der August, fährt Mutter fort, der hatte »das mit den Sternen«. Hatte Bücher darüber. Na, wie heißt das –. Astrologie? Ja, Astrologie.
Die Dinge des Alltags: sie wurden von der Großmutter wohl meistens auf die direkteste Weise geregelt, und das konnte durchaus auch brutal heißen.
Ich erinnere mich in Einzelheiten daran, wie sie damals mitten im Hof jene Katze erschlug, die Küken und Kanin-

chen getötet hatte. Die Katze wurde gepackt, in einen Sack gesteckt und totgeschlagen. Häßlicher ist das kaum denkbar.

Ja: So etwas kam auch aus einer andern Zeit. Wie auch dies, Mutter bemerkte es teilnehmend und bedauernd: Sie soll es bei ihrem Mann nicht gut gehabt haben, er hat sie geprügelt.
Vergegenwärtigen wir uns: Heirat 1884, Tod des Mannes um 1920; es waren rund fünfunddreißig Jahre Ehe um die Jahrhundertwende. Jahre einer schlechten, einer recht üblen Ehe, wenn man heutige Maßstäbe anlegt: da er sie doch schlug?
Eine solche Einschätzung könnte an der Wirklichkeit vorbeigehen. Der Masuren-Chronist Töppen vermerkt um 1870: Das Familienleben der Masuren sei durch und durch patriarchalisch. Von der Frau wurde genauso wie von den Kindern Gehorsam gefordert: »Im allgemeinen ist man überzeugt, ohne Prügel sei nicht durchzukommen, und die Frau ist darauf gefaßt.« Und er gibt dies als ein Zitat von Frauen: »Das wissen wir ja, daß der Mann die Frau prügeln muß, aber doch nicht so tüchtig.«
Anders gesagt: Das Verprügeln der Frauen, so barbarisch es uns heute erscheint, war damals allgemein üblich und durchaus nicht eine Besonderheit im Hause Reynoß. Und von all den Ehen, in denen geprügelt wurde, müssen nicht alle in jeder Hinsicht schlecht und unglücklich gewesen sein.

Bleiben wir noch einen Moment bei ihrem Mann, Ludwig Reynoß, meinem Großvater.
Da ich nie ein Bild von ihm sah, es gab vielleicht keines, frage ich einen entfernteren Verwandten, Freund meines

Vaters, wie er denn ausgesehen hat. Vielleicht sah ihm eins seiner Kinder ähnlich?
Ja, der August, sagt er; kein Zögern: der August.
Der gern den »Feinen Max« gemacht hat. August also.
Und schließlich quälte er sich mit Magenkrebs zu Tode.

Ich sprach mit Blick auf die Oma von Indianerzeit. Sehen wir uns das näher an. Wir haben dafür einen ausgezeichneten Zeitzeugen: den Schriftsteller Fritz Skowronnek, der bloß ein Dutzend Kilometer entfernt bei Lyck aufwuchs und seine Jugenderinnerungen veröffentlicht hat.
Er beschreibt die Region als damals außerordentlich rückständig im Vergleich mit dem übrigen Deutschland. Masuren war ein volles Jahrhundert hinter der wirtschaftlichen Entwicklung Deutschlands zurückgeblieben; es steckte noch mitten in der Naturalwirtschaft. »In dem ganzen Landstrich ... gab es keine befestigte Straße.« Großmutter kam also aus der Zeit der Sandwege, seit Jahrhunderten hatte sich nicht nur in dieser Hinsicht wenig verändert. Und durch sie hatte also auch ich noch eine gewisse Menschen- und Augenzeugen-Verbindung in jene Zeit, in die Tiefen Alt-Masurens. Ich habe mit dieser Frau am selben Tisch gesessen, bin an ihrer Hand gegangen, habe mit ihr unter einem Dach gelebt.
Die erste Eisenbahn in Masuren erreichte Lyck 1868, als Großmutter sieben Jahre alt und wohl schon zur Schule gekommen war. Ich denke: Das muß nicht nur für die Kinder damals etwas schier Unglaubliches gewesen sein – für meine Vorfahren am Ende der Welt mit ihren ganz im Alten verhafteten Vorstellungen in puncto Fortbewegung, noch viel ungeheuerlicher, als für die Nürnberger und Fürther, die erste deutsche Eisenbahn überhaupt.
Als das Deutsche Reich in Versailles begründet wurde, war

sie immerhin schon zehn, und bei Bismarcks Entlassung aus den kaiserlichen Diensten vor rund hundert Jahren (wie weltenfern erscheint uns das heute!) bereits eine verheiratete Frau von etwa dreißig, die Kinder geboren hatte. Und Fontanes »Effi Briest« war da noch lange nicht geschrieben (aber sie hat wohl nie etwas von dieser Art gelesen) ...
Indianer-Zeit – Pionier-Zeit.
Später hat sie die Geburt des Automobils erlebt und dann die des Flugzeugs, und zwei Weltkriege. Und als sie starb, standen wir am Vorabend der Atombombe und des Düsenjets.
Sie hat, wie erwähnt, viele Kinder geboren. Wie viele? Ich weiß es nicht genau. Mehr als zehn jedenfalls, zwölf oder dreizehn wohl; und die meisten starben sehr früh und wurden auf dem Friedhof im hinteren Teil begraben. Mutter hat mir einmal jene Ecke gezeigt. Aufgewachsen sind davon fünf. Dafür bekam sie während des Dritten Reiches das »Ehrenkreuz der deutschen Mutter«.

Und sie hielt also zu ihrer Muttersprache wie viele andere alte Masuren, die auch während der Nazizeit mit Recht meinten, man müsse sich dessen durchaus nicht schämen. Kein Wunder, daß auch die Volkskundler um 1940 zu diesem Fossil kamen, um zu lernen.

1943 ging es mit diesem langen Leben zu Ende: sie bekam Schmerzen in einem Bein, man sprach von Greisenbrand. Und sie lag im Bett und stöhnte ... und war zu waschen und zu verbinden. Und Mutter mühte sich zu allem anderen auch damit ab.

Und sie, die angeblich ihr Leben lang, über acht Jahrzehnte, nie beim Arzt gewesen war, kam doch noch in ärztliche

Hände. Sie wurde nach Lyck geschafft, und dort verfiel man darauf, ihr noch ein Bein abzunehmen. Und dabei starb sie. Ich zweifle, ob das die richtige Therapie für die steinalte Frau war. Aber das hat natürlich etwas zu tun mit meiner Forderung der Bewahrung des Menschlichen bei jeder medizinischen Behandlung.

Nun war die Leiche aus dem Lycker Krankenhaus abzuholen, denn sie sollte ja auf dem Rydzewer Friedhof begraben werden. Der Janek machte sich also mit einem anderen Polen und dem Pferdewagen auf den Weg.
Unterwegs begegnen sie dem August: als erster der Söhne traf er zum Begräbnis ein, er kam aus Berlin. Er kommt aber nicht ins Elternhaus, weiß der Himmel warum nicht, sondern schlüpft bei Filons unter, auf dem Abbauhof vor dem Dorf.
Janek bittet: Der »Pan« soll doch mitfahren in die Stadt, dann bekäme man die Mutter leichter raus (er hat wohl einige Bedenken, ob man die Leiche einem Polen, der sich nicht recht verständlich machen kann, aushändigen wird).
Aber der August hat seinen eigenen Kopf, will das nicht. Er stapft weiter in die entgegengesetzte Richtung.
(Und er führt sich in diesen Tagen dann noch unangenehmer auf. Ich bekomme mit, wie er von meiner Mutter irgendein Erbteil fordert. Als sie ihm zu verstehen gibt, den Hof habe erst der Karl auf die jetzige Größe gebracht, da wird er, ich höre es noch heute, häßlich: Dann solle sie doch ihre Kinder nehmen und sich auf das Land setzen, das vom Karl gekauft wurde. Es trifft Mutter so sehr, daß sie in Tränen ausbricht.
Psiakrew, August! Was ist dir da bloß in den Kopf gekommen! Einst hier den »Feinen Max« machen – und nun den Fiesen einer jungen Schwägerin gegenüber: Also ich weiß

wirklich nicht –. Ein bißchen an dein Ansehen und die Erinnerung daran hättest du schon denken können, wenn dir sonst auch alles gleichgültig war!)

Aber die beiden Polen bekommen an jenem Abend den Sarg, fahren ihn nach Hause und tragen ihn in die Wohnstube. Stellen ihn mitten in der Stube auf eine Bank, und als sie die Kiste öffnen: da liegt die alte Frau nackt vor ihnen, die Kleider daneben.

Muter ist auch damit allein. Und was gibt es nicht noch alles zu tun. So bittet sie zwei Nachbarinnen, die Kurbjuhn und die Wrobel, die Leiche in der herkömmlichen Weise herzurichten.

Sie selbst steigt auf ihr Fahrrad und fährt nach Stradaunen zum Pfarrer Klatt, um die Leichenfeier zu organisieren.

Sie radelt weiter nach Lyck; dort lebt eine Schwester der Oma, und sie sagt auch der Bescheid und bekommt folgende Antwort: Man wisse eigentlich nicht ... Man könne ja doch nicht mehr mit ihr reden ...

Auch eine Möglichkeit, die Teilnahme an einer Beerdigung zu sehen. Das Argument war jedenfalls nicht ganz von der Hand zu weisen ...

Am nächsten Morgen nimmt die Tante Grete Ingrid und mich bei der Hand und geht mit uns in die Stube, wo der Sarg steht. Er ist offen; in Beklemmung sehe ich die reglose, wachsbleiche Oma. Sie schläft, flüstert die Tante.

Dann die Beerdigung. Es kommen viele Menschen, und der Pfarrer spricht. Danach wird der Sarg auf den Wagen gehoben, und es geht schrittweis aus dem Dorf zum Friedhof.

War ein Leben zu Ende gegangen, das die Großmutter selbst wohl eher als armselig hatte empfinden müssen?

Ich kann das nicht annehmen.

Ich muß gewiß nicht noch einmal betonen, daß ich nicht daran glaube, der technische Fortschritt habe aufs Ganze gesehen die Menschen weitergebracht. Ohne Zweifel hat er im Alltagsleben vieles erleichtert. Aber die Verluste an sinnlichem Vermögen, an seelischer und damit menschlicher Substanz sind meiner Meinung nach gravierend. So zu denken sei bloß Rousseau-Nachhall und eine intellektuelle Formel?

Weit gefehlt!

Ich will hier eine Stimme sprechen lassen, die über jeden Zweifel an ihrer Realitätsnähe und Alltagsbezogenheit erhaben war, die eines masurischen Landwirts: des Satticker langjährigen Gemeindevorstehers Fritz Michalzik, geboren 1886. In seiner Dorfchronik schrieb er um 1935, er könne die Frage »nicht aus innerer Überzeugung bejahen«, daß die Kultur der Neuzeit uns glücklich gemacht habe: »sie hat den inneren Menschen abgestumpft gegen alles Ideelle und Romantische, sie hat uns zur Bequemlichkeit und Selbstsucht erzogen, sie hat den Gemeinschaftssinn in uns abgetötet...«

Und er kommt genau zu der Frage, die ich im Hinblick auf meine Großmutter stellte:

»Haben wir wirklich Grund, unsere Vorfahren zu bemitleiden, weil sie den Segen und die Wohltat dieser neuzeitlichen Kultur entbehren mußten?«

Nein, meine auch ich heute.

»Unsere Vorfahren sind glücklich gewesen; denn trotz schwerer Arbeit und großer Entbehrungen waren sie mit sich und ihrem Los zufrieden.« Ein »überaus wahrnehmbares Zeichen der inneren Zufriedenheit und des Glückes« seien die schönen Volkslieder gewesen, die sie bei der Arbeit gesungen haben.

»Die Romantik wurde durch die Technik verdrängt.«

Und: »Man kann... nicht behaupten, daß die Maschinen der Menschheit zum Segen geworden sind«.

Zurück zu dem für ein Kind unheimlichen, unvergeßlichen Bild: mitten in der Stube der Sarg mit der toten Oma.
Heute denke ich: In dieser Weise waren sie in diesem Haus wohl alle aufgebahrt: die Lotte Bandilla und ihr Ludwig Ciernio und Vaters Vater Ludwig Reynoß und wohl auch viele Kinder. Jedesmal ein Abschied; und sie wurden auf den Friedhof vors Dorf gefahren.
Und was beim Begräbnis der Großmutter noch niemand wußte: sie war nach etwa einem Jahrhundert der Bandilla/Ciernio/Reinoß die Letzte, die so dieses Haus verließ. *Alle* ihre erwachsenen Kinder endeten wie vom Sturm hinausgetrieben in irgendwelcher Ferne: der Fritz im Niedersächsischen, die Marie im Ruhrgebiet, und dort wohl auch der Adolf, der Karl im Oberschwäbischen, der August in Berlin. Sie aber wurde dort begraben und blieb, wo sie über acht Jahrzehnte ihr Dasein gelebt hatte.
Und das war überaus sinnvoll. Denn wie hätte jemand wie sie sich in jener Mond-Welt westlich von Weichsel und Oder zurechtfinden sollen, in die es uns nicht lange danach gespült hat?

Die deutsche Sprache in Masuren

Unlängst bildete eine westdeutsche Illustrierte gewisse Paare des sogenannten Jet-Set ab, nannte das erste »Date«, umriß den jeweiligen »Lovestyle«.
–?! Der große Hamsun, denke ich, der ein besonders feines Gespür hatte für das unfreiwillig Komische: er hätte am Boden gelegen vor Lachen über einen solchen Umgang mit der heimischen Sprache.

Wir lachen über den Unfug – aber könnte man nicht jedesmal genausogut erschrecken? Wenn zum Beispiel eine bayerische Bank mit dem Satz wirbt: »The trend is your friend«? (Die ja auch angesprochnen bayerischen Landwirte dürften von diesem »Deutsch« begeistert sein!)
Oder es zu einem Stück Oberbekleidung heißt: »Sports- and Leisure-wear«? Oder für einen Stuhl aus gut bundesdeutschen Gefilden: »World class seating«; und für ein anderes Sitzmöbel: »Designed for Business«? Eine Armbanduhr von »Watch-Makers to the Gentry« stammt? Man Klassik-CDs sucht und es einem entgegentrompetet: »Test our best in Classics«? – du bist, fast hättest du's darüber vergessen können, wie eh und je in Deutschland, wo man eigentlich immer noch deutsch spricht – oder?
(Eins allerdings habe ich bei alldem nicht verstanden: Weshalb diese mangelnde Konsequenz, weshalb ein solches Gepansche aus zwei Sprachen – weshalb nicht nur noch Englisch, und Deutsch ganz abgeschafft?!
Vielleicht bloß deshalb nicht, weil sich herausstellen würde, daß viele dieser »Experten« weder die eine noch die andere Sprache richtig beherrschen? Für den jeweils anstehenden Fall ein paar englische Vokabeln heranklauben, aber mehr ist nicht drin?)

Genug davon!
Die Beispiele ließen sich bekanntlich endlos fortsetzen, da eine gewisse Sorte von Marketing- und Werbefritzen ihr Kauderwelsch aus Amerikanismen, englischen und gelegentlichen deutschen Brocken tagtäglich über uns ergießt – aber es ist ja bloß modischer Unsinn und wird vielleicht morgen schon durch einen andern modischen Unsinn abgelöst werden. Auch Eckhard Henscheid hat zahlreiche »Höhepunkte« davon in dem von ihm mitherausgegebenen Le-

xikon »Dummdeutsch« für die Zeiten »nach Pest und Sintflut« aufbewahrt...

Auch hier als ein löblicher Gegensatz: Unsere Alltagssprache in Masuren. Die Erinnerungen an meine Kindheit wären unvollständig ohne einige Rückblicke auch auf sie.
An diesem Punkt aber, es würde mich natürlich nicht erstaunen, könnte ich einiger Skepsis begegnen: Wie?! Ausgerechnet für jene Region willst du gutes Deutsch beanspruchen, wo Masowisch und Deutsch lange konkurrierten und sich mischten, ja wo so viele der Großeltern-Generation noch Masurisch sprachen?
Genau, das will ich!

Die deutsche Sprache hatte bei uns vor allem dies Großartige: Lakonie.
Man ging zum Beispiel zum »Beschicken«.
Wir benötigen nur ein einziges Wort, um anschaulich, umfassend und unmißverständlich auszudrücken, was das hieß: in den Stall gehen und die Tiere versorgen.
Oder wir gingen, fuhren »aufs Feld«. Damit war gemeint: zu unsern Äckern. Aber eine solche Überpräzision wurde nicht benötigt, wir hielten uns auch hier an die denkbar knappste Ausdrucksmöglichkeit.
Und manchmal begaben wir uns aufs Feld zum »Bestellen«. Nämlich um den Grundstock zu legen für jede spätere Ernte: Korn einzusäen, Kartoffeln zu legen, Rüben oder Kohl auszupflanzen usw.
Oder das »Brett« unten am See. Es war, wie gesagt, nicht nur irgendein Brett gemeint; es war ein ganzer Steg in den See hinaus zum Wasserholen, Angeln, Hinausrudern – aber »Brett« zu sagen: Das genügte ja.
Mutter sagte oft am Schluß ihrer Geschichten: So war das!

Und für mich gehört diese ihre Wendung zu den wahrhaft klassischen Schlußpunkten, so gut wie das biblische »Sela!« Dann ist nichts mehr hinzuzufügen.

Doch bemerkenswert sind nicht nur diese sehr kurzen Begriffe und Formulierungen (bloß auf die gesehen man ja darauf verfallen könnte, uns Mundfaulheit zu unterstellen). So sagte man zum Beispiel von jemandem, der allzu großspurig auftrat, er käme daher »wie von hundert Pferden«. Was hieß: wie von einem fast unvorstellbar großen Hof.
Oder es lag plötzlich jemand da, wie »Klumpen zur Sonne«. Was hieß: Er war tot. Wie bildhaft ist das formuliert!
Oder Mutter konnte zu jemandem von uns, der ihr ständig störend im Weg stand, sagen: Dreh dich hier nicht rum wie ein Furz im Taschentuch!
Aber es gab nicht nur solche, quasi feststehende Wendungen. Oft wurde spontan in einer Anschaulichkeit formuliert, die verblüffte.
Ich erinnere mich zum Beispiel an einen Hinkenden, der gerade erzählt hatte, er wolle am nächsten Morgen noch vor acht in die Kreisstadt.
Kaum hatte er sich weggedreht, da hieß es: Halb *acht*, halb *acht*, nach *Lyck*, nach *Lyck* ...
Und da sah man doch den Guten in diesem Rhythmus hinkend die lange Straße entlanggehen ...
Und diese Formulierung war durchaus nicht übel gemeint, sondern gutmütig-spaßig. Das hatte mit Pfiffigkeit zu tun und der Freude am Spiel mit der Sprache.

Wo ich später auch hinkam im deutschen Sprachraum: Nirgendwo fand ich dieses Lakonische, großartig Einfache und dabei Anschauliche wie in der deutschen Sprache meiner masurischen Kindheit. Es ist natürlich auch ein Aus-

druck der Schlichtheit und Schnörkellosigkeit unseres Lebens gewesen.
Wie ja wohl immer das Studium einer Sprache zugleich das Studium eines Volkscharakters ist.
Und diese Sprache ist den in Masuren gebliebenen Masuren offensichtlich nicht verlorengegangen! 1989, als wir einem alten Masuren ein Geschenk machten, da sagte er spontan: »Jetzt bin ich zu ein paar Schuhen gekommen wie ein Dummer zu Verstand!«

Unsere Sprache: Welch ein Gegensatz also zu jenem Kauderwelsch der eingangs erwähnten Werbeindustrie, deren Anwender offenbar meinen, es signalisiere die Große Welt, wenn man sich irgendwelcher Floskeln von jenseits des Ozeans bediene – und das mache doch jeden Deutschen gleich ganz heiß auf das angepriesene »Produkt«. Wilhelm Busch aber, denke ich, hätte auch über solche »Experten« gemeint: »Niemand ist unnütz – er kann immer noch als schlechtes Beispiel dienen.«

Die Zeit in Satticken

Ich habe auch Satticken im Nachbarkreis Treuburg in den achtziger und neunziger Jahren wiedergesehen: das Dorf, die Schule, das Hofgelände der Nowotschs. Selbstverständlich bin ich jedesmal auch dorthin gefahren.
Das Dorf ist nicht ganz so untergegangen wie Rydzewen. Vor einiger Zeit las ich eine genaue Erhebung darüber, wie viele Höfe es nicht mehr gibt: »von den 46 Häusern im Dorf stehen nur 18«. Wie viele von den 34(!) Abbaugehöften noch

vorhanden sind, konnte die Berichterstatterin hingegen nicht feststellen – ich sah einige Ruinen und völlig verwilderte Hofstellen.
Das Schulhaus hatte ich etwas weniger trist in Erinnerung; aber es ist doch immerhin noch ein genutztes Haus. Wahrscheinlich irre ich auch; oder ließen es früher ein paar Äußerlichkeiten, ein gepflegter Garten, ein paar Blumen, freundlicher erscheinen?
Den Friedhof, den ich deshalb so gut in Erinnerung habe, weil mein kürzester Weg zur Schule vom Hof der Großmutter über ihn führte, fand ich in einem mich empörenden Zustand. Und zwar nicht deshalb, weil auch ihn niemand mehr pflegt und er seit langem verwildert – sondern weil heute ein Feldweg durch ihn führt, Geist von jenem Geiste ausdrückend, der alles Deutsche gewollt entwürdigt.
Das Gehöft der Großmutter: dieser schöne Hof ist ebenso völlig zerstört wie der unsrige in Rydzewen. Doch auch hier, wenn man vom Dorf her kommt schon von weitem sichtbar, der alte Hofplatz mit den hohen Kastanien, die blühenden Fliederbüsche: lila und weiß.
Es war ein schöner Hof in schöner Lage. Zur Straße nach Gonsken hin ein hoher Holzzaun. Zentral eingelassen das breite Tor für die Wagen. Links des Hofes unter hohen Bäumen, von ihnen umstellt und verhängt, das Wohnhaus; ein gemauertes Haus, das innen lichter, »moderner«, »bürgerlicher« war, als das bei uns in Rydzewen. Rechts anschließend der Stall, die Scheune. Geradeaus der Weg hinunter zur Wiese, zum Wald und den Feldern, auch zum Brunnen (denn in diesem Haus gab es zwar elektrisches Licht, aber ebenfalls keine Wasserleitung).
Auf der Südseite des Hauses, vor der Wohnstube, zur Wiese hinunter ein schöner Garten. In ihm auch jener Walnußbaum, den Mutter gepflanzt hatte und von dem sie oft

sprach. Ein zweiter Garten unterhalb der Wirtschaftsgebäude; einen blühenden Faulbaum dort habe ich nicht vergessen.
Im Hof die Hundehütte beim Schuppen vor dem Stall. Dort lebte Wolf, der schöne Schäferhund.
Er hat sich damals rasch an mich gewöhnt, bis ich es mit ihm unbedacht verdarb. An einem Wintertag band ich ihn vor den Rodelschlitten, um mich ziehen zu lassen. Das mißfiel ihm außerordentlich: er fegte los, ich flog runter – und mußte danach eine Zeitlang vorsichtig mit ihm sein: er knurrte drohend, wenn ich nur in seine Nähe kam.

Menschen, die hier gelebt haben. Ich denke natürlich vor allem an die Großmutter: Oma Guste; auch an den Großvater. (Ich habe keinen meiner Großväter kennengelernt, und für meine Kinder hat sich das wiederholt.)
Ich habe ein Foto der beiden in ihren jüngeren Jahren. Die Oma mag da noch keine dreißig sein; dunkler Typ, kräftiges braunes Haar, dunkles Kleid. Sie sitzt in einem zierlich gearbeiteten Metallstuhl.
Meine Mutter, scheint mir, ist aber eher auf den Vater hinausgekommen. Der steht auf seinem Bild ein bißchen verlegen da, in Soldatenuniform mit hoher runder Mütze – und das erscheint mir fast symbolhaft: als Soldat ist er allzu früh umgekommen. Schlichter Rock, keine Auszeichnungen. Ein gutaussehender Mann mit kurzgehaltenem Schnurrbart.
Ja: Der Erste Weltkrieg sorgte dafür, daß er nicht alt wurde.

Menschen in diesem Haus.
Zu den faszinierendsten Fotos, die ich aus Masuren noch besitze, gehört das Bild der Gesellschaft bei Eheschließung meiner Eltern 1933. Jedesmal, wenn ich es in die Hand

nehme, entdecke ich auf ihm etwas Neues. Es wurde in der Wohnstube in Satticken aufgenommen.
Die Stube ist geschmackvoll tapeziert; unter der Decke zum Abschluß eine Bordüre. Bilder an den Wänden: Doch sie werden von den Menschen der Hochzeit weitgehend verstellt bis auf das eine, das einen sterbenden Soldaten zeigt, zu dem ein Engel getreten ist – Erinnerung im pathetischen Wilheminischen Stil an den Soldatentod meines Großvaters.
Diese ländliche Hochzeitsgesellschaft in der ersten Hälfte unseres Jahrhunderts! Wie sie sich alle herausgeputzt haben! Sogar Adolf hat sich sozusagen als feiner Mann verkleidet.
Im Mittelpunkt vorne sitzend natürlich das Brautpaar; Mutter in Brautkleid und Schleier, zwanzig Jahre alt; Vater in dunklem Anzug, weiße Schleife, einunddreißig. Es ist heute das einzige Bild von ihm, das ich noch habe: ein asketischer Kopf, eine große Nase, helles Haar; »aschblond« – das Ganze eher nordisch. Und er blickt so ernst und geradezu bewegungslos, wie ich es von ihm kenne.
Neben und hinter ihnen: die kleine, füllig gewordene Oma Guste, gleichsam Glucke, die sich sichtlich als der Mittelpunkt fühlt. Ihr Sohn (mein Onkel) Bruno in SA-Uniform mit Hakenkreuz-Armbinde. Zwei der drei Brüder meines Vaters (es fehlt der August) und seine Schwester. Mutters Geschwister Grete und Walter. Die Tante Mieze. Und einige, die ich nicht kenne.

Das alles ist untergegangen. Die Stube, das Haus sind spurlos verschwunden. Bloß unter den hohen Bäumen noch eine Delle im Boden, die die Lage des Kellers anzeigt; das hat sich bislang noch nicht ganz verwischt.
Den Walnußbaum Mutters gibt es nicht mehr; auch er

gefällt, verschwunden. Aber aus dem Boden um den Stumpf, wie daheim um den vernichteten Lindenbaum, wucherndes Gesträuch.
Und am andern Ende des Hauses, dem Dorf zu, hat es also jenes Türchen gegeben, durch das in einer Silvesternacht ein Geist gekommen sein soll, um einem Kranken im Haus den nahen Tod anzukündigen. Gab es hier vielleicht auch heute noch solche Geister? Müßte es sie nicht jetzt erst recht, als Ruhelose, geben?
Unten stehen die Birken am Waldesrand. Und es gibt noch die kleine Quelle, aus der die Oma das Osterwasser holte; nun liegt diese Großmutter schon lange auf einem süddeutschen Friedhof.
Und auch der Faulbaum ist noch da!

Am Ende noch einmal ein Blick auf alles von der Straße her. Und dreht man sich um, hat den Hof im Rücken, so liegt vor mir ein kleines Stück meiner Kindheits-Welt wie unverändert: eine Wiese und in einiger Entfernung das heile Stuhlmachersche Gehöft.
Eines Tages nicht mehr fern von der Flucht hat Großmutter geträumt, eben diese Wiese stehe voller Kreuze. Sie hat es Stuhlmacher erzählt; er nahm es bedrückt auf: er kannte ja ihre quasi hellseherischen Fähigkeiten.
Aber wer hat das weitergetragen? Hat sie es noch andern mitgeteilt? Jedenfalls waren da die immer noch Unbelehrbaren, die tückischen Dummköpfe; und einer von ihnen ging die Oma an (und man weiß, das sowas damals alles andere als ungefährlich war): Sie sei eine Volksverhetzerin –.

Auf diesem Hof der Großmutter habe also auch ich eine Zeitlang gelebt. Ich kam 1943 hierher und blieb eine Reihe von Monaten, wohl etwa ein Jahr. In der Erinnerung er-

scheint mir diese Zeit als die mit Abstand freudloseste meiner ganzen masurischen Kindheit. Ja das Bild ist aufs Ganze gesehen so bedrückend und angstmachend, so schwermütig getönt, daß ich mich zu fragen begonnen habe, ob ich heute nicht einige negative Ereignisse zu wichtig nehme und damit auch einigen, für mein damaliges Wohlergehen verantwortlichen Menschen Unrecht tue, die mir im Grunde genommen gut gesonnen waren: Allen voran Oma Guste, doch ebenso dem französischen Kriegsgefangenen Josephe und sogar meinem ersten Lehrer B., den ich als keinen durchgehend angenehmen Menschen in Erinnerung habe und der doch derjenige gewesen ist, der mir wie kein anderer meiner Lehrer eine Sonderstellung einräumte und das beste Schulzeugnis schrieb, das ich je bekommen habe.
Die Oma Guste war von sehr anderer Art, als die Oma Reinoß. Sie hätte sich gewiß nicht so für die masurische Sprache engagieren können; sicher konnte sie sie, aber ich habe sie immer nur sehr akzentuiert deutsch sprechen hören. Gewisse Bildungsgüter waren ihr durchaus nicht fremd, wenn darunter auch einige Stilblüten zu sein schienen, wie diese: Weißt du denn, daß der Goethe den Schiller umgebracht hat?

Bibellesend vor dem Haus kann ich sie mir auch nicht vorstellen; Religion schien in diesem Haus keine Rolle zu spielen. Und erst recht hätte sie keine Katze im Sack mit dem Knüppel erschlagen.
Vereinfachend, und auf die Oma Reinoß gesehen nicht ganz zutreffend, habe ich in der einen die »polnische«, in der andern die »deutsche« Großmutter gesehen. Will man eine Erklärung für die gravierenden Unterschiede, so spielt die Altersdifferenz wohl die größte Rolle: die »deutsche« Oma war rund ein Vierteljahrhundert jünger und nicht um 1870

zur Schule gegangen, sondern um die Jahrhundertwende. Sie gehörte bereits zu der nächsten Generation: Sie war etwa so alt wie die älteren Brüder meines Vaters (und irgendwer hat mir zu Ohren gebracht, sie hätte den Karl lieber selber gehabt, als ihm ihre Tochter Leni gegeben). An ihrem Lebensabend in Süddeutschland, in unserer Nähe, kam sie problemlos mit den Menschen am andern Ende Deutschlands zurecht, las regelmäßig die anspruchsvollste bundesrepublikanische Illustrierte, saß schon vor ihrem Fernseher, als wir noch keinen hatten.

Auch der Franzose Josephe (Oma sagte Josef und betonte die erste Silbe), Fremdarbeiter auf ihrem Hof, war deutlich von anderer Art als der Pole Janek. Ich sage das, ohne den guten Janek abwerten zu wollen, der uns näherstand: Josephe war feiner, gebildeter, zweifellos kultivierter. Ich weiß nicht, welchen Beruf er hatte; als kleinen Beamten oder sogar Lehrer konnte ich ihn mir vorstellen.

Zwei gute, umgängliche, nicht ungebildete Menschen, neben denen ich also eine Zeitlang der dritte im Haus war. Weshalb diese melancholische (»schwarzgallige«) Tönung jener Zeit für mich? Der Hauptgrund lag wohl einfach darin, daß ich zu einer (nach meinem Maßstab) alten Frau und einem nicht glücklichen Kriegsgefangenen am Ende der Welt, fernab vom Dorf, gesteckt worden war, ein Kind von acht Jahren. Das hätte im Lauf der Zeit auch einen weniger empfindlichen Jungen depressiv gestimmt.

Weshalb ich überhaupt dorthin gekommen war? Mutters Onkel Gustav Riek, der Wirtschafter des Hofes, war mitten im Krieg gestorben; und die Großmutter wollte in der Abgelegenheit nicht alleine mit dem Franzosen unter einem Dach leben. So ist man auf meine Anwesenheit verfallen.

Der kürzeste Weg vom Hof ins Dorf führte durch den Wald, der gleich unterhalb des Hofes anfing, und wie gesagt mitten über den alten Friedhof. Wie oft bin ich ihn gegangen! Ein Acht- und dann Neunjähriger, den Schulranzen auf dem Rücken, über einen Friedhof ins Dorf.
Einige Male in all den Monaten bin ich in den Ort zum Spielen gegangen; einige wenige Male kam jemand zu mir: der Sohn des Lehrers B., auch der Sohn des Berliner Lehrers, der sich zusammen mit einigen Berliner Frauen und ihren Kindern eine Zeitlang in Satticken aufhielt.
Der Sohn des Berliners und ich versuchten, mit Omas Rad fahren zu lernen. Wir übten in der Nähe des Hofes auf der Straße nach Gonsken, wo diese leicht abfiel. Stiegen oben auf, ließen uns runterrollen, sprangen unten ab – das Rad wurde ruckartig nach der anderen Seite gestoßen.
Das Rad überstand diese Tortur; es waren ja bloß die Anfänge des Übens. Bald konnte ich derart gut fahren, daß die Oma mich zu Besorgungen mit dem Fahrrad losschickte.

Ich weiß nicht, wer auf die Idee verfiel, Josephe könnte mir etwas Französisch beibringen, es war wohl auch die Oma. Der Vorschlag war gar nicht übel – im Hinblick auf mich wie auch auf den Franzosen. Er war denn auch gern bei der Sache, und ich nahm einige Stunden bei ihm. Dazu ging ich in seine kleine Kammer im Haus, die immer einen sehr gepflegten Eindruck machte.
Ab und zu bekam er ein Paket von zu Hause, in dem manches Eßbare war, das es bei uns nicht gab. Saß ich bei ihm, so gab er mir immer eine Kleinigkeit davon ab.
Einmal briet er uns Froschschenkel in Butter. Man sagte mir erst hinterher, was ich gegessen hatte, und das war richtig so – ich hätte mich sonst wieder mal gesperrt.
Als sich der deutsche Rückzug im Osten immer mehr unse-

rer Heimat näherte, wurde Josephe zunehmend unverträglicher: widersprach der Oma nun immer häufiger und wurde dabei ärgerlich und laut.
Heute kann ich ihn nur zu gut verstehen. Später auf der Flucht im übelsten Winter habe ich öfter kleine Gruppen von Franzosen beobachtet, die sich mit ein paar Habseligkeiten, meistens auf Rodelschlitten geschnallt, nach Westen durchzuschlagen versuchten.
Hoffentlich ist es Josephe gelungen, in seine Heimat zurückzukehren.

Kleinigkeiten, unvergessen auch nach fast einem halben Jahrhundert: Der große Spiegel im Wohnzimmer, in dem sich der helle Raum fast verdoppelte.
Und jene Birkenbäume unterhalb des Hofes, aus denen Saft gezapft wurde (vorsichtig, niemals ging ein Baum ein).
Josephe und zwei oder drei andere mit Omas Einverständnis beim heimlichen Schnapsbrennen.
Fahrten nach Kiöwen zum Bahnhof. Und als ich zum erstenmal ein Zugabteil von innen sehen durfte, da habe ich hinterher beharrlich behauptet, es habe Bänke und *Tische* darin gegeben. Das mit den Tischen ließ ich mir durch keinen Widerspruch, kein nachsichtiges Lächeln ausreden.

Ich versprach, auf die Schule in Satticken zurückzukommen. Das will ich nun tun.
Wie kam ich dort zurecht?
Jedenfalls besser als manch anderer und besser als vielleicht die meisten. Übertreibe ich zu meinen Gunsten, wenn ich meine: Ich galt wohl als eine Art Paradiesvogel, der für einige Zeit zugeflogen war und etwas außerhalb des Üblichen blieb, das nach meiner Erinnerung sonst für ausnahmslos alle galt?

Über den ersten Lehrer B. sagte ich schon, daß ich ihn als keinen durchweg angenehmen Menschen in Erinnerung habe – und doch jedesmal, wenn ich das so feststelle, bekümmert es mich. Ich komme nicht daran vorbei: Das Bild, das ich von ihm aufbewahre, ist aufs Ganze gesehen nicht bloß erfreulich – doch zugleich kann ich mich, wenn es nur um meine Person geht, nicht im geringsten beklagen, im Gegenteil.
So sehe ich mich hin- und hergerissen: Auf der einen Seite erinnere ich mich mit Zuverlässigkeit, weil großer Genauigkeit, an einige häßliche Details ihn betreffend – auf der andern drängt es mich zu Einwänden zu seinen Gunsten und soviel Nachsicht wie irgend möglich, so daß ich ein zu negatives Bild von ihm gar nicht zeichnen kann, wohl nicht einmal ein ausgewogenes, sondern nur ein geschöntes.
Unlängst stieß ich in einer Heimatzeitschrift auf das Foto einer Satticker Schulklasse, das auch B. zeigt, es ist aus dem Jahr 1937. Und gerade sein Anblick hat mich gerührt: ein eher kleiner, eher zarter Mann, jung noch (damals 39) und offenbar freundlich.
Und das war derselbe Mann, den ich nur sechs Jahre später beim heftigen Prügeln beobachtet habe usw.? Und wieder der Versuch eines Zweifels zu seinen Gunsten: Hat er, der Ortsgruppenleiter, durchaus nicht so oft in Parteiuniform unterrichtet, wie ich es heute vor mir sehe? Und blieben seine Prügelstrafen vielleicht doch im Rahmen des damals Üblichen, während entweder meine aufgebrachte Beobachtung oder mein um Gerechtigkeit bemühtes Gedächtnis sie übersteigert hat und mir, zumindest in einigen Fällen, scheußlicher darstellt? (Aber auch schon in den siebziger Jahren, also noch deutlich näher am Geschehen, notierte ich: Nach meiner Erinnerung hat B. jeden Tag geprügelt, meistens aus nichtigen Anlässen.)

Derselbe Mann wie vor dem Krieg oder ein inzwischen veränderter? Es konnte nicht mehr ganz derselbe sein. Was war im Lauf der Jahre mit ihm geschehen? Hatte es etwas zu tun mit dem höchsten Parteiamt im Dorf, der braunen Uniform, dem Ungeist der Zeit? Das ihn unter anderem auch in Beziehung zu polnischen Kriegsgefangenen brachte?

Über die Satticker Schule und den letzten Lehrer B. hat unlängst eine Frau geschrieben, die eine Schülerin von ihm war und dann selbst Lehrerin wurde. Sie stellt ihm ein gutes Zeugnis aus und denkt dankbar an seine »gute Arbeit« zurück.
Ich las diesen Bericht sehr genau. Das B. durch Prügeln besonders aufgefallen wäre, steht nicht in ihm. Doch auch das bezieht sich auf die Zeit vor dem Krieg.
Hingegen hat nach dieser Quelle einer seiner Vorgänger in Satticken so Barbarisches mit der Rute geleistet, daß sie nach den Anmerkungen ihrer älteren Brüder »lieber sterben« wollte als in seinen Unterricht zu müssen: vor »den vielen Prügelstöcken« hatte sie »eine panische Angst«.

Soll ich an diesem Punkt sagen: Laß es doch gewesen sein, wie es war? Mach nicht soviel her wegen etwas mehr oder etwas weniger Ruten-Artistik? Und du selbst hattest ja nichts auszustehn.
Aber gerade das macht mir zu schaffen: daß man nicht die eigene Ausnahmerolle zum Maßstab nehmen sollte für das Verdikt über jemanden, der andere unbestreitbar gepeinigt hat. Und ein Lehrer, der prügelt, wie ich es beobachtete, hat bewußt Kinder bis aufs Blut gequält.
Und es ist zu fragen, weshalb.
Viele der Schulzeiterinnerungen aus der ersten Hälfte des

Jahrhunderts erwähnen das Richter- und Büttelamt der Herrn Lehrer – eine Höhlenmenschen-Pädagogik, eine Pädagogik der primitivsten Art, die so sehr im Gegensatz zu stehen scheint zu den Menschen, die höhere Bildungsanstalten besucht hatten und Bildung vermitteln sollten.
Zu stehen *scheint*, aber offensichtlich nicht stand. Folgt man den Berichten, so bleibt einem gar nichts anderes übrig als anzunehmen, daß es gerade unter den Lehrern auffallend viele Sadisten gegeben hat.
Denn was sonst, wenn nicht ein solch fataler Antrieb, kann gebildete Menschen, die etwas über die Psychologie des Kindesalters und die neueren Erkenntnisse der Pädagogik gehört hatten, dazu bringen, jedes und alles mit Brachialgewalt, mit Erzeugung von Angst und Schrecken, zurechtrükken zu wollen? Zumal die sogenannte Züchtigung in der Pädagogik schon seit dem 17./18. Jahrhundert zunehmend abgelehnt wurde. Jede kleine kindliche Unzulänglichkeit, jedes Unvermögen aus mangelnder Begabung (gerade darin bin ich nach den eigenen Beobachtungen sicher), eine durchgehende Schwäche ebenso wie eine momentane Unpäßlichkeit, sind mit Prügeln bedacht worden. Vielleicht auch Hiebe wegen Kurzsichtigkeit und Schwerhörigkeit, Husten oder Fieber? Man kann durchaus nicht sicher sein, daß letztlich nicht auch deswegen die Rute geschwungen wurde.

In der Großen Pause ging Lehrer B. in seine Wohnung. Irgendein »Großer« hatte während dieser Zeit den Auftrag, jeden an die Tafel zu schreiben, der sich nicht vorschriftsmäßig benahm.
Gab es dafür halbwegs nachvollziehbare Maßstäbe? Nein. Es war ganz in das Belieben dieses »Hilfssheriffs« gestellt, wen er verprügelt haben wollte. Wenn B. wiederkam, ging

sein erster Blick zur Tafel: Wer war diesmal über die vorderste Bank zu legen? Ich kann mich nicht erinnern, daß je eine Prüfung des Vorfalls stattgefunden hat.
Eines Tages stand dort mein Name. Als einziger. Es war schiere Bosheit des Aufpassers: Ich hatte nicht den geringsten Anlaß gegeben. Den Grund für sein Verhalten kann man sich aber vorstellen: Ich wurde bis zur Ungerechtigkeit bevorzugt (mein Zeugnis enthielt so gut wie nur Einsen, auch das war wohl übertrieben), und nun wollte man mich doch mal drankriegen!
B. kam herein, sah zur Tafel, zeigte keine Regung.
Und er begann ungerührt mit dem Unterricht: der Behandlung der altpreußischen Götter. Inzwischen galten sie wohl als so entrückt und ganz Geschichte geworden, daß man sie unbedenklich behandeln konnte. Er zählte sie auf: Perkunos, Pikollos, Potrimpos. Drehte sich zur Tafel, um sie anzuschreiben. Mir schlug das Herz bis in den Hals: Jetzt konnte er meinen Namen nicht länger ignorieren –.
Doch da wandte er sich zu mir, lächelte, sagte: Und der erste Gott hieß Reinoß –.
Und nahm den Lappen, und wischte meinen Namen fort.
Hatten mich die drei Prußengötter gerettet, indem sie ihm den Scherz der Beziehung meines Namens (weil er wie der ihre endete) eingab? Hätte er sich mit der Ausnahmebehandlung sonst schwerer getan?
Aber welch ein schier unglaublicher Zufall, daß er ausgerechnet an diesem Tag, als die Intrige gegen mich lief, dieses Thema behandelte.
Oder ist ein solcher Zufall tatsächlich zu unglaublich? Hat B. vielmehr bewiesen, daß er überlegen auch über scheinbar ehernen Gesetzen stand?
Solche Erfahrungen sind es, die mich fortwährend für ihn einnehmen, trotz manchem anderen.

Mit den Evakuierten aus Berlin war 1943 also auch Lehrer G. an die Schule gekommen; und auch diesem Großstadtpädagogen war Prügeln offenbar nicht gerade eine unangenehme Sache. Er verdrosch unter anderem grundsätzlich, wenn jemand in der Benotung einer Deutscharbeit in Schrift mangelhaft bekam.

Nun setzte er ja aber die Noten selbst fest, bestimmte also, wen er verprügeln wollte. Trotzdem kam es eines Tages zu dieser Farce:

Unter den Vieren, die vorzutreten hatten zur Bestrafung, befand auch ich mich. (Was insofern korrekt war: Ich hatte mir damals eine »Sauklaue« zugelegt, schrieb »wie der Hahn auf dem Misthaufen«.)

Als er uns angetreten vor sich stehen hatte, sagte er aber: Bedankt euch bei dem (er zeigte auf mich) – den möchte ich nicht prügeln. Und ließ uns in die Bänke zurückgehn.

Doch die Sache war für mich damit nicht erledigt.

Bald danach war ich mit der Oma zusammen im Dorf, und zufällig – aber war es wirklich ein Zufall? – lief uns der Lehrer G. über den Weg. Und sofort fing er an, mich in einer üblen Weise herunterzumachen: Im Sportunterricht habe ich mich neulich wie ein Angsthase benommen, sei vor einem Ball weggeduckt – und meine Schrift, die sei so miserabel, daß er mir deswegen habe eine Tracht Prügel verabreichen müssen.

Ich meinte, nicht richtig gehört zu haben. Aber er hatte es tatsächlich so behauptet.

Kaum waren wir allein, da fiel die Oma über mich her: Es sei ja weit mit mir gekommen! Jetzt habe ich sogar schon wegen schlechter Schrift was auf den Hintern bekommen!

Ich hielt wahrheitsgemäß dagegen: So sei es doch gar nicht gewesen –.

Sie, wütend: Das werde ja immer schöner! Jetzt lüge ich auch noch!
Da war ich lieber ruhig, um sie nicht noch mehr zu reizen.
Heute meine ich, es könnte folgendermaßen gewesen sein: B., der Erster Lehrer war, könnte dem Berliner direkt oder indirekt zu verstehen gegeben haben, daß ich »tabu« sei. Daran hatte G. sich gehalten. Aber ihn fuchste das; und so wartete er auf die Gelegenheit, mich der Großmutter gegenüber in das denkbar schlechteste Licht zu rücken – vielleicht sogar, um eine gewisse Bestrafung durch *sie* auszulösen?
War es tatsächlich dieses häßliche Spiel, so wäre es fast aufgegangen.
So gab mir G. erst recht wenig Grund, ihn in rundum guter Erinnerung zu behalten.

Im Vorhof eines Alptraums

Es ging auf das Ende des deutschen Masuren zu, wir schrieben Sommer 1944, und ich war mit meinen kindlichen Kräften am Ende.
Sogar als ich nach den Satticker Monaten schon wieder eine Zeitlang daheim war, schien ich nicht ganz gesund zu sein: hatte öfter Leibschmerzen, Verspannungen im Bauch, für die es keine rechte Erklärung gab, mußte mich dann ein bißchen hinlegen.
Nachhall des Satticker Aufenthalts? Es ist die naheliegende Erklärung dafür. Waren jene Monate für mich durchweg nicht gerade glücklich gewesen, so endeten sie schließlich in der Nähe eines Alptraums.

Eines Tages in jenem Sommer erschien Mutter mit Pferd und Wagen, um mich nach Hause zu holen. Das war so ausgemacht; und ich hatte mich in der Schule verabschiedet. War Anlaß dafür die sich aus dem Osten gefährlich nähernde Front?

Doch Großmutter war plötzlich entschieden anderer Meinung, was meine Heimfahrt betraf. Sie stellte sich quer. Der Franzose Josephe machte ihr größere Probleme denn je – ausgerechnet da sollte sie mich hergeben?

Es kam zu einem Geziehe und Gezerre zwischen den beiden Frauen um mich, im Haus und zuletzt draußen vor der Tür. Ich sehe es vor mir, wie die beiden sich streiten, ob ich denn nun mitfahren oder bleiben sollte; und ich (quasi das Corpus delicti) stand reglos dabei.

Ob sie mich um meine Meinung fragten? Ich weiß es nicht mehr. Mag sein, daß die eine sagte: Nu komm mit! Und die andere: Bleib hier!

In jener Situation neigte ich dazu, zu bleiben. Gewohnheiten bedeuten viel; trotz allem hatte ich mich in die Satticker Verhältnisse, wie sie nun mal waren, eingewöhnt.

Mutter fuhr an jenem Abend allein nach Hause. Ich blieb.

Doch kaum war sie weg, da brach ich in Tränen aus. In jenen Stunden hat jede Entscheidung für mich nur falsch sein können.

Am nächsten Morgen mußte ich wieder in die Satticker Schule, wo ich wie gesagt schon abgemeldet war. Der Berliner Lehrer hatte mir zwei, drei Hefte geschenkt, um mir den Abschied leichter zu machen; nun wollte er sie gleich wiederhaben, ich war ja dageblieben.

Auf dem Nachhauseweg weinte ich wieder. Irgendwer sah mich schluchzen, hinterbrachte es der Oma, die mich darauf ansprach.

Als ich einige Monate vorher von zu Hause nach Satticken

gezogen bin, war ich nicht sonderlich traurig gewesen, hatte jedenfalls nicht geweint. Welchen Einflüssen war ich inzwischen ausgesetzt gewesen, daß ich um so vieles erschütterbarer geworden war?
Ausgerechnet in jenen Tagen kam jenes Päckchen von Vater für mich an, das einige Süßigkeiten enthielt. Die Oma besah sich alles genau und stellte fest, daß diese Bonbons für die schwerkämpfende Truppe gedacht seien. Danach begann sie mir auszumalen, wie schwer es Vater wohl an der Rußlandfront habe, immer sei das *Leben* in Gefahr.
Da begann ich erst recht zu schluchzen, es wurden Weinkrämpfe, tagelang war ich nicht zu beruhigen. Vater! dachte ich immer wieder. Und gerade ihn brauchte ich so sehr! Auch im Streit der Frauen um mich hätte er doch das entscheidende Wort gesprochen, auf seine ruhige Art, und es wäre das richtige gewesen. Und Vater konnte also in jedem Augenblick umgebracht werden –.
Die Oma mag damals im Hinblick auf mich ebenso ratlos wie ungeschickt gewesen sein. So stieg sie auf den Boden und suchte nach irgend etwas, das mich ablenken konnte.
Sie kam mit einer Zither wieder, einer Waldzither. Und sie hatte auch noch ein Lehrblatt gefunden, das man unter die Saiten des Instruments schieben konnte, und es war angegeben, in welcher Reihenfolge welche der Saiten gezupft werden mußten, damit die Melodie zustande kam.
Was für ein Lied das war, dieses eine, einzige, das ich damals spielen lernte?
»Es ist bestimmt in Gottes Rat, / Daß man vom Liebsten, was man hat, / Muß scheiden!«
Es war tatsächlich dieser Betschwestern-Gesang. Und ich saß da und klimperte immer ein und dasselbe, und das mußte mich ja noch mehr bedrücken, und die Oma mit, aber sie sagte nichts.

Ich habe niemals zu denen gehört, die sich in Gejammer ergehen wegen »Einsamkeit«. Meine Maxime konnte stets die Goethische sein: »Und kann ich nur recht einsam sein, / So bin ich nicht allein.« Und das ist der Grund dafür, daß ich in mir schon nachzuforschen begonnen habe, ob ich nicht damals die negativen Ereignisse einiger weniger Tage im späteren Nachhinein zu sehr für das Ganze nehme: die vielen Monate, die mit den üblichen Höhen und Tiefen durchaus alltäglich waren. Und es gab doch auch viele schöne Dinge auf dem Nowotschschen Hof: der im Frühjahr blühende Faulbaum, nach dem ich 1980 gleich guckte (und in meinem Garten habe ich der Erinnerung wegen auch einen gepflanzt), die herrlichen Erdbeeren beim Westrand des Waldes gleich in der Nähe, und dort gab es sogar etwas Heidekraut. All das unvergessene kleine Bilder; und Bedrücktheiten waren also nicht durchgehend da.
Und auch damals in der ausgehenden Satticker Zeit rettete ich mich schließlich selbst, indem ich etwas anfing, wozu es mich von mir aus drängte: Ich begann eine Art Familienchronik zu schreiben.
Da war ich neun Jahre alt.
Leider erinnere ich mich nicht mehr an Einzelheiten. Sie könnten verständlicher machen, was mir selbst heute etwas unverständlich erscheint: daß man sich in einem solchen Alter ein solches Thema vornimmt.
Ich habe es jedenfalls getan. In gedrückter Verfassung saß ich da und schrieb über die Familie, während von fern, wenn man genau hinhörte, irgendwelches Gewummere herüberdrang, von dem gemunkelt wurde: Das sind Kanonen, das ist schon die Front –. (Im Juli 1944 hat die Rote Armee bekanntlich Grodno und Bialystok genommen – von dort bis zu uns waren es keine hundert Kilometer Luftlinie mehr.)

Irgendwann in jener späten Satticker Zeit war es, daß wir zu mehreren am Rand eines Sandweges durch den Wald, halb zwischen dem Dorf und unserm Abbauhof, spielten. Und also darauf verfielen, Gräber anzulegen, geradezu einen ganzen Friedhof.
Und durften doch um himmelswillen niemals Beerdigung spielen. Die Oma war überzeugt davon, daß sonst jemand aus der Familie sterben würde.

Trotz allem hielt die Zeit in Satticken auch noch ein großes unvergessenes Erlebnis für mich bereit: eine Reise mit der Bahn bis nach Rastenburg. Dort lebte die Familie Aßmann, in die Mutters Schwester eingeheiratet hatte, und die Tante Grete war auch dort, und zu ihr fuhren wir.
Ich habe jenen Sommer, unsern letzten in der masurischen Heimat, als ungewöhnlich schön in Erinnerung, ja in unirdischer Schönheit. Und begann schon zu meinen, das sei vielleicht eine Überhöhung, ja Stilisierung im Gedächtnis. Doch fand ich dann bei Lehndorff dies: »Noch einmal, ehe die Kriegswalze darüber hinging, entfaltete sich meine ostpreußische Heimat in ihrer ganzen rätselvollen Pracht. Wer die letzten Monate mit offenen Sinnen erlebte, dem schien es, als sei noch nie vorher das Licht so stark, der Himmel so hoch, die Ferne so mächtig gewesen.« Niedergeschrieben nicht viele Monate später, schon 1947.
Lyck, Lötzen, Rastenburg. Vor allem die großen Seen im hellsten Sommer; so der Löwentin-See bei Lötzen. Und der einzigartige masurische Himmel, und die Schönwetter-Wolken, die dort so sind wie nirgendwo sonst.
Es war, als sollte ich doch auch noch die weitere Heimat quasi im letzten Augenblick sehen, und in der schönsten Weise, ehe wir sie für immer verlassen sollten und nichts je wieder so sein würde, wie es in meiner Kindheit war.

Auf einem der Bahnhöfe, wo wir auf den Anschlußzug warteten, ging uns ein Beamter in frecher Weise an: Ihr wollt wohl abhauen, was?! Das gibt es aber nicht!!
Ja: Fliehen war in Ostpreußen zu einem Thema geworden.

Doch schon bald drängten die äußeren Ereignisse: das Nahen der Front war nicht aufzuhalten. Und nun holte mich Mutter nach Hause, ohne daß es abermals Diskussionen darüber gab.
Ja: Dieser tatsächliche Abschied von Satticken scheint so unproblematisch verlaufen zu sein, daß ich an ihn kaum eine gravierende Erinnerung habe. Und es war doch ein Abschied für immer. Unser Dorf Rydzewen lag nur zehn, zwölf Kilometer weiter westlich als Satticken, aber für den Schulbetrieb damals und die Räumungen war die Chaussee Lyck-Treuburg eine Grenze.
Östlich von ihr wurde der Unterricht nach den Sommerferien 1944 nicht mehr aufgenommen.

Exkurs IV: Brief an einen süddeutschen Freund: betreffend die Geschichte des masurischen Volkes, ausklingend

Lieber J.,

Du hast natürlich recht: Mit der Vernichtung Hitlers war der ganze Ungeist in unserm Jahrhundert in Europa keineswegs beseitigt. Bereits für die Endphase des Krieges spricht ein überlegener Historiker wie Golo Mann aus Anlaß der Bombenangriffe auf Darmstadt und Dresden (die er »nächtliche Massenmorde an der Zivilbevölkerung« nennt) davon, welchen »Tiefstand die öffentliche Moral nun überall erreicht hatte«.

Und Wolf Jobst Siedler schreibt von »zwei kranken Männern und einem Massenmörder«, die damals auf der Siegerseite den weiteren Lauf der Welt bestimmten; Geist nicht vom Geiste der Neuzeit praktizierend, sondern brutaler alter Zeiten, durchaus ähnlich wie ihr soeben besiegter Gegner. Siedler formuliert, man sei »von Waterloo nach Zama zurückgekehrt«.

(Und bei Zama, das wissen wir, ereignete sich 202 v. Chr. die entscheidende Niederlage Hannibals gegen die Römer, und den folgenden von den Siegern diktierten Frieden nennt Haefs einen »grausigen«, weil er auf die völlige Vernichtung des Rivalen abzielte.)

Und so durfte 1945 an allen Deutschen des Ostens sich hemmungslos vergehen, wer immer es wollte; und jahrhundertelang deutsches Land wurde einfach weggenommen, und seine Menschen wurden davongejagt.

Flucht und Vertreibung der Deutschen 1944–47, schreibt der Verfasser einer der jüngsten Deutschen Geschichten (1990), Jürgen Mirow, »stellten die größte durch Gewalt veranlaßte Bevölkerungsverschiebung der europäischen Geschichte dar... Einzigartig in der europäischen Geschichte war auch, daß von der Vertreibung nicht nur verstreute Volksinseln und volklich gemischte Gebiete betroffen waren, sondern in großem Stil selbst solche Landschaften von den Angehörigen eines Volkes leergeräumt wurden, die einen Teil des geschlossenen Siedlungsgebietes dieses Volkes bildeten.«

Und treffend charakterisiert Mirow das Prinzip, nach dem

damals von den Siegern verfahren wurde: Man habe »Menschen um ihrer Volkszugehörigkeit willen von einer Weide auf die andere« getrieben »und sie dabei oft schlechter behandelt, als man es Vieh zumuten würde«, ja sie »teilweise überhaupt physisch« ausgerottet.
Etwa 14 Millionen Deutsche haben 1944–47 die Heimat östlich von Oder und Neiße verloren; über 2 Millionen deutsche Zivilisten sind bei Flucht und Vertreibung ums Leben gekommen, und beileibe nicht nur durch Kriegshandlungen, Hunger und Krankheit, »sondern der Tod von etwa 600000 deutschen Zivilisten war auf Verbrechen der Russen, Polen, Tschechen und Jugoslawen zurückzuführen« (auch dies bei Mirow).
Damals also verging man sich auch an dem kleinen masurischen Volk, so daß die heute in Deutschland wie in Polen diskutierte Frage: ob es denn überhaupt noch Masuren gibt, zunächst einmal nicht unberechtigt erscheint.
Eine nicht mit einem Satz zu beantwortende Frage, mein Lieber! Doch immerhin sind bei Kriegsende die Deutschen aus dem Süden Ostpreußens nicht ganz so restlos davongejagt worden wie zum Beispiel aus Pommern oder Niederschlesien, weil man viele als »Alteingesessene« einstufte, die angeblich »germanisiert« worden waren und nun »repolonisiert« werden mußten. Aber die meisten von denen sind wegen ihrer miserablen Behandlung durch die Polen im Lauf der Jahrzehnte dann doch lieber in die Bundesrepublik Deutschland umgesiedelt, so daß die heute noch in der angestammten Heimat lebenden herkömmlichen Masuren tatsächlich nicht mehr sehr zahlreich sind.
Damit ist freilich auch gesagt: Aber es gibt in Masuren immer noch Masuren! Und Quantität ist ja nicht alles. Immerhin dürfen diese Menschen heute zusammenkommen um ihrer Kultur und Bildung willen und um sich

gemeinsam zu vergnügen – kurz: Es sieht nicht mehr ganz so trostlos für sie aus wie noch vor wenigen Jahren. Man darf heute einige Hoffnung haben.

I

»Masuren breitet sich auf der Grenze deutschen und slawischen Volkslebens aus. Früh unter deutsche Herrschaft gestellt und früh von Polen bevölkert, weist es in seiner ganzen Geschichte den Gegensatz und die Versöhnung beider Nationalitäten aus...«
Max Töppen, 1870

Doch Deine Frage, mein süddeutscher Freund, lautete ja etwa so: Was war das eigentlich für ein kleines Volk, das 1945 nach Jahrhunderten seiner Existenz beiseitegefegt werden sollte, wie man unbrauchbar Gemachtes schließlich ganz beseitigt? Was hatte es für eine Geschichte, von der wir Deutschen, besonders ich ferner Süddeutscher, so gut wie nichts wußten? Das uns so fremd war wie Lettland oder gar die Osterinsel?

Laß mich damit anfangen, was ich in der Kindheit darüber bei den Menschen in unserm Dorf hörte: Überlieferung geworden und rührend einfach und nicht mehr an eine bestimmte Zeit gebunden.
In der Stradauner Kirche, so erzählte man, die sehr alt sei, vierhundert Jahre (in Wirklichkeit steht der heutige Bau etwa zweihundert), geschehe manches Unheimliche: Plötzlich sei nachts Licht in ihr, und man habe auch Schwertergeklirr gehört; und es gäbe einen langen unterirdischen Gang zu einer Burg oder sogar wer weiß wohin. Nach dieser Erzählung machte mir als Kind diese Kirche immer ein

bißchen angst. Erst bei der Rückkehr, fünfunddreißig Jahre nach der Flucht, betrat ich sie ganz unbefangen.
So hatte sich auch in unsrem abgelegenen Winkel etwas von einem tief zurückliegenden, bedeutungsvollen Ereignis im Bewußtsein einfacher Menschen eingenistet; und wurde von Generation zu Generation weitergetragen bis zuletzt. War zu einer jener Spukgeschichten geworden, denen auch noch die Generation meiner Eltern ernsthaft anhing.
Irgendwelche Ritter fanden also keine Ruhe. Standen des Nachts auf und fochten; Schwerter schlugen gegeneinander. Es mußte um sehr viel gehen, es war ein verbissenes Ringen. Die, denen man den Sieg wünschte, waren in großer Bedrängnis; aber es wurden geheime Fluchtwege angedeutet...
Kein Zweifel, daß dies eine Erinnerung an die Ritter des Deutschen Ordens und ihren Kampf gegen Polen war, fünfhundert Jahre vorher. Und den Weißmänteln mit dem schwarzen Kreuz drauf ist es dabei nicht gut ergangen, und das war auch für die Menschen auf dem Land von großer Bedeutung, sonst hätten sie es im Lauf der langen Zeit längst vergessen...

Aber die Geschichte Masurens, lieber J., hat beileibe nicht mit den Rittern des Deutschen Ordens angefangen, sondern mit den Urbewohnern des Landes: den *Prußen*, deren Name später auf alle Einwohner der Region, ja schließlich auf den Staat Preußen überging. Nachweisbar sind sie ab der Bronzezeit, etwa 1800 vor Christus, was nicht heißt, daß es sie nicht schon vorher gegeben hat. Als der Orden sie überfiel, lebten sie jedenfalls mindestens dreitausend Jahre auf ostpreußischem Boden, eine fast unvorstellbar lange Zeit.
Ein sehr altes Volk also, etwa zwischen unterer Weichsel und Memelmündung angesiedelt und im Süden bis ins

spätere Polen hineinreichend. Der große Tacitus (mit dem man ja auch uns beide in der gemeinsamen Gymnasialzeit plagte) nannte sie Aestii und rechnete sie zu den Germanen; doch wie waren »weder Germanen noch Slawen« (Ambrassat), sondern ein baltischer Teilstamm wie die Litauer und Letten und sie gehörten zum baltischen Sprachzweig des Indogermanischen.
Als alt und zäh bezeichnete Heinrich Gerlach die Masuren, ihr moderner Chronist, »mit einer alten Kultur«. Sie waren Jäger und Fischer in ihrem Seenland, Ackerbauer und Viehzüchter und nicht zuletzt Waldbienen-Imker. Ihre Siedlungen lagen in den endlos scheinenden Wäldern. Ein sie zusammenfassendes Prußenreich hat es aber nie gegeben, sondern lediglich kleinere Gebiets- und Stammesverbände. Darin scheinen die Prußen den Kelten nicht unähnlich.
Ihre Geschichte, so wurde festgestellt, sei sozusagen statisch gewesen, größere Entwicklungen lassen sich nicht feststellen – na, mein Lieber, du kannst dir denken, wie mir das gefällt!

Wie stand es aber um die »alte Kultur« dieser Menschen?
Immer schreibt der Sieger die Geschichte des Besiegten, meint Brecht – und zurück bleibt die Lüge. Ausgerechnet aus den Reihen der Zerstörer der Prußenkultur im Zeichen des Christenkreuzes konnte man hören (und so blieb es in Büchern bis in unsere Tage): Viel sei es ja nicht gerade gewesen, was es da zu beseitigen gegeben habe – also kein Grund, dem auch noch Tränen nachzuweinen!
Wie gesagt: Das ist die übliche Sieger- und Zerstörer-Lüge. Denn Kultur: Das sind ja nicht in erster Linie die Statuen des Phidias oder Michelangelo (d. h. die Leistungen einzelner), sondern die in einem Volk lebenden und es prägenden geistigen und religiösen Vorstellungen, seine Art zu leben:

also Menschlichkeit. Johan Huizinga: »Eine Kultur kann sich hochentwickelt nennen, auch wenn sie keine Technik oder kein Skulpturenwerk hervorbringt.«
Gerühmt werden die Beharrlichkeit, die Friedfertigkeit, die Gastlichkeit der Prußen. Ihr Ahnenkult war hoch entwikkelt. Sie hatten sich eine Naturreligion geschaffen, verehrten Wald-, Feld-, Wasser- und Hausgeister – und das hatte sich bei uns in Resten erhalten bis in die neuste Zeit.
Zum Verhängnis wurde dem alten Prußenvolk erst die Ankunft der Ordensritter.
Um 1225 waren die Prußen im Sinne christlicher Vorstellungen noch Heiden; und in letzter Zeit war es zu Reibereien mit den Nachbarn im Süden gekommen, so daß 1226 der masowische Herzog Konrad (übrigens das ganze Gegenteil von einer sympathischen Figur) den Deutschen Orden um Hilfe rief.

Diese vertrackte Sache: *Deutscher Orden.*
Das ist nicht nur ein endloser Streitfall zwischen Deutschen und Polen bis in unsere Tage; auch jemand wie ich, der ja kräftige prußische Wurzeln besitzt, hat damit seine Probleme. Anders als mein Vater, der einschränkungslos ein Ordensbewunderer war, sehe ich neben dem Licht viel Schatten.
Heinrich Gerlach hat ein Buch über die Prußen und ihre vernichtende Niederlage um 1280 gegen den Orden geschrieben, das ich Dir sehr empfehle: »Nur der Name blieb«. In ihm wird anschaulich, was damals in Ostpreußen und meiner Heimat Masuren im christlichen Namen geschah: Das Christentum und die Deutschen kamen mit blutiger Gewalt. Die Weißmäntel überzogen das Land und seine Menschen mit Greueltaten, Mord und Brand. Und auf diese Weise gewannen sie den »Kolonialkrieg« und behandelten

die Besiegten als brutal Unterworfene: Wer nicht liquidiert wurde, ist allenfalls zu niederen Diensten in den Wäldern oder zu Fronarbeit bei Errichtung der Zwingburgen benutzt worden.
»Der Masse der Übriggebliebenen gewährt man kein Lebens-, höchstens ein Überlebensrecht. In strenger Apartheid gehalten, kümmern sie in ihren Reservaten dahin.« Ihr »heidnisches« Brauchtum, ihre Feste und Lieder waren ihnen aufs strengste verboten. Es war ein Helotendasein.
So war es: Das Verenden der Prußen als Volk. Aber sie als einen »ausgerotteten Heidenstamm« zu bezeichnen (wie noch Golo Mann es tut) ist unzutreffend.

Der Orden hat dann die Besiedlung der »Wildnis« (wie er die Region der späteren Masuren anschaulich nannte) ziemlich systematisch betrieben und ein dauerhaftes Staatsgebilde geschaffen. Er ließ »feste Häuser« und Burgen bauen. Im Westteil des Landes, der zuerst bevölkert wurde, siedelten im 14. und 15. Jahrhundert vor allem Deutsche und Prußen; bis etwa 1450 waren Masowier in Masuren noch »wesentlich in der Minderheit« (Reinhold Weber). Das änderte sich erheblich, als der Orden nach weit über einem Jahrhundert der Herrschaft, in dem Ostpreußen geschaffen wurde, 1410 bei Tannenberg sein Waterloo erleben mußte (und diese Geschichtszahl mußte auch ein Süddeutscher wie Du lernen, für den meine Heimat immer so etwas war wie ein Land »weit hinten in der Türkei«), und erst recht nach dem 2. Thorner Frieden 1466. Der Strom deutscher Siedler aus dem Westen ebbte danach ab.

Und so ist die zweite Periode der »Wildnis«-Besiedlung, die nun vor allem die östlichen Ämter Masurens: Johannis-

burg, Rhein, Lyck und Oletzko betraf, durch Nichtdeutsche geprägt worden, nämlich durch Einwanderer aus Masowien.
Damit erhielt der östliche Teil Südostpreußens etwa zwischen 1430 und 1485 und auch noch später eine Bevölkerung, in der die Deutschen zur Minderheit wurden. Gollub schätzte die bis 1525 eingewanderten Masowier auf zwanzig- bis fünfundzwanzigtausend, bei einer Gesamtbevölkerung von vierzigtausend.

Nun wirst Du fragen, wer denn diese *Masowier* waren.
Es waren Menschen aus dem Süden: dem an die »Wildnis« grenzenden Herzogtum Masowien. Das heißt: Aus der Landschaft, die an der Weichsel und am Bug um die Hauptorte Warschau, Rawa und Plock liegt. Dieses Masowien war zunächst selbständig (so daß manche deutsche Historiker die Masowier jener Zeit nicht als Polen bezeichnen mögen). Mitte des 14. Jahrhunderts wurde Masowien Lehen der polnischen Krone, 1526 mit ihr vereinigt.
Und dann geschah bei uns in Masuren dieses Bedeutsame, das die Region bis ins 20. Jahrhundert charakterisiert hat und auch die späteren polnischen Forderungen unter der Flagge des Nationalismus begründen sollte: Das masowische Element »hat eine rasche Assimilierung der andern Nationalitäten, die mit den Prußen begann und sich dann auch auf die deutschen Bauern, ja sogar bis auf den deutschen Adel ausdehnte, erbracht« (Weber).
Die Sprache der Masowier, Polnisch, wurde zum Grundstock der Sprache der Masuren. Heutige Lexika nennen zutreffend das Masurische eine slawische Mundart. Sie war die Umgangssprache der dortigen Menschen, ist nicht der Entwicklung der Sprache in Polen gefolgt und hat verständlicherweise deutsche Sprachelemente, im Nordosten sogar

litauische, aufgenommen. Es war eine lebendige, sich eigenständig weiterentwickelnde Sprache; verschiedene Dialekte des Masurischen bildeten sich heraus, fast jeder Kreis hatte bei uns seine besondere Mundart.

Albert Zweck in seinem Masuren-Buch von 1900: Im eigentlichen Masuren seien »bis zum 18. Jahrhundert deutsche Laute kaum zu hören« gewesen.

Auch die Namenslisten von Dorfbewohnern aus dem 18. Jahrhundert vermitteln dieses Bild. Die männlichen Vornamen lauten fast überwiegend so: Jorek, Woytek, Thomek, Jan, Matthes.

An diesem Punkt angekommen, spüre ich geradezu, welche Frage Dir auf der Zunge liegt:

Ja – ward ihr denn überhaupt so richtige Deutsche?

Also: Die Masuren sind ein kleines Volk gewesen, das etwas von dem einen wie von dem andern hatte: von den Prußen und den Deutschen und natürlich auch von den polnischen Masowiern. In Anlehnung an den Masuren-Chronisten Töppen gesagt: Das eine Brücke zwischen dem Westlichen und dem Östlichen war, Germanischem und Slawischem, Deutschem und Polnischem – und so Bestand hatte bis in die Zeit meiner Kindheit.

II

Noch ein anderes Ereignis hatte sich meinen Landsleuten so tief eingeprägt, daß ich in der Kindheit meinte, es läge uns kaum ferner als der Russeneinfall im Ersten Weltkrieg: das grauenhafte Wüten irgendwelcher Hunnen oder Mongolen aus dem Osten.

Vater erzählte eine Episode: Mancher hätte sich vor den Bestien nicht anders zu retten gewußt, als daß er ein Loch in die Erde grub, um sich in ihm zu verstecken. Aber die viehischen Horden der Tataren (denn um deren Einfall handelte es sich) hätten einen Blick oder sogar ein Gespür dafür gehabt, seien auf ihren Pferden über solche Schlupfwinkel geritten; und unter deren Hufen habe es, wenn sie auf Menschenleiber trafen, nur so geknackt...

Das, wie gesagt, wurde erzählt, als habe man es selbst in der Kindheit mitbekommen oder von den Eltern gehört, die es erlebt hatten – tatsächlich aber lag auch dieses Ereignis im Halbdunkel lang vergangener Jahrhunderte: es datiert von 1656.

Die Geschichtsbücher berichten uns (ich zitiere August Ambrassat aus seinem Ostpreußen-Buch): die tatarischen Unmenschen seien »wie wilde Bestien über das schutzlose Masuren« hergefallen: »Sengen, Brennen, Plündern und Morden war ihre Herzenslust. Kein Alter, kein Geschlecht wurde von diesen Mordbuben verschont. Kinder und Greise wurden langsam von ihnen zu Tode gequält. Mädchen und Frauen, Knaben und Jünglinge wurden zusammengekoppelt und wie eine Viehherde in die Türkei geführt, um dort als Sklaven verkauft zu werden.«

Unsere Kreisstadt Lyck wurde derart verwüstet, »daß kaum die Stelle zu erkennen war, auf der sie gestanden hatte.« Zahlreiche Dörfer gingen ebenso in Flammen auf.

Geschichte im Blick und dauernden Bewußtsein der Leute, des Volkes, das sie hat leben müssen. *So* vor allem interessiert sie mich.

Erstaunlicherweise habe ich nie etwas gehört über jene grauenvolle Pest im Jahr 1707, die Masuren auf ein Drittel seiner Menschen reduzierte, in manchem Dorf kaum jemanden übrig ließ.

Wahrscheinlich ist, daß diese Plage wahrhaft biblischen

Ausmaßes tatsächlich den Menschen damals gar nicht so außerordentlich erschienen ist.
Der Tod hat sich immer viel ausgiebiger unter ihnen aufgehalten als unter uns Heutigen: Die meisten starben im frühen Kindesalter, ein langes Leben war die Ausnahme. Diese große Pest: sie hat wohl nur die Einsicht in die völlige Machtlosigkeit des Menschen vor einer unberechenbaren Weltenlenkung, sprich: einem völlig blinden Schicksal, noch verstärkt. Einen Fatalismus im Sinne der Äußerung des damaligen Pfarrers Chucholowius in Jucha: »Die Menschen wurden völlig gleichgültig, da man nichts ändern konnte.«
Noch weniger erstaunlich ist, daß ich in der Kindheit nichts hörte über jene nicht unwichtigen historischen Daten, die die Geschichtsbücher fett drucken, um anzuzeigen, daß sie objektiv betrachtet Marksteine der Geschichte waren: Weichenstellungen bedeuteten, Richtungen bestimmten für längere Zeit. Auch mein an Geschichte interessierter Vater hat sie niemals erwähnt. Jene Machtverschiebung durch den Verlauf des Schwedisch-Polnischen Krieges 1655–1660: Im Frieden von Oliva 1660 erreichte der Große Kurfürst von Brandenburg die volle Souveränität über Ostpreußen. Zuvor hatte Ostpreußen, also auch Masuren, von 1525 bis 1660 als »Herzogtum Preußen« unter polnischer Lehenshoheit gestanden (das Ermland blieb bis 1772 unter polnischer Krone). Was, wie Michael Welcher feststellt, natürlich »keinen historischen Anspruch auf das ethnisch deutsch besiedelte Ostpreußen begründet« – es käme ja auch niemandem in den Sinn, die Holsteiner für Dänemark zu reklamieren oder die Norweger für Schweden, bloß weil Holsteiner und Norweger eine Zeitlang zu den Nachbarstaaten gehört haben. Oder deutsche Städte wie Stade, Stralsund und Wismar für Schweden, weil sie, z. T. noch im 19. Jahrhundert, zeit-

weise schwedische Besitzungen waren. Nach 1660 habe, so heißt es, »eine Rückverdeutschung Ostpreußens« eingesetzt.
Das andre Datum: die Erste Teilung Polens 1772, die Ostpreußen die Verbindung mit Brandenburg/Preußen, also die direkte Anbindung an Preußen/Deutschland, gebracht hat. Danach habe sich die »Entpolonisierung« noch verstärkt. Golo Mann allerdings spricht von einer »Germanisierung mit allen Mitteln« und merkt für das 19. und das frühe 20. Jahrhundert an: »Preußen-Deutschland war polenfeindlich seit 1848 und seit 1918.«
In der 2. Hälfte des 19. Jahrhunderts griff der preußische Staat auch durch Erlasse ein. 1865 (da war die Mutter meines Vaters, meine Großmutter, vier Jahre alt) wurde von den Volksschulen in Masuren gefordert, »die ihr anvertrauten Kinder in den Gebrauch der deutschen Sprache soweit einzuführen, als erforderlich ist, um sie in ihren künftigen Lebensverhältnissen zur mündlichen und schriftlichen Verständigung mit ihren deutschen Mitbürgern zu befähigen«. Ab 1873 wurde die masurische Sprache in den Volksschulen nur noch im Religionsunterricht geduldet; und 1888 wurde sie für die Schulen »endgültig abgeschafft«.
Sieht man auf die Verhältnisse in Masuren im letzten Jahrhundert, so möchte man sich freilich wünschen, Preußen/Deutschland hätte in dem Land auch auf andere Dinge so großen Wert gelegt wie auf die »Rückverdeutschung«. Diese Region war nämlich jahrhundertelang nicht nur der abgelegenste Landstrich Preußens, sondern auch der ärmlichste, am stärksten links liegen gelassene. Töppen noch 1870: »Kaum gibt es zwischen dem Rhein und dem Memelstrome eine Landschaft von solchem Umfange, welche so lange ein so isoliertes Dasein geführt hätte als Masuren«. Passend auch die Aussage des 1858 geborenen Fritz Skowronnek:

daß das Land ein volles Jahrhundert hinter der wirtschaftlichen Entwicklung des übrigen Deutschland zurückgelegen habe.
Also: Zu besonderer Dankbarkeit gegenüber den Deutschen in Berlin oder sonstwo im Reich hatten wir kaum Anlaß. Noch heute meint Burkhard Ollech, die Masuren seien von den Deutschen doch nie so richtig angenommen worden.

Über die »Rückverdeutschung« der Masuren oder ihre »Germanisierung« ist zwischen Deutschen und Polen natürlich viel polemisiert worden: meistens außerordentlich unsachlich. Objektivität war eine Illusion von Historikern des vorigen Jahrhunderts; sie ist nicht möglich.
Neuere deutsche Autoren legten in der Regel Wert auf die Herausstellung der Kräftigung des Deutschtums; und ohne die Zustimmung der Menschen wäre so etwas doch nicht möglich gewesen. Hermann Gollup formulierte, die Masuren hätten zunehmend »deutsche Kultur in polnischem Gewande« entwickelt, das heißt, sie seien auch schon zu Zeiten ihrer auf dem Polnischen basierenden Sprache Deutsche gewesen.
Als heutiger unbefangener Beobachter wird man jedoch die Zweifel nicht los, daß den Masuren des 17., 18., 19. Jahrhunderts das Deutschwerden wirklich eines ihrer zentralen Anliegen war. Und dabei denke ich nicht nur an die Anhänglichkeit meiner Großmutter väterlicherseits an ihre Muttersprache und dies noch um 1940; sondern ich habe nach vieler Lektüre den Eindruck, daß ihnen in ihrem Leben ganz andere Probleme: nämlich solche, die ihren Alltag prägten, viel näherlagen als die abstrakten Wünsche einer staatlichen Lenkung irgendwo im fernen Königsberg oder Berlin.
Otto von Corvin, ein bekannter Mann bis in unser Jahrhun-

dert, nennt in seinen Jugenderinnerungen Lyck immer wieder eine »polnische Stadt« – was nicht heißt: eine zu Polen gehörende, von Polen bewohnte, sondern von Menschen, die »polnisch«, das heißt masurisch, sprachen. (Mit einer solchen Bezeichnung hatte man damals noch nicht die Probleme wie in unsrem Jahrhundert: Als ich zum erstenmal über meine »polnisch« redende Großmutter schrieb, da wurde ich vorwurfsvoll aus der Verwandtschaft gefragt, ob es denn nötig gewesen sei, auch das zu erwähnen ...)

Und Töppen, der noch 1870 die Masuren von »den Deutschen« abhebt, zu den Polen stellt (»Dem Masuren ist, wie dem Polen überhaupt...«), führt diese Äußerung eines Predigers aus der Johannisburger Heide von 1814 an: Die Masuren »stehen nun schon so viele Jahrhunderte unter einer deutschen Regierung, aber doch sprechen sie noch nicht deutsch, obgleich ihre Sprache ein so elendes Gemengsel ist, daß selbst die nächsten Nachbarn sie nicht verstehen.«

Also die Sache erscheint etwas kompliziert – jedenfalls komplizierter, als es uns die deutschen und die polnischen Geschichtsbücher, die jeweils einseitige Absichten verfolgen, einreden wollen.

Deutsche und Masowier waren, wie es die Brockhaus Enzyklopädie (1971) zutreffend wiedergibt, in gleicher Weise Kolonisten im Land der Prußen, »Zugereiste«, Zugezogene die einen wie die andern; und die polnische Seite konnte später nicht wegen der Masowier Masuren beanspruchen, die Deutschen aber als Okkupanten bezeichnen. Beides jedoch tat sie.

Und so läßt sich Deine Frage, ob die polnische Behauptung, es handle sich den Süden Ostpreußens betreffend um »wiedergewonnene Gebiete«, nicht eine gewisse Berechtigung habe, eindeutig beantworten:

Der Deutsche Orden hat nicht den Polen eine Region geraubt, in der Polen lebten, sondern sie war Land und Heimat der Prußen, in der dann mit Ordenserlaubnis nicht nur Deutsche, sondern auch Polen siedeln durften.
Und es war auch unzutreffend, wenn die Masuren mit Polen gleichgesetzt wurden (wie auch Töppen es tat), bloß weil sie eine vom Polnischen herkommende Mundart sprachen. In Wirklichkeit hatten sich in Masuren die einheimischen Prußen und die hinzugekommenen Deutschen und Masowier zu einem kleinen Volk gemischt, einer Schicksalsgemeinschaft auf der Grenze zwischen Ost und West. Und von der Sprache her konnte man auch nicht darauf schließen, ob in einer Familie die prußischen oder die deutschen oder die polnischen Wurzeln überwogen.

III

Fragen, nicht Antworten

Das Unheil, Du wirst es Dir denken, nahm seinen Anfang in den verhängnisvollen nationalistischen, zutreffender gesagt chauvinistischen Vorstellungen des 19. Jahrhunderts, die auch unser kleines masurisches Volk im 20. Jahrhundert in den Strudel zeitweise heftigster Auseinandersetzungen um seine völkische und staatliche Zugehörigkeit rissen. Für die Ordenszeit wie auch für die folgenden Jahrhunderte hatten solche Fragen kaum eine Rolle gespielt.
Die Streitigkeiten gingen bezeichnenderweise nicht von den betroffenen Masuren aus, sondern wurden über ihre Köpfe hinweg ausgetragen und großenteils so unredlich und unsachlich geführt, daß man sich hüten muß, die Argumente der Parteien ungeprüft zu übernehmen.
Und am Ende stand die Katastrophe: Flucht und weitge-

hende Vertreibung des kleinen Volkes. Und ich habe als Kind noch das letzte Jahrzehnt seiner Existenz erlebt und dann selbst die Dezimierung beobachtet und erfahren.

Man kann also nicht sagen, daß alles bloß in nationalsozialistischer Barbarei begründet war. Der polnische Griff nach Masuren, diese erste Großaktion gegen meine seit Jahrhunderten zu Preußen/Deutschland gehörende Heimat, ereignete sich schon ein Menschenalter früher: gleich nach dem Ersten Weltkrieg, als wieder ein souveränes Polen entstanden war. Er gipfelte in der bekannten Volksabstimmung von 1920.

Das festzuhalten ist nicht unwichtig: Belegt es doch, daß die Wegnahme Masurens nicht allein als Bestrafung für die Hitler-Barbareien gesehen werden muß, sondern viel älteren Forderungen folgt (für deren Befriedigung es aber niemals wirkliche Gründe gab).

Damals, nach dem Ersten Weltkrieg, stritten für Polen Figuren wie ein gewisser Roman Dmowski, der, so Neal Acherson in seinem Polen-Buch »Der Traum vom freien Vaterland«, die polnische Nation für »das höchste aller Güter überhaupt« hielt: »Nahezu jedes Täuschungsmanöver, ja selbst Verrat seien gerechtfertigt, wenn sie dem Wohl der Nation dienten«. Nationaler Egoismus über alles!

Graf Sforza, der italienische Außenminister, erinnerte sich später an die Auftritte der polnischen Sprecher, unter denen Dmowski den Ton angab, auf der Versailler Friedenskonferenz 1919: »Wollte man ihnen folgen, so war halb Europa polnisch gewesen und sollte es möglichst wieder werden.«

Ähnliches in den Erinnerungen des US-Präsidenten Wilson: »Ich traf mich mit Dmowski und Paderewski in Washington und bat sie, mir die von ihnen erwogenen Grenzen aufzuzeigen. Sie zeigten mir eine Karte, auf der sie praktisch die halbe Welt beanspruchten ...«

Weshalb ich auch das erwähne? Weil diese schrillen Töne mit zum Anfang des deutsch-polnischen Verhältnisses in unserem Jahrhundert gehören und mit all dem Ballast aufzuarbeiten sind, den es zu beseitigen gilt, wenn es heute aufrichtig um ein neues und nun endlich dauerhaft freundschaftliches Nachbarschaftsverhältnis gehen soll. Ich habe, wie Du weißt, in all meinen Ostpreußen-Büchern der Versöhnung zwischen Deutschen und Polen das Wort geredet und werde nicht aufhören, es zu tun, denn ich bin ein Masure – und eine ernstzunehmende Alternative zu solchem Händereichen gibt es nicht. Aber ohne die Bereitschaft *beider* Seiten zur kompromißlosen Aufarbeitung des Vergangenen ist Freundschaft doch wohl nicht gut möglich.

Damals, am Ende des Ersten Weltkriegs, wurden Volksabstimmungen überall dort eingesetzt, wo sie dem besiegten Deutschland schaden konnten – so der gewiß unverdächtige Golo Mann. Sie sollten stattfinden, »wo immer sich vielleicht eine Mehrheit fand, die bei Deutschland nicht bleiben wollte ...«

Diese Mehrheit beanspruchte Polen damals für Masuren: 80 Prozent der masurischen Bevölkerung, so wurde unzutreffend erklärt, seien – Polen. So daß »dieser Sproß mit dem polnischen Mutterland zu vereinigen« sei. Endlich könne die Befreiung der Masuren »aus der schmählichen preußischen Gefangenschaft« vollbracht werden.

Ich meine, ich habe Dir schon hinreichend mit Fakten belegt und klargemacht, daß die polnische Behauptung: die Masuren seien eigentlich ein polnischer Stamm, reiner Dilettantismus ist – wie bedauerlicherweise nicht wenige Äußerungen dieses begabten und beeindruckenden Volkes, sobald es aufs Feld der Geschichte geht. In Wirklichkeit war

dort ein kleines Mischvolk entstanden und die Mischung nicht mehr trennbar.
Nimm als Beispiel meine Familie: Auf Vaters Seite mag das Prußische überwiegen, auf Mutters Deutsches und Masowisches sich vielleicht die Waage halten. Völkisch gesehen rein deutsche oder rein polnische Familien hat man bei uns in Masuren doch mit der Lupe suchen müssen.
Und so zeigte sich geradezu zwangsläufig, daß den Polen etwas Schlimmeres als die Befragung der Masuren nicht hat unterlaufen können: Auf die Frage, ob sie bei Ostpreußen/Deutschland bleiben wollten oder zu Polen kommen, antworteten nicht weniger als 99,3 Prozent meiner masurischen Landsleute mit einem Bekenntnis zum Deutschen Reich.
Von hundert Masuren wollte im Durchschnitt also nicht einmal einer der angeblich so schmählichen Gefangenschaft entfliehen. War das nach all den polnischen Behauptungen zu begreifen!
In unserer Kreisstadt Lyck, »Hauptstadt« Masurens, die (nach einer noch 1978 in Warschau erschienenen polnischen Schrift) immer ein »starker Mittelpunkt des Polentums und des Widerstands gegen die Germanisierung« gewesen sein soll, sagten von 8346 Abstimmenden ganze 7 Ja zu Polen ...
Und auch für mein Heimatdorf Rydzewen ist das Ergebnis wie gesagt erhalten: Alle 90 Wählerstimmen für Deutschland, mit Polen wollte niemand etwas zu tun haben. (Unter diesen 90 befand sich auch meine bis zuletzt masurisch sprechende Großmutter.)
Wie ist Polen mit dieser peinlichen Niederlage fertig geworden?
Ist es damit fertig geworden?
Die mir bekannten polnischen Verlautbarungen aus der Zeit nach dem Zweiten Weltkrieg behaupten nämlich, der

Grund für die masurische Ablehnung der polnischen Forderungen habe im konfessionellen Gegensatz von Masuren und Polen gelegen – die Masuren seien ja Protestanten gewesen. Doch kann man das akzeptieren? Da die Ermsländer sich ebenso ablehnend verhielten, und die waren bekanntlich Katholiken wie die Polen? Nein.
Die katholischen Allensteiner entschieden sich mit etwa 98 Prozent für Deutschland – und lagen damit noch über dem Durchschnitt aller Abstimmungsgebiete.
Wie dem auch sei: Danach konnten polnische Spekulationen, die masurischen Menschen mit Argumenten für sich zu gewinnen, nur noch als wirklichkeitsfern bezeichnet werden.
Es sei denn, daß sich etwas völlig Überraschendes ereignete (wie ja Geschichte längst nicht immer den glatten Hochrechnungen folgt).
Und das geschah in der Figur Hitlers und seiner Politik, die die halbe Welt in Brand setzte.
Wenn man sich heute daran erinnert, wer alles beteiligt gewesen ist an der Zertrümmerung des masurischen Volkes und seiner Kultur, so sind Stalin zu nennen und Churchill und Polen – vor allem und zu allererst aber Hitler.
Und Kulturvernichtung ereignete sich bei uns nicht erst durch die Folgen des Zweiten Weltkriegs. Hier hatte Barbarei schon einen gewissen Aufwind im Jahr 38: als die neuen Herren die alten, in Jahrhunderten gewachsenen und lebendig gebliebenen Ortsnamen in einem einzigen Rundumschlag beseitigten und durch deutsche Benennungen von zum Teil unüberbietbarer Plattheit ersetzten. Gleichsam mit der Dampfwalze ist damals Herkömmliches, zur Volkskultur Gehörendes plattgewalzt worden.

Aber natürlich war das nichts gegen den folgenden Überfall auf Polen. Den Krieg gegen Rußland. Die »Untermenschen«-Parolen und ein Vorgehen in deren Sinn.
Es war mehr als bloß Wind, was da gesät wurde. Die Antwort: der Sturm, konnte fürchterlich werden.
Jenes Wort Vaters: Hoffentlich machen die mal nicht mit uns, was unsere mit den Juden machen...
Und der Sturm wurde fürchterlich. Lassen wir Fremde, Unbeteiligte reden; als ein Beispiel die große italienische Zeitung »Corriere della sera« (1987 nach Erscheinen des Buches »Sie werden die Stunde verfluchen...« von Marco Picone Chiodo): »Wir wissen alles über die grausamen Deutschen. Aber wir wissen nichts von dem, was auf der anderen Seite geschah, von dem Preis der Rache, den die geschlagenen Deutschen zahlten. Die Wahrheit ist, daß es einen deutschen Holocaust gab, den die Zivilbevölkerung im Osten erlitten hat: den Exodus und den Tod von Millionen von Verjagten und Erschlagenen. Er gehört zu den großen Verdrängungen der zeitgenössischen Geschichte...«
Ja: das will man nicht hören, auch in Deutschland nicht in falsch verstandener Versöhnungsbereitschaft. (In puncto Verlogenheit nehmen wir es ja leicht mit jedem auf.)
Ich sagte: Meinerseits Fragen, nicht Feststellungen. Und so nun diese Frage:
Darf man Barbareien mit fürchterlichen Racheakten beantworten? Ist Aug um Auge, Zahn um Zahn die einzig mögliche Reaktion? Nein. Und spätestens seit dem Tod meiner Tochter, die ein Betrunkener umbrachte, weiß ich, wovon ich rede. Es ist dem Menschen durchaus möglich, würdiger zu handeln als der von ihm Verachtete.
Man erhebt sich nicht über seine Peiniger mit ungezügelter Rache. Zumal, wenn dann auch die barbarischsten Racheakte unverurteilt und ungesühnt bleiben.

Einer, der die Zeit der Rache erlebt hat, weil die Flucht der Familie nicht gelang, der Masure Burkhard Ollech: »Nachdem die Front durchgezogen war, ebbte eine zweite Welle grausamster Brutalität über das Land ... Hand in Hand mit der Gegenreformation. Dies geschah mit einem Vandalismus, der seinesgleichen sucht ...«

Die einen: geflohen im schlimmen Winter 45; viele andere, die nicht entkamen oder entgegen allen Warnungen zu Hause blieben: den willkürlichen Siegeruntaten grausamster Art ausgeliefert.

Und dann die Vertreibung: Fortgejagt werden aus dem Land der Vorfahren über viele Jahrhunderte. Man wollte also offensichtlich das Land dieser Menschen, ihren Besitz – und begründete ihre Beseitigung unter anderem mit der Behauptung, alle Deutschen seien »fanatische Hitleranhänger« gewesen.

Masuren war unter polnische Verwaltung gestellt worden und sollte mit Polen besiedelt werden.

Aber: Vertreibung der Masuren?! War denn die polnische These nicht gerade erst 25 Jahre alt, daß achtzig Prozent dieser Menschen Polen seien?! Hatte man sie nicht jetzt endlich, wie so lange angestrebt, aus der »schmählichen preußischen Gefangenschaft« befreit? Und bloß, um sie davonzujagen? Haben denn 1945 die Polen, folgt man den noch so jungen polnischen Behauptungen – Polen vertrieben?

Ja: Nahm man die Polen damals beim Wort: nämlich ihrer bisherigen Behauptung vom Polentum der allermeisten Masuren, so gehört das, was man 1945 den masurischen Menschen antat, zum Unverständlichen in jener schlimmen Zeit.

Bald rückte allerdings wieder eine andere Entwicklung in den Vordergrund – wenn auch diese mit der Begründung

von Landbeanspruchung und nichts mit mehr Freundlichkeit gegenüber den Menschen zu tun hatte.
Die polnische Verwaltung besann sich tatsächlich wieder auf die ursprüngliche Position, Masuren sei urpolnisches Land.
Und polnische Zeitungen hielten nicht damit hinter dem Berg, weshalb: »Es muß Polen alles daran liegen, die frühere Bevölkerung für sich zu gewinnen, denn nur dann hat Polen Anspruch auf die Ostgebiete, als Befreier polnischer Bevölkerung vom germanischen Joch. Wenn es uns nicht gelingt, die Bevölkerung zum polnischen Muttervolk herüberzuziehen, können die Westmächte von einer Annektion der Ostgebiete durch Polen reden.«
Und so wurde zuerst mit Versprechungen, dann aber mit Drohungen und Gewalt versucht, deutsche Bürger für Polen zu gewinnen, zum Beispiel in unserm Kreis Lyck.
Leider lief alles auf das eine hinaus: Jahrzehntelang wurde das Deutsche erniedrigt und beleidigt, geleugnet oder wenn möglich mit Stumpf und Stiel beseitigt.
1992 schrieb Janusz Jasinski über diese böse Zeit: Das Übliche war, die Deutschen zunächst einmal aus ihren Wohnungen zu werfen und sie auszubeuten durch Einsetzen »für die ärgsten öffentlichen Arbeiten«.
Kein noch so schäbiger Einfall wurde nicht praktiziert: So war zum Beispiel entgegen den orthographischen Regeln die Kleinschreibung von »Deutsche« (niemki) verpflichtend, um sie auch dadurch zu erniedrigen.
Der Minderheitenreferent der Deutschen Botschaft in Warschau, Joachim Bleicker, spricht heute öffentlich davon, daß das alte System in Polen einerseits die Existenz einer deutschen Minderheit jahrzehntelang völlig bestritten habe, aber diese angeblich gar nicht vorhandene Minderheit ständig in Bedrängnis hielt.

IV

Was 1945 im deutschen Osten jenseits der Oder geschah, hat in das Leben aller, die dort ihre Heimat hatten, auf das heftigste eingegriffen, auch in mein damals kindliches Leben.
Kein Wunder also, daß mich das bis heute intensiv beschäftigt und nicht loslassen will. Was eigentlich ist dort in den über vier Jahrzehnten seither vor sich gegangen; und wie ist die Situation in Masuren heute; was könnte die unberechenbare Zukunft bringen?
Fragen über Fragen!

1945 wurde die Zertrümmerung des herkömmlichen Masuren betrieben. Nach Jahrhunderten kontinuierlicher Existenz im Heimatland wurde das kleine Volk in seinem Kern getroffen und weitgehend reduziert. Ein geschlossenes masurisches Volk als eine Brücke zwischen Deutschem und Polnischem: Das gibt es nicht mehr. Und wie wichtig wäre es gerade heute!

Fragen wir aber auch, mein Freund: Wer hat denn 1945 die Vertreibung von Millionen Deutschen des Ostens betrieben? Man denkt da vor allem an Stalin. Doch man vergesse Churchill nicht, der bekanntlich 1945 im Britischen Unterhaus erklärte, er habe sich dafür *eingesetzt.* Und der deswegen völlig ruhig schlief: »Diese großen Umsiedlungen, die unter den modernen Bedingungen viel leichter möglich sind als früher, beunruhigen mich überhaupt nicht.«
Geist vom Geiste des Abendlands?
Es gab damals (wie Oberst Schoepffer, einer der Kampfkommandanten in Ostpreußen berichtete) durchaus Menschen, die gerade im Vertrauen in den Rechtssinn der An-

gloamerikaner die Heimat nicht flüchtend verließen: »Sie wollten nicht glauben, daß rechtlich denkende Christenvölker wie die Engländer und Amerikaner es dulden würden, daß ganze Provinzen, die seit Jahrhunderten von Deutschen besiedelt waren, nun restlos von diesen Deutschen geräumt werden müßten.«
Welch ein grausamer Irrtum ...
Ja, Churchill. Über den einer seiner britischen Biographen schrieb: »Er war nur selten ein Schöpfer, immer ein Zerstörer – von Städten, Denkmälern und Kunstwerken, von Menschen, Grenzen, von Monarchien und letztlich auch des Empires seines eigenen Landes ...
Seine Gleichgültigkeit gegenüber dem allgemeinen Leiden wurde wieder und wieder dokumentiert ...«
(Er hat ja auch, wie Roosevelt, dem Plan Morgenthaus zugestimmt, »Deutschland in eine Anzahl kleiner Agrarprovinzen aufzuteilen, jede größere industrielle Betätigung zu unterbinden und die Bevölkerung in Kleinbauern zu verwandeln«; und es bedurfte dann aller Anstrengungen einiger wirklich bedeutender Politiker, dieses Produkt einer wahrhaft elenden Denkungsart aus der Welt zu schaffen, so des amerikanischen Außenministers Cordell Hull.)
Dieser bis zur Lächerlichkeit eitle, gänzlich mitleidlose Mann gehört durchaus nicht nur für mich zu den fatalsten politischen Figuren der Jahrhundertmitte.
Dies eine Feststellung, keine Frage.

Hatte Polen nicht 1945 eine einzigartige Möglichkeit, alles das besser zu machen (ich sage nicht: vorbildlich, dazu war man gewiß zu verletzt und erregt), was man Jahrzehnte und Jahrhunderte hindurch Preußen/Deutschland vorgeworfen hatte?
Auf die Formel von den »wiedergewonnenen Gebieten«, die

»größtenteils von bodenständiger polnischer Bevölkerung« bewohnt gewesen seien, antwortete Marion Dönhof: Man möchte sich wünschen, daß die Polen uns in Zukunft mit ihrem »Chauvinismus verschonen«, der sie solche unzutreffenden Behauptungen aufstellen läßt. Und auch dazu Golo Mann: »Wir geben nichts für die historischen Argumente, mit denen die Polen ihre Annexionen der ›wiedergewonnenen Gebiete‹ rechtfertigen; sie sind närrisch.«

Ein besonders trübes Kapitel ist bei alldem das »Unterdentischkehrenwollen«, ja das Leugnen des Üblen, das man bei und nach Kriegsende den Deutschen des Ostens und so auch den Masuren angetan hat.
Aber das ist nicht nur Polen anzulasten, sondern war auch die Taktik einer jahrzehntelang in der Bundesrepublik Deutschland tonangebenden Politik, die nicht nur tatsächliche »Sonntagsredner«, sondern auch viele ernstzunehmende Stimmen hierzulande unterdrückte, ja ein ganz wichtiges Thema der deutschen Geschichte möglichst verschwiegen wissen wollte.
Zugegeben: Auch ich quälte mich mit dem Entschluß, die »Letzten Tage in Ostpreußen« zu dokumentieren in einem Buch – all die Gewalt und Vergewaltigungen –, wer läßt sich schon gern zu den Störenfrieden in die Ecke stellen?
Bis ich mir sagte (und das entschied meine Zweifel eindeutig): Sind die Morde und Folterungen der einen Seite für die Opfer weniger schlimm als die der anderen? Natürlich nicht!
Zu alldem Christian von Krockow, der geachtete Historiker: »Warum die Wahrheit zur Lüge verzerren und die Rache verschweigen, das Morden und Brennen der Sieger, das Plündern, Vergewaltigen? ... Sind tatsächlich bloß faschistische Unmenschen erschlagen worden ..., die man spurlos verscharrte, statt Gräber anzulegen, zu denen die Mütter,

die Frauen und Kinder ihre Tränen und Blumen hätten tragen dürfen? Ach, welche Fragen, doppelt ärgerlich, weil man überhaupt gezwungen wird, sie zu stellen!«
Ja: Und wie ärgerlich, wenn dem Schriftsteller sogar der bloße Hinweis auf die Rache-Untaten übelgenommen wird! Als habe nicht der Mörder sich schuldig gemacht, sondern der Berichterstatter verhalte sich nicht anständig!

Wie ist die Situation heute: ein halbes Jahrhundert nach Kriegsende und an der Schwelle des 3. Jahrtausends?
Die Gegenwart, die Zukunft: Da geht es um nichts so sehr, wie um Verständnis füreinander. Der Warschauer Publizist Marian Podkowinski (1990): »Es ist wahr, wir Polen haben immer in einer ungesunden Atmosphäre gelebt, ein Volk zwischen zwei Riesen, dem Deutschen Reich und der Sowjetunion, in alter Zeit dem Zarenreich. Wir waren als Opfer eingeteilt...« Und im polnischen Bewußtsein habe sich das festgesetzt bis heute: »Wir haben den Krieg gewonnen *und* verloren; und die Deutschen, sie haben ihn verloren und sind so mächtig und reich. Das bewegt den kleinen Polen... Es ist immer dieselbe Geschichte: Warum müssen ausgerechnet immer wir bezahlen, warum wir?«
Wir tun gut daran, solche Fragen ernst zu nehmen. Wir müssen die Vorstellungen des andern kennen, um ihn zu verstehen.
Gibt es in Polen auch heute noch Stimmen à la Dmowski: Gelobt sei allein, was Polen dient? Jedenfalls ist mir das Gegenteil davon nicht bekannt: eine Äußerung wie die großartige des Tschechen Vaclav Havel, der die Vertreibung der Deutschen aus seinem Land als zutiefst unmoralische Tat bezeichnet hat.
Immerhin aber hat sich inzwischen für die letzten Masuren in ihrem Heimatland vieles positiv verändert. Im Sommer

1992 hörte ich den Minderheitenreferenten der Deutschen Botschaft in Warschau öffentlich in Masuren ausführen: daß die Lage dieser Minderheit sich seit 89 stetig zum Besseren gewandelt habe. Ihre Existenz wird amtlicherseits nicht mehr geleugnet, »die früheren administrativen und polizeilichen Unterdrückungsmaßnahmen wurden eingestellt«.
Damit war der Weg frei für Vereinigungen meiner heute noch in der Heimat lebenden Landsleute. (Und auch mir wurde ein halbes Jahrhundert nach der Kindheit dort ein einzigartiges Erlebnis zuteil: Auf Einladung der Masurischen Gesellschaft durfte ich 1992 in Masuren meine Erzählungen über die frühen Jahre in Rydzewen öffentlich vorlesen.)

Und nun gilt es, die Reste meines kleinen Volkes in Masuren heimisch zu halten: in ihrem Selbstbewußtsein aufzurichten und zu fördern. Das ist eine Aufgabe, die der Verwirklichung eines schönen Traums gleicht, der jeden Einsatz lohnt.
Dieses Volk *als Ganzes* aber, so wie es war als die Bewohner Masurens: Es kann in seiner Einzigartigkeit und Liebenswürdigkeit durch nichts mehr zurückgeholt werden.

Verheerungen, Verendungen und Abschied

Noch einmal: und nun für die dort endende Zeit unserer Familie: Was haben wir vom Krieg mitbekommen in diesem abgelegenen Dorf? Änderte sich bei uns dann doch etwas, als der Rückmarsch in Rußland einsetzte und die Front unaufhaltsam näherrückte: uns entgegen, die wir von allen Deutschen am weitesten im Osten siedelten? Als ich einen Urlauber schon sehr sorgenvoll sagen hörte: Wenn die Leute hier wüßten, wie dünn die Front an manchen Stellen ist; wie weit es in der Frontlinie von einem Soldaten zum andern ist...

Nein, flüchtig besehen ist bei uns bis zuletzt nichts anders geworden. Wir hörten von diesem und jenem Ereignis, aber es waren Geschehnisse anderswo, nicht bei uns. Noch als die Front schon herüberwummerte, waren es bei uns äußerlich völlig friedliche Tage, gleichsam im Windschatten all der Schrecklichkeiten draußen. Wir wurden bis zum Ende, dem Herbst 44, so sehr in Ruhe gelassen, daß ich mir später irgendwann ausmalte: Ein Wunder habe die Schotterstraße zu uns und die vier armseligen Sandwege aus den Nachbardörfern unkenntlich gemacht, und so seien wir glatt in Vergessenheit geraten für viele Jahre – bis in eine bessere Zeit. Wir konnten doch existieren von dem, was Feld, Wald, See, Gärten und Ställe hergaben; viele Generationen vor uns haben das doch auch gekonnt...

Aber die Wirklichkeit kennt solche Märchen nicht, schon gar nicht die damalige 1944. Zu viel war auch in unserer Region aus dem Ruder gelaufen, als daß es noch Wundergeschichten hätte geben können.

Die meisten Männer waren weiterhin im Krieg, mein Vater an der russischen Front und in ständiger Gefahr. Es arbeiteten nun schon so lange Polen und Polinnen auf den Höfen; all das war weit entfernt von »normalen« Zuständen.

Ich bleibe dabei: Die Kriegsgefangenen hatten es bei uns aufs Ganze gesehen wahrscheinlich besser als in manchem andern Dorf. Ich weiß, wovon ich rede, und das hat nichts zu tun mit dem späteren Drang vieler Deutscher, solche Dinge für die eigene Umgebung zu schönen. Es mag an den sehr überschaubaren Verhältnissen bei uns gelegen haben, an dem einfachen Denken und Empfinden der Menschen und dem Fehlen eines Scharfmachers. Es war unser und der Polen Glück, daß wir von einem Ortsgruppenleiter verschont geblieben sind, der womöglich mit der damals nicht seltenen Brutalität »gearbeitet« hätte.

Später erfuhr ich, eine der Bäuerinnen habe ein handfestes Verhältnis mit »ihrem« Polen gehabt; auch er hatte Frau und Kinder und ist 1945 zu ihnen zurückgekehrt. Und ich selbst habe in einem andern Fall eine Beobachtung gemacht, die mir später die Deutung nahelegte, zwischen der Deutschen und dem Polen sei mehr gewesen als ein reines Arbeitsverhältnis.

Nun gut, so war es, es war menschlich. Aber damals streng verboten und doch nicht ganz unterbindbar, die Natur bricht sich ihre Wege.

All das heißt nicht, daß ich nicht auch Übles in deutlicher Erinnerung hätte.

Auf den Hof meiner Großmutter in Satticken hatte sich eines Tags ein polnisches Mädchen geflüchtet und bitterlich geweint und auf die Fragen der erschütterten Großmutter erzählt, sie habe es überhaupt nicht gut, der Bauer sei immer so böse zu ihr.

Dieses Bild: das weinende Mädchen, dem sich irgendwie mitgeteilt hatte, daß es da eine alte, gutherzige Frau gab, der man wenigstens sein Herz ausschütten konnte: es hat mich all die Jahre über nicht losgelassen. Ein junger Mensch, in eine ihm feindliche Welt gestoßen, verweinte Nächte, und die Tage vom Aufwachen an eine Qual. Und jener, der das Dasein dieses Fast-Kindes so oder so gestalten konnte, offenbar ein stumpfer Idiot, der über nichts nachdachte, bloß seine häßlichen Neigungen anstrebte.

Hatte er selbst keine Kinder? *Mir* fällt bei der Erinnerung an

das Mädchen sofort *meine* Tochter ein: Wenn sie das hätte sein müssen, diese zwangsverpflichtete junge Polin.
Jede Zeit hat ihre Barbareien. Wir können die Unseren niemals sicher behüten. Meine Tochter kam nicht auf einem Hof in Feindesland, sondern auf eine andere Weise überaus brutal ums Leben.
Es gab in meiner Kindheit aber noch weitaus Schlimmeres für die gefangenen polnischen Menschen, die für uns Deutsche arbeiten mußten.
Eine Bäuerin unseres Dorfes zeigte die Polin, die auf ihrem Hof arbeiten mußte, wegen angeblichen Diebstahls an. Jeder bei uns kannte natürlich diese Bäuerin, sie stand nicht gerade in dem Ruf absoluter Glaubwürdigkeit. Vielleicht hätten mehr Menschen im Dorf ihre Behauptung angezweifelt, als für zutreffend gehalten.
Für jene in Lyck aber, die sich mit solchen Anzeigen befaßten, war das völlig egal: Auf der einen Seite eine deutsche Bäuerin, auf der andern Seite eine Polin – da wurde damals nicht weiter nachgefragt. Die Polin wurde in die Stadt geschafft und in einem Keller verprügelt. Dann mußte sie auf den Hof zu dieser Bäuerin zurück.
Es wurden Einzelheiten im Dorf erzählt, uns von »unserm« Janek. Wenn der Krieg vorbei sei, werde sie der Bäuerin »die Gurgel durchschneiden«, soll das Polenmädchen in hilfloser Wut gesagt haben.
Heute erstaunt mich diese Mitteilung. In falsche Ohren geraten, hätte sie doch den Tod der Polin bedeutet.
Was wurde aus der Bäuerin, was aus der Polin? Ich weiß es nicht.
Weshalb ich auch solche Scheußlichkeiten erwähne?
Einmal weil ich sie genauso deutlich in Erinnerung habe wie vieles andere. Das Bild meiner Kindheit wäre unvollständig und damit unaufrichtig, wenn ich sie verschwiege.

Wichtiger aber: Weil es solche Brutalitäten gewesen sind, die einiges vom Folgenden bei Ende des Krieges zwar nicht verzeihlicher, aber verständlicher machen.
Denn Unmenschen wie prügelnde Ortsgruppenleiter oder denunzierende »Herren« und »Herrinnen« von Gefangenen – Schreibtischtäter, die ungerührt jemanden zum Verprügeln in einen Keller schickten: sie haben sich nicht nur an Menschen eines Nachbarvolkes, sondern ebenso am eigenen Volk vergangen, indem sie jenen Wind säten, der den Sturm der Rache gegen *alle* Deutschen des Ostens provozierte. Bei diesen »Figuren« sollten wir uns zuerst »bedanken« für jenes Inferno, das dann 1945 über unsere Heimat hereinbrach.
Wer diese Tatsachen leugnet, der hat auch später nicht begriffen, daß summarisch so viele Deutsche dafür gestraft worden sind, die nichts mit diesen Ausschreitungen zu tun hatten, während meistens gerade jene »Goldfasane« und andere Schreibtischtäter, die gerade noch die Allmächtigen gespielt hatten, über alle Berge davongerannt waren (wußten sie doch, was sie angerichtet hatten), um das Ausbaden einer oft erbarmungslosen Rache anderen zu überlassen.
Ja: Die Rache traf damals wohl selten die wirklich Schuldigen. Es wurde wahllos herausgegriffen, erschossen, erschlagen – während viele der wirklichen Übeltäter in der Regel ihr Leben unbeeinträchtigt im Westen fortsetzen konnten: als Beamte, als Lehrer, als Richter.
Nein – auch Rydzewen konnte keine Insel der Seligen sein: wir waren eingebunden in die Zeit und ihre verhängnisvollen Ereignisse.
Wir lagen weitab; aber es war unter anderem das Radio, das uns tagtäglich die Kriegswelt hereinbrachte und uns immer weniger Ruhe ließ, jedenfalls soweit das den Obrigkeiten opportun schien. Durch das Radio erfuhren wir vom Fall von

Stalingrad (dann sind die Russen auch bald hier! sagte Mutter erschreckt), und vom Attentat des 20. Juli in der nur fünfzig, sechzig Kilometer entfernten »Wolfsschanze« bei Rastenburg. Ich erinnere mich noch deutlich daran, wie Mutter mich auf jenes Attentat auf Hitler ansprach: Es war bei einer Heimfahrt aus Lyck, kurz vor der Abzweigung der Schotterstraße in unser Dorf. Natürlich ist es objektiv gesehen völlig gleichgültig, wo ein Kind wie ich damals davon erfuhr, ja ob es überhaupt davon hörte – nur: als ich fünfunddreißig Jahre später, 1980, auf dem Weg nach Hause war, da erinnerte ich mich auf der Straße an jener Stelle an das Gespräch; und auch die Erinnerung an Mutters bange Frage, wie das noch alles enden werde, hatte sich nicht verloren.

Und vom Radio her habe ich auch noch einige berühmte Schlager jener Zeit im Ohr: »Lili Marleen« und »Heimat, deine Sterne«; wir haben auch das oft gehört.
Den Gutsbesitzer Lenz als »Wilden Reiter« übers Land fegen, bewaffnet und von zwei großen Hunden begleitet: sah ich auch das am Tag des Hitler-Attentats? Oder gehört das düstre Bild tatsächlich zu abgeernteten Feldern und grauem Herbsthimmel und nicht in den Juli 1944?

Ich war also aus Satticken wieder nach Hause in unser kleines Dorf gekommen. Der Krieg schien jenem nur zwölf Kilometer weiter östlich gelegenen Ort schon ganz anders zuzusetzen als Rydzewen, wo man auch jetzt noch meinen konnte, es laufe das Leben gleichmütig und gelassen weiter wie immer.
Es wurde die Ernte eingebracht wie in jedem Jahr. Als hätte hier keins der Ohren schon Kanonendonner aus der Ferne gehört.

Auch die alten Freunde nahmen mich gleich wieder auf. Dies die deutlichste Erinnerung: Wir gehen zum Dorf hinaus aufs Feld, sind zu dritt, der Gustav ist dabei (der die Flucht nicht überleben sollte), und reden und reden miteinander. Mir scheint heute, das habe alles etwas Altkluges gehabt. Ich war so lange nicht dagewesen, der Lehrer Hein war gestorben, und es gab eine junge Lehrerin – na, ich würde sie ja bald sehen. Und mein monatelanges Wegsein hatte mir anscheinend noch eine besondere Interessantheit gegeben.

Ich hatte aus der Satticker Zeit die erwähnte Überempfindlichkeit mitgebracht: bekam manchmal diese Krämpfe im Leib, mußte mich ein bißchen aufs Bett legen. (Erstaunlicherweise hat bald danach die harte Zeit der Flucht das »Leiden« – wenn auch beileibe nicht für immer – weggewischt. Als es einige Monate später nötig war, zeigte ich mich aufmerksam und zielstrebig wie selten, ohne behindernde Sensibilitäten.)
Und dann der erste Schultag wieder in meiner alten Schule! Ja, das junge Fräulein Spieß: das war doch ein völlig anderer Ton und Stil als all diese Lehrer mit ihrem im Ruteschwingen durchtrainierten rechten Arm.
Während ich mich im Falle mindestens eines der damaligen Schulmeister bis heute damit herumschlage, in welchem Maße ich ihn verurteilen sollte, etwas mehr oder etwas weniger nachsichtig, steht das Bild dieser in unsere Abgelegenheit verschlagenen jungen Frau noch nach Jahrzehnten in einer Freundlichkeit und Sympathie in meiner Erinnerung, die rühren.
Aber meine damalige Mimosenhaftigkeit! Wo sollte ich, der »Neue«, zum Beispiel sitzen? Wo *wollte* ich –? Neben der Traute, willst du –? fragte Fräulein Spieß.

Ich erschrak: Neben einem Mädchen?! So etwas hatte ich noch nicht erlebt. Doch ich wagte nicht zu widersprechen.
Im nächsten Augenblick aber wurde mir sehr elend. Ich mußte mich melden: Mir ist schlecht –.
Na, Fräulein Spieß ist gleich mit mir raus: Im Hof gab es die Schwengelpumpe – sie pumpte, verschaffte mir kaltes Wasser.
Da ging es schon wieder besser.

Nach dieser Ruhe vor dem Sturm war das Unheil nicht mehr aufzuhalten.
Die Satticker, doch nur gut zehn Kilometer entfernt von uns, mußten schon auf die Flucht!
An einem der Tage im späten Sommer oder frühen Herbst kam die Nachricht zu uns, daß die Großmutter mit dem Fuhrwerk schon unterwegs sei, in Schwentainen oder Duneiken mache man Rast, und das war ja nicht weit von uns nach Norden zu, und Mutter wollte gleich hin und tat es.
Mein Gott: Flucht! Was hieß das bloß? Oma hatte also Haus und Hof verlassen müssen! Kinder wie ich konnten sich das sicher nicht annähernd richtig vorstellen.
Meine Oma Guste hat ihre Heimat niemals mehr wiedergesehen.

Mutter besuchte den elterlichen Hof noch ein letztes Mal. Auch dies ein Abschied für immer. Sie war nie wieder dort.
Sie fuhr mit dem Rad. Alles stand offen: der Hof, das Haus – und war nun menschenleer, totenstill.
Vor einunddreißig Jahren war sie hier zur Welt gekommen; es war der Ort ihrer Kindheit und Jugend und wurde ihr nun für immer fortgenommen.
Aber dann kamen plötzlich von allen Seiten die zurückgelassenen Tiere: der Hund (der schöne große Wolfshund), die Hühner und die Schweine und alles Vieh . . .

Alles kann man verlieren, meinte Mutter noch vierzig Jahre später in Erinnerung daran, das Materielle: Das ist nicht so schlimm. Aber die Tiere: wenn sie einem so in die Augen gucken ... Ich wollte ja wenigstens den Hund mitnehmen, aber er wollte nicht; der wollte zu Hause bleiben ...

Inzwischen hatte sich auch in unserem Dorf einiges verändert. Die älteren Männer, die der Krieg bislang in Ruhe gelassen hatte, waren inzwischen beim Volkssturm. Alles driftete auf das Ende zu, und das hieß auch: aufs Weggehen.

Etwas außerhalb des Dorfes in den Hügeln und dem Wald im Norden (der »Höhe 109«) wurde ein Volkssturm-»Nest« eingerichtet, und der Bürgermeister Malinka, hieß es, tue dort Dienst – man liege auf der Lauer ...

Was für eine Stellung, was für ein Dienst? Ist zuviel Ironie meinerseits dabei, wenn ich denke: Das sieht nach Altmänner-Spielerei aus, sie durften sich wichtig fühlen, aber für das Kriegsgeschehen, wie es dann hereinbrach, war es doch völlig belanglos?

Als die Russen kamen, war in dem »Nest« jedenfalls niemand mehr auf Wacht, und das war für diese Männer gewiß richtig so.

Eines Tages Ende Oktober erreichte Mutter die Anweisung, daß wir uns zu verabredeter Zeit mit unsern Siebensachen auf dem Bahnhof in Lyck einzufinden hätten, wir würden mit der Bahn in Richtung Westen evakuiert werden.

So wurden wir als erste des Dorfes auf den Weg gebracht: weil wir eine sogenannte kinderreiche Familie waren: Der Älteste, ich, wurde erst zehn, und das fünfte und jüngste der Kinder lag noch im Wagen.

Viel Zeit wurde uns nicht gelassen. Wir packten. Und am genannten Abend fuhr uns der Janek aus dem Dorf in Richtung Bahnhof.

ABSCHIEDNEHMENMÜSSEN:
War das, ist das nicht immer so sehr mein Thema? Und damals dieses Erstaunliche, über das ich später immer wieder nachgedacht habe: daß ich anscheinend von niemandem und von nichts so richtig Abschied genommen habe.
Ich bin wohl nicht noch einmal durchs ganze Haus und auf den Boden gegangen, wo vielleicht noch manches zu finden gewesen wäre, sogar aus seinen ersten Tagen. Ich erinnere mich jedenfalls nicht an das Geringste. Und es blieb doch so manches auch von mir zurück: ein Schaukelpferd zum Beispiel und das von Vater geschnitzte Holzgewehr, die Schlittschuhe und an der Stallmauer unten am See die Angel.
Nein: Nicht durchs Haus, und nicht durch Stall und Scheune, und nicht noch einmal aufs Feld. Auch nicht dorthin, wo sich auf unserm Land immer die Störche gesammelt haben zum Abflug – taten sie's auch diesmal: für uns zum letzten Mal?
Im nachhinein, nach so langer Zeit, scheint mir, daß ich damals noch kaum Angst empfand und nicht dachte: Bloß schnell weg! Es war wohl eher so etwas wie ein seltsames Verreisen ohne das Bewußtsein, niemals zurückzukehren.
Die panische Angst vor der Roten Armee: Die kam erst einige Wochen später, nachdem ich in Allenstein in einer Wochenschau die schrecklich Gemordeten von Nemmersdorf gesehen hatte. Auch auf der weiteren Flucht im Januar hörte: Rette sich, wer kann: Der Russe frißt euch mit Haut und Haaren!
Aber nicht nur ich als Kind, auch die Erwachsenen handelten offensichtlich nicht so, als handle es sich um eine Reise

ohne Wiederkehr. Ingrid weiß noch, daß Mutter die Betten in einer besonderen Weise an die Wand des Schlafzimmers gestellt hat, um sie brauchbar zu erhalten.
Dachten damals nicht wenige immer noch im Sinne der ihnen eingehämmerten Parole: »Der Führer wird es trotz allem schaffen«?
Zurück blieb unwiederbringbar meine masurische Kindheit.
Ja, es war der endgültige Abschied von Masuren; und wir sollten in unsre Wohnungen niemals mehr zurückkehren; ich habe nichts mehr *so* wiedergesehen, wie wir es damals verlassen mußten.

Ein Herbstabend also, frühe Dämmerung. Die alte Schotterstraße hinaus. Am Friedhof vorbei zur Asphaltstraße Treuburg–Lyck. Durch das alte Stradaunen hindurch.
Es war dunkel. Am Wagen schaukelte die Petroleumlaterne. Wir sahen Lyck schon vor uns, die ersten bescheidenen Häuser, die die Straße querenden Schienen der Eisenbahnstrecke nach Lötzen. Ich ging neben dem Wagen, merkte plötzlich, daß ich einen Jackenknopf verloren hatte, suchte ihn, blieb etwas zurück –
da plötzlich von links ein Flugzeug – es kam tiefer – und schoß!!!
Geschrei...
Aber da zog die Maschine schon wieder hoch, flog weg, kam nicht zurück.
War jemand getroffen? Nein, glücklicherweise nicht. Uns saß nur allen der Schreck in den Gliedern.
Aus den schon nahen Häusern kamen Menschen, drängten uns zu sich in ihre Stuben – und wir gingen mit ihnen, blieben dort für die Nacht.
Am nächsten Tag stellte sich heraus, daß der Zug, mit dem wir hatten wegfahren sollen, ohnehin nicht abgegangen war

– auch wegen des Flugzeugs, das vorher den Bahnhof beschossen hatte.

Ich aber, ich redete mir lange ein (und wagte mit niemandem darüber zu sprechen), daß wir vielleicht nur deshalb beschossen worden waren, weil ich den Jackenknopf verloren und nicht wiedergefunden hatte.
Und das war noch einmal eine Vorstellung ganz nach Art jener alten masurischen Welt, die im Oktober 1944 für uns und damals für die meisten meiner Landsleute endete.

III

Heute und damals – wieder in Masuren

1

»Als ich wieder aufsehe, ist weiter nichts vorgefallen, als daß die Jahre dahingegangen sind.«
Wilhelm Raabe, »Stopfkuchen«

Dieser Himmel über dem Land!
Blauer Himmel und Haufenwölkchen, an den Rändern schneeweiß. Irgendwer versuchte mir zu erklären, das käme von den vielen masurischen Seen, daß der Himmel diese nirgendwo sonst anzutreffenden Wolken hat. (Sage ja niemand, daß der Himmel überall auf der Erde gleich sei – wer das behauptet, hat ihn noch niemals genau betrachtet.)
Und ein anderer meinte: Wie dieses Land die menschliche Gesundheit fördert! Diese klare, trockene, den Kopf niemals beengende Luft! Wie wohl man sich da fühlt!
Diese Weite über dem Land von seinem Himmel her! Das hat nichts mehr von westlicher Einförmigkeit und Kleinkariertheit. Das atmet Unbegrenztheit und hat doch diese leise Melancholie: gleichsam volksliedhafte Poesie.
Ich fahre kreuz und quer durch das Land meiner Kindheit. Und wie lange ist alles her. Ich war 1945 zehn und bin nun bald sechzig.

»The Reich is finished« war bei Kriegsende in englischen Zeitungen zu lesen. Das Deutsche Reich war durch eine wahnsinnige Politik erledigt worden. Alles Gebiet östlich von Oder und Neiße ging verloren, die seit Jahrhunderten dort ansässigen Bewohner wurden aus ihrer Heimat vertrieben, und zu allem Übel wurde bald danach zwischen Oder und Rhein die Teilung Deutschlands in zwei Staaten festgeschrieben.
Was ist seither nicht alles geschehen! *Ich* denke an Folgen-

des: 1952 starb in Norwegen der größte Prosadichter des Jahrhunderts: Knut Hamsun. Im nächsten Jahr warfen Aufständische in Ostberlin Steine gegen sowjetische Panzer. Wir erlebten den Kalten Krieg und den Eisernen Vorhang und das westdeutsche Wirtschaftswunder. Und irgendwann starb der Massenmörder Stalin eines natürlichen Todes. Es kam zu Aufständen in Polen und Ungarn, und später wurde der Prager Frühling gewaltsam zertreten. Aber die unglaublichste Perversität der sechziger Jahre war der Bau einer Mauer mitten durch Berlin. Die USA mischten sich in Korea ein und in Vietnam, wir sahen die Bilder des Krieges. Und in ihrer Heimat Amerika wurden John F. Kennedy und Robert Kennedy und Martin Luther King ermordet. Der Sputnik umkreiste die Erde und eines Tages stand ein Mensch auf dem Mond. Und irgendwann ist schließlich auch Churchill ins Grab gefahren, ja. Und es gab die 68er-Bewegung: Studentenproteste in Deutschland, Europa und auch in Japan. Es kamen die Sexwelle und die Ölkrise. Und es wuchs das Bewußtsein für Umweltprobleme.
Und in Warschau sank Willy Brandt vor dem Mahnmal für die Opfer des nationalsozialistischen Terrors auf die Knie.
Aber nichts ist wirklich von Dauer; die Geschichte folgt nicht den törichten Hochrechnungen der Eierköpfe. Die kommunistische Welt, nach dem eigenen Bekunden ihren »Klassenfeinden« und überhaupt dem Rest der Welt in jeglicher Hinsicht überlegen, driftete immer deutlicher dem Ruin entgegen und brach zusammen. Und da fand auch endlich die deutsche Teilung ihr Ende.

Und was war mit mir, meiner Person passiert? Mit der masurischen Kindheit im Seelengepäck war ich also über die Weichsel und über die Oder und auch noch über die Elbe geschoben worden.

Hinein in eine sich immer stärker amerikanisierende Welt, deren Mentalität sich auf die Vermehrung der Geldsäcke ausrichtet.

Für Geld, hörte ich unlängst eine erfahrene Frau sagen, für Geld kannst du sogar den Teufel tanzen lassen.

Also ehrlich gesagt, es ging nicht sonderlich gut. Die Verletzungen, die unwiederholbaren Verluste bekamen doch Übergewicht...

Blieb nicht auch in Masuren, von wo ich entfernt worden war, buchstäblich kein Stein auf dem andern?

Ich sehe, während ich durch das Land der Kindheit fahre, daß beileibe nicht nur mein Dorf unterging und nicht nur Mutters Heimat Satticken viele Höfe verloren hat: auch zahlreiche andere ländliche Orte sind gerupft und durch Zerstörungen manchmal wohl bis zur Unkenntlichkeit verändert worden. Ich stoße immer wieder auf Stätten im Land, die anzeigen: Auch hier stand einst ein Hof. Ein Karree aus Bäumen und Sträuchern, die sichtlich von Menschen dort gepflanzt worden sind: Kastanien, Linden, blühende Ziergehölze, weißer und blauer Flieder. Und würde ich aussteigen und in das Dickicht eindringen, das sich nach der Vertreibung der Menschen ungehindert ausgebreitet hat, so würde ich wohl wie bei uns zu Hause auf letzte Reste von Gebäuden stoßen; und überall haben deutsche Familien gelebt, und das wurde dem Erdboden gleichgemacht.

Und sooft ich solche Stätten bereits sah: Noch immer löst ihr Anblick tiefe Traurigkeit in mir aus. Und sehr pessimistische Gedanken, aber auch Aufbegehren: O ja, die Welt wird nicht besser, gebt euch keinen Illusionen hin! Ich teile die Ansicht Lars Gustafssons aus dem »Sigismund«, daß es »noch dieselbe chaotische, brutale, verfallende Welt ist wie am Ende des Römischen Reiches, nur daß sie tausendmal größer, tausendmal brutaler ist...«

Irgendwann fiel mir in diesem Zusammenhang jenes Essay ein, das vielleicht wesentlichste in deutscher Sprache: das Herbert Eisenreichs »Im Anblick der Ruine«. Zwei Seiten Prosa aus dem Jahr 1953 über den Menschen, der »im Anblick der Ruine spürt..., daß er nicht geschaffen ist, etwas Dauerndes zu vollbringen«. Aber zugleich lernt er vor dem Bröckelnden, den Resten einstiger Größe, »den Zweck zu verachten«.

Und so entspricht es im Grunde auch meinem Denken.

Natürlich schmerzt es mich, nicht mehr jene anzutreffen, die zur Zeit meiner Kindheit hier ihr Dasein hatten: jenes herkömmliche Menschengeflecht, das mit diesem Land so sehr verwachsen war. Aber genauso betrübt es mich, daß diejenigen, die die Austreibung vollzogen oder zumindest provoziert haben, so wenig in der Lage waren, dauerhaft Neues an die Stelle des zerstörten Alten zu setzen.

»Deutsche gibt es heute in Masuren so gut wie keine mehr«, behauptete Klaus Bednarz schon 1984 in seinem schmalen Band »Masuren«. Nun: Ich stoße Jahre später doch noch auf einige: in Nikolaiken und Krutinnen und Sensburg und im früheren Kreis Lyck; und nicht alle suchen, o Wunder, ihr Heil in der Ausreise in den Westen, ja mancher war dort und ist wieder nach Hause gekommen! Aber es sind zu lange an den Rand gedrängte Existenzen, sie haben vor allem Sorgen um die Zukunft der Kinder.

2

Aber ist denn in Masuren nicht auch vieles unverändert geblieben?
Doch, gerade hier!
Beim Anblick vieler Dörfer, und mag ihnen noch so sehr mitgespielt worden sein, sehe ich die Welt von damals! Bis heute die vertrauten, unvergessenen Bilder: einige der alten Kopfsteinpflasterstraßen, manche der altersgrauen Masurenhäuser aus dem heimischen Holz, der Baumgarten davor, und zur Straße der Staketenzaun... Blühende Flieder-Haufen... Am Dorfrand ein Wassertümpel, hinter ihm auf der Weide eine Schar weißer Gänse... Und das Storchennest über manchem Stallgiebel, darin manchmal in geradezu majestätischer Haltung ein oder zwei der hochbeinigen Vögel stehen...
Es ist, als sei jemandem wie mir, der hier vor langer Zeit aufwuchs, ein Teil der damaligen Welt aufgehoben worden für ein Wiedersehen. Das grenzt an ein Wunder.

Und noch ganz unverändert die anheimelnde masurische Landschaft! Selten ist sie irgendwo spektakulär oder grandios, aber fast überall von einem ländlichen Zauber, der in Europa seinesgleichen sucht. Über allem eine leise Melancholie, als ihr vielleicht wesentlichster Zug.
Es ist ein stilles Land, ein gleichsam verschwiegenes, von einer unbeschreibbaren Ruhe; was nicht heißt: Lautlosigkeit. Selbstverständlich gibt es die zahlreichen Geräusche der Natur: das Rauschen der Wälder, das dem des Meeres gleicht; die unterschiedlichen Stimmen der Vögel. Ich denke, es ist diese vollendete Harmonie aus Wäldern, Seen und hügeligem Bauernland, die Gemächlichkeit und Aus-

geglichenheit bewirkt, geradezu ein Gefühl der Verwunschenheit heraufruft.
Ich fahre bis in die (schon über Masuren hinausgehende) Region um Hohenstein und Tannenberg, nach Osten bis Lyck und Treuburg und nach Norden an den Mauersee, nach Süden zum Spirding und in die »Wildnis«-Wälder der Johannisburger Heide.
Und habe ein sehr bemerkenswertes Erlebnis, das mich lange beschäftigt. Es unterbricht die harmonischen Gedanken, in die die Idylle so sehr hineinzieht: Es geht um die Beziehung von Menschen zu Land- und Hofbesitz, zu Heimat – und was es bedeutet, wenn das alles zusammen eine in Generationen gewachsene Sache ist.
Ich bin durch kleine, weltvergessene Dörfer im schier endlosen Waldland gefahren und, irgendwann, auf einer geradezu abenteuerlichen Kopfsteinpflasterstraße fahre ich lieber den Sandweg neben dem befestigten Weg. Ich erreiche den einen, den anderen kleinen Ort: Piatkowizna und Lyse und Deby. Und alles ist hier so auffallend heil; und es stehen noch (so denke ich) viele Masurenhäuser – sie sind schön –, wie beglückt mich das!
Aber als ich immer noch nicht nach Rozogi komme, wo ich eigentlich hin will, halte ich an und schaue auf die Straßenkarte – und da stelle ich fest, daß ich schon ein gehöriges Stück im alten Polen bin: in Masowien, woher so viele Siedler einst nach Masuren kamen. Und nun ist mir auch die Unversehrtheit der Dörfer und alten Holzhäuser erklärt: Hier ist niemand davongejagt und durch Landfremde ersetzt worden, die Höfe dürften seit Generationen im Besitz ihrer Familien sein, das hat eine ganz andere Bindung geschaffen.
Ja: Das ist der wesentliche Unterschied zum heutigen Masuren, und er wird überdeutlich. Er ist begründet in den

Menschen! Das ist ein schlechthin faszinierendes Exempel; überzeugender kann einem das nicht vor Augen geführt werden.
Die Voraussetzungen für ein heutiges bäuerliches Leben dürften hier kaum andere sein, als fünfzehn oder zwanzig Kilometer weiter nördlich in Masuren, dem ehemals deutschen Gebiet. Aber hier hat nicht plötzlich eine törichte Politik eingegriffen: die die einen vertrieb und jene Deutsche, die bleiben durften, in eine Art Minderwertigkeit stieß; eine Politik, die Polen von wer weiß woher holte und in eine ihnen fremde Region verpflanzte.
Und ich steure eine kleine polnische Stadt an, um von dort nach Masuren zurückzukommen, Myszyniec. Und auch sie hat etwas eindrucksvoll Herkömmliches, Unverändertes: auffallend viele alte Bauten aus Holz und herkömmlichem Material. Man muß das Gesamtbild nicht schön finden, aber es hat seinen eigenen Charakter.
So, wie auf ihre andre Weise einst die masurischen Orte Charakter hatten, als in ihnen noch die ursprüngliche Bevölkerung lebte.

Zurück nach Masuren!
Es sind noch die alten kurvenreichen Straßen, gesäumt von den alten Bäumen; ihre Kronen, über mir ineinandergewachsen, bilden Gewölbe wie in Kirchen, manchmal geradezu gotische.
Diese Wege zeigen noch immer keine Eile an – wie auch die Menschen hier sie nie hatten. Und sollte ich ein Bild nennen, in dem sich diese Landschaft verdichtete: Es ist der Bauernwagen auf einer dieser Straßen, ein Pferd (allenfalls zwei) davor, die Familie mit Kindern auf diesem Gefährt, gemächlich im Zuckeltrab der Stadt zu, und irgendwann denselben Weg wieder zurück nach Hause. Die sogenannte

Große Welt ist woanders. Und das Unheil in der Welt lösen offensichtlich andre aus...

Bilder, die ich in mir trage und nun wiedersehe: der Storch hinter einem Bauern, der Gras mäht (auf einer andern Wiese nicht weniger als ein Dutzend Störche); und jemand pflügt den Acker – und wie ich kurz darauf nochmals hinblicke, da hat er sich am Ackerrand ins Gras geworfen, das Pferd steht geduldig wartend vor dem Pflug... ich sehe wieder vor mir, wie mein Vater über unser Land geht und aus einem Tuchbeutel, der über seine Schulter geknotet ist, Dünger in weiten Bewegungen streut...

Diese zahllosen Seen – keiner gleicht dem andern. Mehr noch als die Hügel und Wälder sind die Seen das diese Landschaft prägende Element.

Wunderschön das Dunkelgrün eines Waldes hinter leuchtend blauem Wasser. Manchmal liegt ein stumpfgelber Schilfgürtel dazwischen. Auf wieviel verwunschene Winkel der Blick fällt... Und gelegentlich gibt es am Seeufer sogar einen kleinen Strand, so in Piasken am Dorfrand. Wo manchmal ein hübsch gestrichenes Ruderboot im flachen Wasser liegt, ruhig wie auf einem vollkommenen Spiegel...

Und wie unvergleichlich oft hier Inseln in Seen sind! Südöstlich von Sensburg stoße ich auf diese makellose Idylle: ein See, von Laub- und Nadelwald umgeben, in dem die Insel von mächtigen breitkronigen Bäumen überwuchert ist: als ob ein Mammut-Bison den Rücken aus den Fluten hervorreckte... Ab und zu reichen Wiesen bis ans Wasser, sie stehen gelb voller Kuhblumen... Und ich finde Seerosen; und mitunter gelbe Wasserlilien.

Auf dem Weg von Steinort nach Haarschen über die Enge zwischen Mauer- und Dargeinen-See. Hier ist das Wasser kristallklar: wie durch Glas blickt man zum Grund. Daunenweiße Haufenwolken spiegeln sich auf der Oberfläche.

Die uralten Eichen an der Straße vor Steinort; sie sollen in den ersten Jahren des 17. Jahrhunderts gepflanzt worden sein, hätten also schon den Dreißigjährigen Krieg erlebt, und auch alle Kriege und Gewalttaten seither... Bei dem etwas vergammelten Schloß aber halte ich mich nicht weiter auf, zu sehr drängt sich immer noch die Vorstellung von der Teilung der Welt auf, in die profitierenden Herren und die schuftenden Knechte, und damit möchte ich mich nicht herumärgern.

An einem sonnigen, stillen Tag auf der Krutinna, dem schönsten Fluß Masurens, nördlich von Krutinnen. Ist es ein natürlicher Park oder ein Urwald, durch den sich das glasklare Wasser schlängelt? Die Äste, die Kronen der Bäume neigen sich weit über den Fluß.
Und ich gehe in Nikolaiken aufs Schiff, um den Süden meines Kindheitslandes, von den Seen der Johannisburger Heide aus, zu erleben. Zuerst über den riesigen Spirding, das »preußische Meer«, dessen Ostufer vom Westrand aus kaum auszumachen ist. Dann geht es in den knapp fünfzehn Kilometer langen, stromartigen Beldahnsee, auf Rudczanny zu, durch endlos scheinenden Wald. Landvorsprünge und Buchten, baumbedeckte Inseln auch hier. Möwen folgen dem Schiff, lassen sich zum Wasser nach unten fallen und steigen wieder auf, und mitunter zerreißt einer ihrer heisren Schreie die Stille.
Wie ruhig und schön das alles ist! Es gibt nichts Vergleichbares westlich von Weichsel und Oder.

Am schönsten sind die masurischen Dörfer am Rande der Seen. Bei uns gelang es so oft, Natur und das von Menschen Errichtete ohne Anstrengung in Harmonie zu bringen. Ich sah Hirschen am Muckersee in der Johannisburger Heide, und der erste Blick auf Gonsken am Gonsker See von der Straße aus Stradaunen her überwältigt noch immer – und ich meine natürlich, das kleine Rydzewen am Rydzewer See war vielleicht das am schönsten gelegene Dorf in Masuren. Aber nun läßt sich das ja nicht mehr überprüfen.

Wenn ein See um einiges tiefer liegt als die an ihm vorbeiführende Straße und durch Bäume und lichte Sträucher herauf das besonnte Wasser blinkt!

Und ich denke wieder an die Insel in der unserm Dorf nahen Westhälfte des Gonsker Sees: wie unvergleichlich ich sie einmal daliegen sah in hochsommerlicher Windstille.

Ich trage aus der Kindheit auch die Erinnerung an diese einzigartige Stimmung in mir: diese Momente absoluter Reglosigkeit der Luft über spiegelndem Wasser am Spätnachmittag eines heißen Sommertags. Kein Blatt am Baum bewegte sich, es war (und hier ist das keine pseudopoetische Floskel), als halte die Welt den Atem an. Ein dünner, seidiger Glanz über allem, der sich ganz allmählich in der Abenddämmerung verlor ...

Jedesmal noch, wenn ich tausend Kilometer und immer mehr Jahre entfernt davon daran dachte, begann ich spürbar stärker zu atmen. Und auch dies ist keine ausgedachte Behauptung: Wir waren in vielen Momenten noch eingebunden in unsere Landschaft und in Einklang mit ihr. Wie es die Ostpreußin Agnes Miegel wußte: Dem Land sei man verbunden gewesen »durch eine tiefe, dem heutigen Denken kaum noch begreifbare, mystische Liebe«.

Und niemals mehr irgendwo noch ein See in einem solchen Licht, einer solchen seidigen Tönung, so großartig sonst auch anderswo alles sein mochte – nicht in Norwegen, wo ich so viele herrliche Seen in wahrhaft grandiosem Waldland sah, nicht in Mecklenburg oder der Mark Brandenburg, nicht in Süddeutschland. Nur hier: in Masuren.

Wir können nicht mehr in die Welt der herkömmlichen masurischen Menschen zurückkehren, denn es gibt daheim nur noch so wenige von ihnen. Aber wir kommen nach Hause in unsere Landschaft.
Die vor uns da war und nach uns da sein wird.

»Alles ist immer da in ihr. Vergangenheit und Zukunft kennt sie nicht.«
Auch das wußte jener, dem im Deutschen nie jemand gleichkam: Goethe.
Und diese Landschaft und der Charakter des kleinen Volkes, das hier lebte: sie waren von so gleicher Art, denn die Natur hatte sich die Menschen anverwandelt. Fragst du, wie die Menschen meiner Heimat waren, als ihnen allein noch dieses Land gehörte: So fahre kreuz und quer durch ihr Land, ja, die Antwort findest du auf eine so faszinierende Weise in dieser Natur.

3

Still bleibt das Grab und der Schläfer drin –
der Wind, der Wind geht darüber hin.
Theodor Fontane

Ich gehe, wie gesagt, gern in alte Kirchen: Mit irgendwelcher Frömmigkeit hat das nichts zu tun. Mich bewegen jedesmal Vorstellungen von all den Menschen, die im Lauf der langen Existenz des Kirchenschiffs sich in ihm aufgehalten haben, irgendwann geboren worden sind und ihr Leben lebten und ausgelöscht wurden.
Nirgendwo wie in einer Kirche fühle ich mich diesem ständi-

gen Kommen und Gehen, dieser unaufhebbaren Vergänglichkeit so nahe: »Wenn das eine zusammenbricht, erhebt sich ein andres, spielt sich eine Weile gewaltig auf in der Welt und stirbt.«
Das hat mein literarischer Wahlvater gesagt: Knut Hamsun. Und es ist gut, das immer im Bewußtsein zu haben.
Im Dom zu Speyer stand ich vor dem Sarkophag Kaiser Heinrichs IV., des deutschen Hiobs im 11. Jahrhundert – war das dann nicht noch Sagenzeit, dachte ich, wie kleideten sich die Menschen damals, die in diese Kirche kamen, wie lebten sie, wie klang ihre Sprache?
Und in der kleinen Stradauner Feldsteinkirche: da waren es also die Vorfahren von mir seit 1738, der Vollendung des heutigen Baus.

Aber auch auf alte Friedhöfe bin ich oft schon gegangen, um mich zwischen den Gräberreihen und Grabsteinen aufzuhalten. Lange bevor auf einem von ihnen meine große Tochter begraben wurde: diese schlimmste von allen Schrecklichkeiten in meinem Leben.
So spielt in jedem meiner Romane der Besuch eines Friedhofs eine Rolle. Auch daran ist nichts Absonderliches. Nirgendwo sonst wie auf einem Friedhof ist mir so unmittelbar bewußt, was das ist: ein Menschenleben. In seiner Begrenztheit, Eingeengtheit, Flüchtigkeit, völligen Unberechenbarkeit.
Dort wurde mir der durchgehend brutale Charakter des sogenannten Schicksals schmerzlich klar.
Und die masurischen Friedhöfe heute!
Sagte ich, daß wir nur noch in die Landschaft unserer Heimat kommen können? Wir fahren doch auch in das Land zu unsern toten Vorfahren: den Friedhöfen von früher.
Ich bin nach der Sintflut, die fast alles verschlungen hat,

zurückgekehrt; und sie waren immer hier und konnten nicht mit vertrieben werden, ruhen in ihren Gräbern.
So finden wir in der Erde der Friedhöfe aus deutscher Zeit, was jahrhundertelang Masuren war: Generation um Generation die Welt der masurischen Menschen.

Durch den Satticker Friedhof fährt man heute also mit Ackerwagen und Landmaschinen. Obwohl es keinen Umweg bedeutete, wenn man um ihn herum führe; die Entwürdigung geschieht also mit Vorsatz und willentlich.
Der Rydzewer Friedhof ein Stück außerhalb des Dorfes war immer ein natürlicher Hain, eine Art kleiner Wald. Die Gräber lagen unter alten Bäumen. Und nun ist er ein Urwald, die Grabstätten sind unter Gestrüpp und Unkraut fast ganz verschwunden.
Auf der kleinen baumlosen Fläche vornean erinnern lediglich zwei Relikte an die Gräberstätte von früher. Von einem Kreuz blieb wenigstens die eiserne Umrahmung erhalten, verrostet, aber stehend. Dieses Bild hat etwas Sinnvolles: Nur noch der Rahmen, bloß noch diese Andeutung – aber aufrecht! Anders das morsche Kreuz aus Holz: Es liegt im Kraut, marode, als wolle es im nächsten Augenblick zu Staub auseinanderfallen; und komme ich irgendwann wieder hierher, so werde ich es nicht mehr vorfinden.
Unter dem Strauchgewirr und Gekraute vor mir also in ihren Gräbern jene, die in dem Dorf Rudzöwen oder Rydzewen gelebt haben, in guten und weniger guten Zeiten. Menschengeflecht, aus dem auch ich komme. So meine Großmutter (die Mutter meines Vaters), an deren Beerdigung hier ich mich erinnere, und der Großvater, der wie gesagt lange vor meiner Geburt an Magenkrebs starb. Auch Lotte Bandilla und ihr Ludwig Ciernio, meine Urgroßeltern. Und der Lehrer Hein.

Wie viele Wünsche, Hoffnungen, Erfahrungen und Enttäuschungen wurden da jedesmal mit begraben! Und alles war unwiderruflich zu Ende, wie zufällig und empörend es auch ausgegangen sein mochte.
Der Friedhof hat mir, wie nichts sonst, Illusionen genommen; aber ich habe auch etwas gelernt: Nüchternheit, Fatalismus – mit einem Wort: gute, brauchbare Maßstäbe, an denen man sich orientieren kann.
Und ich weiß hier auch noch in etwa, wo einige von Vaters Geschwistern, die im Kindesalter starben, ganz hinten auf dem Friedhof ruhen; heute kennt man nicht einmal mehr ihre Namen. Ich erinnere mich, daß man mir erzählte: Die liegen da ganz am Rand – es starben damals so viele kleine Kinder.

Natürlich, es kann nicht anders sein: Nun habe ich plötzlich das Grab meiner Tochter im Westfälischen vor Augen. Ein Mensch, der auch keine Chance bekam, ein ganzes Leben oder wenigstens ein halbes zu leben. Und bedenkt man das, können einem da die von Menschen für solche Fälle erdachten Tröstlichkeiten etwas anderes sein als leeres Geschnatter, Milben-Philosophie? Und Camus' Vorstellungen des Absurden treffen es besser? Die »auf der rationalen Erkenntnis der absoluten Sinnlosigkeit menschlichen Daseins« beruhen und »ein Entrinnen in metaphysische oder ideologische Bedingungen« ausschließen?
Die Gräber von Kindern hier wie dort. Vor einem von ihnen blieb ich unlängst stehen, denn ich sah etwas, das mich tief erschütterte: Jemand hatte einen abgegriffenen Stoffhund darauf gestellt, wohl das liebste Spieltier des kleinen Toten. Ach Gott –, sagte Anneliese neben mir und konnte nicht weiter.
Wir haben unserer Tochter, die mit einundzwanzig Jahren

getötet worden ist, einen kleinen Bären mit ins Grab gegeben, ihren Talisman.
All die dahinsterbenden Kinder – spätestens dann ist nur Empörung möglich gegen die Art und Weise des Schicksals: diese unerschütterbare Inkarnation des Barbarischen.
Und auch das ständig im Bewußtsein zu haben ist wichtig. Dies auch bei Hamsun: »Ich weinte inwendig, die Menschen haben es nicht gut.«

Und euer Leben, Oma Marie und Opa Ludwig, die ihr mir zeitlich doch so fern gar nicht seid: Fast alles schon völlig vergessen, was es an Freuden und Glücksfällen, hartem Schicksal und den unendlichen alltäglichen Mühen im Lauf eurer Zeiten gab.
Kann da das Fazit anders ausfallen als resignativ? Marion Gräfin Dönhoff hat einmal von der Verwunderung westlicher Menschen darüber berichtet, daß die Masuren »so ganz ohne Bedürfnis und ohne Ehrgeiz« waren.
Wieso Verwunderung?
Und die Masuren hatten es mit dieser Haltung wohl schon weitergebracht als all die Streber unserer Zeit.

4: Die Vergleiche

Alles hier, scheint mir, schon immer beschränkt auf das Schlichteste, Notwendige, und warm und herzlich und gut.
In: »Ein Sohn Masurens«

Dies zwangsläufig immer und immer wieder, wenn ich an mein Zuhause in Masuren zurückdenke: der Vergleich zwischen damals und heute, unserer damaligen Art zu leben und der heutigen in Deutschland, die so weltenweit auseinanderliegen. Und so habe ich das in den Erzählungen von meiner Kindheit immer wieder angesprochen.

Ein größerer Gegensatz des Lebensumfelds ist ja kaum denkbar (es sei denn, man verweist auf das Extremste: einen irgendwo abseits noch völlig isoliert von moderner Zivilisation lebenden Menschenstamm). So sprach ich wiederholt vom *Gegenbild Masuren.*

Womit nicht gemeint ist: eine Gegenüberstellung von städtischer Zivilisation und archaisch-idyllischem Landleben; das wäre bloß Poeten-Simplifizierung. Meine Ansicht hat nichts zu tun mit Wiechertschem »Einfachen Leben«: dem allzu schlichten Ressentiment gegen Großstadt und moderne Zivilisation und einer ebenso unreflektierten Sehnsucht nach kindheitlicher Wald- und Seenidylle. Das einfache Leben an sich ist nicht schon höher einzuschätzen als das Treiben in »den Städten« oder der Welt »da draußen« (wie es uns früher einige Dichter einreden wollten); und ein Ausweichen des städtischen Lebens, eine Flucht auf das Land keine überzeugende Lösung. Hier geht es um Leben und Überleben: um die Ausbeutung der Erde durch das fatale abendländische Immermehr, Immerschneller, das ein Immerseelenloser ist – dem Genügsamkeit, Ehrgeizlosigkeit, Naturverbundenheit gegenübergestellt sind.

Und damit ist wohl die heutzutage wesentlichste Frage angesprochen.
Und so komme ich nun, zusammenfassend und abschließend, noch einmal darauf zurück: denn von allem, was über das Persönliche, Anekdotische und Regionale hinausgeht, ist diese Frage das eigentliche Thema.

In Knut Hamsuns Roman »Den sidste Glaede« (Die letzte Freude, 1912) wendet sich der durch Norwegen wandernde Ich-Erzähler immer wieder an seinen »kleinen Freund« in der Stadt: »Du bist der neue Geist in Norwegen, und du bist es, den ich verhöhne«.
Nun: Wie der damaligen Inkarnation der angeblich fortschrittlichen Ansichten in Skandinavien muß man sich heutzutage doch wohl erst recht dem Zeitgeist Mitteleuropas entgegenstellen. Er fordert ja noch um einiges mehr zum Widerspruch heraus.

Kleiner Freund: Ein größerer Kontrast zu dem Leben heutzutage in einer westdeutschen Stadt (aber längst auch in jedem kleineren Ort westlich von Oder und Elbe) ist nicht denkbar, als es unser so bescheidenes Dasein in dem abgelegenen masurischen Dorf war.
Nur die Äußerlichkeiten gesehen: Bis zuletzt also keine Elektrizität; was auch hieß: kein einziges elektrisches Gerät in Haus und Hof. Es war noch ganz die Zeit der Petroleumlampen und Laternen. Bloß einige Radios gab es schon, die mit Akkus und Batterien betrieben wurden.
Heute hast du, kleiner Freund, natürlich zuallererst ein Auto. Sowie, in deiner zentralbeheizten Wohnung: Stereoanlage und Farbfernseher, Waschmaschine und wohl auch Wäschetrockner, selbstverständlich: Elektroherd und Eisschrank und wahrscheinlich Tiefkühltruhe, dazu ein halbes

Dutzend elektrischer Küchengeräte, Warmwasserversorgung und und und –.

Imponierend! sagst du. Was für ein enormer Fortschritt in nur einigen Jahrzehnten! Muß man da nicht staunen und gratulieren!
Doch Vorsicht, mein Lieber: auch »normale« Wochenmagazine sind heutzutage dem Immermehr gegenüber schon viel zurückhaltender, ja kritisch: »Das Gebirgsmassiv von allein in den USA aufgehäufter Technik im Dienst des Komforts veranschaulicht die Absurdität dieser Epoche technischen Fortschritts, die vor sechzig Jahren begann und jetzt mit einer Katastrophe endet« (»Spiegel«, Februar 1992).
Und die zentrale Frage lautet zwangsläufig: Sind die Menschen denn auch zufriedener als wir es damals waren?
Eine vertrackte Frage, nicht wahr?
Denn die Fakten kennst Du genauso wie ich; wir sind ja heute alle in etwa gleich informiert.
Wir ziehen bloß die unterschiedlichsten Schlüsse daraus.
Also ich nehme an, Du wirst wie ich sagen: Nein; man kann leider nicht den Eindruck haben, daß die Menschen froher geworden sind.
Sie sind es, erstaunlicherweise, keineswegs. Sondern viele von ihnen sind um einiges übelgestimmter, weil ramponierter: gestreßt, marode, allzu früh ausgelaugt, kaputt –.

Scheint es der von dir, kleiner Freund und Mensch des Zeitgeists, für so erstrebenswert gehaltene technische Fortschritt samt einer wesentlich besseren materiellen Ausstattung der meisten Haushalte hierzulande irgendwie doch nicht zu bringen?
Ja: Drängt sich nicht immer stärker die Vermutung auf, daß

sie offenbar nicht die entscheidenden Errungenschaften für die Menschen sind? Daß von abgasstinkenden Autos, Fernsehgeräten und technischem Schnickschnack der Sinn des Lebens nicht zu beeinflussen ist? Nicht mal andeutungsweise?

Aber woran fehlt's denn so schmerzlich, trotz allem? Welche *Armseligkeiten* sind denn heutzutage aufzuzählen?
Hört man auf einige Kritiker der Gegenwart, so ist unsere Zeit das krasse Gegenteil der erhofften Annäherung an das Schlaraffenland und Paradies mittels Fortschritt und Wohlstand: Es dominieren der »Geldsack« und die »Habenwollen-Gier«, mit einem Wort: es dominiert der Egoismus; und das menschliche Interesse am sogenannten Nächsten bewegt sich auf Null zu. Vom »Diktat des Profits und der Unternehmerherrschaft« und der »Macht des großen Kapitals« (Schmude) sprechen die einen; von »Ellbogengesellschaft« und »sozialer Kälte«. Von einer »Zeit materieller Begierden« (Dönhoff) und daß »die Westdeutschen ... wenig Gemeinsinn und viel Geschäftssinn« besitzen (Diwald) andere. Von »Erschöpfung und Versandung zwischenmenschlicher Beziehungen zu Erscheinungen der Entmenschlichung« ein dritter (Konrad Lorenz, der einem seiner Bücher den Titel gab: »Abbau des Menschlichen«).
Und keine dieser Behauptungen scheint übertrieben zu sein und schon gar nicht grundfalsch.

Was ist da aus dem Ruder gelaufen, kleiner Freund: der du den Zeitgeist repräsentierst; und war das in meiner Kindheit nicht so?

Ich komme zu allererst auf den Intellektualismus zu sprechen: das einseitig verstandesmäßige Denken, das ungehemmt zum Diktator und Inquisitor des abendländischen Lebens und Wirkens wurde und in seiner Kaltschnäuzigkeit ein Unheil nach dem andern angerichtet hat. Das Gefühlsleben der Menschen driftet ohne Zweifel in Richtung des seelischen Nullpunkts. Allzu bedenkenlos angewandte Wissenschaften und eine Technik, die alles realisierte, was nur immer machbar war, sind immerhin allmählich ins Gerede gekommen. Sie vor allem sind verantwortlich dafür, daß das Gleichgewicht der Natur völlig aus den Fugen geriet: »Geschunden taumelt der Planet Erde mit Rissen, Löchern und Wunden im All« (»Stern«-Bericht).

Doch wie sehr die Ausgeburten rein verstandesmäßigen Denkens ohne Sinn und Verstand sind, belegt die Erkenntnis, daß »Menschen, die am Computer neue Welten bauen«, unfähig sind, »ihre eigene Welt zu erhalten«.

Thomas Randolph, ein amerikanischer Arzt, sprach schon davon, daß der Mensch »allergisch gegen das 20. Jahrhundert« sei, krank durch das Jahrhundert der bislang höchsten Blüte der Wissenschaften, Technik und des sogenannten Fortschritts. Sein Immunsystem rebelliere gegen die ihn bedrängende Flut von Nichtnatürlichem und Künstlichem.

Nun, kleiner Freund, bei uns in Masuren: Da konnte von alldem überhaupt keine Rede sein – und ich spreche aus eigener Erfahrung immerhin von einer Zeit, die noch fast bis zur Mitte unseres Jahrhunderts reichte.

Und unsre herkömmliche Art, mit Pferd und Pflug und Egge Landwirtschaft zu treiben, hat die Natur um uns jedenfalls nicht vergiftet und verenden lassen.

Schlimmer noch als die jedem sichtbare Verheerung der Welt, meinen andere, sei ihre rationalistische Entzauberung. Und auch diesbezüglich hatte man uns, kleiner Freund, noch nicht auf Vordermann bringen können. Wenn auch der Anfang damit schon gemacht war: man uns so etwas wie ein schlechtes Gewissen schon eingeredet hatte, weil wir noch am Hergebrachten hingen, und das hieß ja nach Meinung des von dir vertretenen Zeitgeists: am Gestrigen und daher mindestens Drittrangigem.

Und, kleiner Freund, diese überaus erstaunliche Feststellung von deinesgleichen, daß die Menschen in Masuren »so ganz ohne Bedürfnis und ohne Ehrgeiz« waren?
War das nicht das genaue Gegenteil des immer noch uns alle in Mitleidenschaft ziehenden westlichen Fortschrittdrangs und Leistungsstrebens?
»Die Kennedys« las ich, »wurden immer zum Siegen erzogen; ein zweiter Platz galt als Versagen.«
O ja, das ist ausgezeichnet abendländisch, westlich von Weichsel und Oder: immer nur weiter, höher, schneller! Vor allem als der jeweilige sogenannte Mitbewerber! Daraufhin studieren wir doch; das fordern wir konsequenterweise auch unseren Arbeitnehmern ab! Der Wert eines Menschen? Geht es nicht heutzutage mehr um seine Verwertbarkeit? Den Personalbedarf errechnen wir aus dem Verhältnis der prognostizierten Leistung zur prognostizierten Arbeitsproduktivität; das nennen wir, wie man inzwischen allgemein weiß, die Manpower-Methode.
Welch ein ungeheurer Fortschritt also gegenüber den Gepflogenheiten bei irgendwelchen masurischen Hinterwäldlern, wo dem Bauern, wenn's denn an der Reihe war, durch den Kopf ging: Fürs Kartoffelausmachen muß ich mir wie immer ein paar Frauen zum Aufsammeln besorgen …

Wir haben das Personalproblem zu einem allein mathematisch zu lösenden gemacht.
(Schon haben wir mancherorts leitende Figuren, die sind im Hinblick darauf wie angestrebte Züchtungen: mit dem herausragenden Intellekt eines Computers und dem Empfindungsvermögen eines Roboters.)
Aber, kleiner Freund, kann denn das der Sinn des Lebens sein, »viel aus dieser Welt herauszuholen, das meistmögliche aus ihr herauszuquetschen, nach mehr auszuschauen und – dann zu sterben?« (Hamsun in seinem letzten Roman). Muß man das nicht im Grunde für infantil halten, für geistiges Pygmäentum; schlittert das nicht glatt am Sinn des Lebens und Menschseins vorbei?
Um die Antwort darauf wirst du dich nicht herumdrücken können, kleiner Freund.
Und waren wir in Masuren darin nicht eher den alten Völkern des Ostens ähnlich, und das hieß: Entschieden weitergekommen?
Im Einklang mit der Natur sein, Stillhalten, die Ereignisse geschehen lassen. Man muß es ohnehin nehmen, wie es kommt.
Und ich bin froh, das noch so in der Kindheit erlebt zu haben. Es war wie eine Schutzimpfung und hat mich im späteren Leben vielleicht vor mancher Niveaulosigkeit bewahrt.

Ich denke, es ist eine Frage der Überzeugung von den Maßstäben, die man an die Gestaltung seines Lebens anlegen will.
Will man dabei bleiben (und dazu tendiert der Zeitgeist wohl auch heute noch, wenn auch nicht ganz unangefochten): größtmöglicher materieller Wohlstand, technischer Komfort und auch Schnickschnack auf Teufel komm raus,

ohne Rücksicht auf die Folgen; oder soll es eine Rückbesinnung und, wenn möglich, Wiederannäherung an ein bescheideneres, mehr naturverbundenes Leben, beseelteres Dasein werden?
Zur Zeit meiner Kindheit lebten wir, wie gesagt, ganz selbstverständlich noch ein der Natur gelassen folgendes Leben. Irgendwelche Theorien von irgendwelchen Intellektuellen hatten das noch nicht verdorben und uns die Ruhe genommen. Es war noch nichts zerredet und dadurch kaputtgemacht worden. Dasein also im Sinne einer Haltung, »wo man im Schatten der Weisheit schweigt«.
So kann ich es durchaus nachvollziehen, daß wir dem typischen Mittel- und Westeuropäer (wie du einer bist, kleiner Freund), wenn er denn auf uns überhaupt aufmerksam wurde, ein außerordentliches fernes, fremdartiges Phänomen sein mußten – ferner und fremder, als aus unserer räumlichen Entfernung vom »Reich« abzuleiten war.
Ein GEGENBILD also zu seiner Welt.
Und das heute erst recht wären, gäbe es Masuren noch wie früher. Aber zugleich als GEGENWELT immer mehr aufstiegen, je seelenloser und banaler die Zeit in Europa westlich der Weichsel sich ausformt.
Und mich selbst betreffend: Ich habe dies wiedergewonnen: Deutschland (früher: das »Reich«) und den weiteren Westen *von hier aus, dieser Gegenwelt, zu sehen.* Und das ist etwas ganz anderes, als irgendwo westlich der Elbe bloß mitgetrieben zu werden in einem anfechtbaren, in manchem lächerlichen Treiben.
Ich lebe in der westlichen Welt, ich bin tätig in ihr. Aber in vielem geht sie mich nur wenig an.

Über unsere Art zu leben:
Zu Gandhi, dem großen indischen Politiker, las ich, als

Ideal sei ihm »die Wiederherstellung der einfachen, ursprünglichen Lebensformen« erschienen. *Zukunftsträchtig* seien seine Ideen über das einfache Leben, die Genügsamkeit, den Besitz.
Dies der europäisch-amerikanischen Welt ins Merkbuch, und dick unterstrichen! Denn es ist doch wohl allmählich keine Frage mehr, ob man *will* oder nicht: Wir werden zu deutlich mehr Bescheidenheit zurückkehren *müssen*. Die Heere der Armen und Hungernden in der Welt, kleiner Freund, und sie machen zwei Drittel der Menschheit aus!, werden uns dazu zwingen. Und, wie gesagt: Ich kenne eine noch größere Bescheidenheit, als sie uns wohl auferlegt werden wird, aus meiner Kindheit. Masuren war der Inbegriff eines bescheidenen Lebens. Und das hat niemandem dort geschadet. Im Gegenteil.
Schließlich, in diesem Zusammenhang:
Weshalb ich zwei große Dichter: Goethe und Hamsun, von Jugend an den andern vorziehe, und das wesentlich aus der Erinnerung an unsere heimische Art zu leben und zu denken heraus. Es klang so vieles zusammen, was aus der Kindheit in mir war und was ich dann bei ihnen fand.
Beide waren sie entschiedene Widerständler gegen das öde mechanistische Weltbild, gegen die fortschreitende Entzauberung und Entseelung der Welt und seiner Bewohner.
Goethe betreffend schrieb Albrecht Schöne aus Anlaß der »Farbenlehre«: »Die Mühe seines halben Lebens galt dem so verzweifelten Versuch, dieser... Naturwissenschaft eine andere Richtung zu geben: sie auf das sinnenhaft Begreifliche, das sinnvoll Zusammenhängende, das sittlich Verantwortbare zu verpflichten und damit den Menschen heimisch zu halten in dieser Welt, ›in der wir leben, weben und sind‹.«
Seine ganze Forscherleidenschaft war auf Anschauung, anschauliches Denken, quasi ein natürliches Weltbild ausge-

richtet (»Ich achte darauf, daß sich mein Denken von den Gegenständen nicht sondert«). Die gängigen Gelehrten, Vertreter des mathematisch-physikalischen, gänzlich unanschaulichen Weltbildes, hat er auf das heftigste bekämpft (er traute ihnen zu, sie würden glatt ihre fünf Sinne ableugnen, nur um in ihrer öden Begriffswelt ungestört dahinleben zu können). Gottfried Benn in »Goethe und die Naturwissenschaften«: »Noch einmal das Archaische, noch einmal das Dasein, das von einem Tag zum andern sich durchhilft, die Blätter abfallen sieht und nichts dabei denkt, als daß der Winter kommt.«
Das von einem Tag zum andern sich durchhilft...
Ja: Die Existenz des Menschen sah Goethe eingebunden in die ihn umgebende Natur: seine Entwicklung setzte er dem Wachstum der Pflanzen gleich. »Nichts ist groß als das Natürliche.«
»Immer blieb er im Konkreten, drängte er zum Praktischen, denn das rechte, unbefangene Leben stand ihm über aller Spekulation« (Fritz Martini).

Knut Hamsun war, nach Hans Burkhardt, gegen alle fortschreitende Zivilisierung, die sich als »Widersacher des sinnlichen Lebens« erweist. Seine Forderung lautete: »Weg von der heutigen Mechanisierung des Menschen, zurück zu einem mehr seelischen Dasein!«
Sein Roman »Segen der Erde« stellt eine Alternative zur Industriegesellschaft dar.
Und könnte dies bei Hamsun denn nicht geradezu im Hinblick auf unsere Diskussion, welcher Art zu leben der Vorzug zu geben sei, geschrieben sein: einer überaus bescheidenen wie der masurischen oder der aufwendigen heutigen?
»Wir haben unsere Genügsamkeit verloren, unsere gute Ruhe, unsere kleinen und stillen Gewohnheiten, wir haben

die alte Arbeitsfreude nicht mehr, unser Inneres ist verkümmert... Unser früherer Mangel an Bargeld war vielleicht das kleinere Unglück.«
Goethe und Hamsun: die Götter (wenn du so willst) eines Sohnes Masurens.

Damit: Sela! und Zum Wohl!, kleiner Freund.
Alles verschwindet, und alles kommt irgendwann wieder. Auch eine Pest dauert nicht ewig; auch die Sintflut hatte ihre Zeit und war irgendwann vorüber.
Dann liegen einige unserer Enkel vielleicht wieder bis dreißig auf der (masurischen!) Weide und malen mit dem Zeigefinger Bilder in den Himmel. Schauen den Bienen zu, die sind, wie sie sind. Und hören das Gras wachsen.

5: Abschied (für diesmal)

Zuletzt noch einmal zu Hause am Rydzewer See.
Ich gehe auf unserm verschwundenen Hof die wenigen Schritte zum Wasser hinunter, stoße auf die niedrigen Reste des Feldstein-Fundaments von Stall und Scheune. Und wie von selbst geht meine Hand zu der niedrigen ruinösen Mauer inmitten des Unkrautgewirrs aus Großem Schöllkraut, wie es gern auf Schutthalden wuchert.
Ich finde einen genügend großen Stein und setze mich auf ihn und sinne meiner Kindheit nach, die auf diesem einzigartigen Fleck Erde geschah, wo es immer noch brütet und grünt und summt. Eine Kindheit, ein halbes Jahrhundert her, so lange, und die Welt von damals vernichtet, und von den damaligen Menschen niemand mehr hier.

Und so ist für viele, denen ich davon erzähle, vieles nicht mehr recht vorstellbar, obwohl es sich doch schon fast in der Mitte unseres Jahrhunderts ereignete.
Ich sehe noch einmal hinüber auf das hügelige grüne Land, wie es vom jenseitigen Ufer aufsteigt. Dort der idyllische Sandweg, gesäumt von den vertrauten dickbauchigen Weiden mit ihren Kugelkronen, ein sanftes gleichgültiges S bildend, hinauf nach Krzywen hinterm Berg. Und über die höchste Erhebung hier, rechts des Weges, lugt immer noch dunkler Fichtenwald gleich einem Hahnenkamm.
Masurische Landschaft. Und auch in hundert Jahren wird es jedenfalls diese Landschaft sein. Und es wird Gras wachsen und im Frühjahr Löwenzahn blühen.

Natürlich ist es nicht gleichgültig, ob wir in der Kindheit aus dem Fenster Tag für Tag auf einen häßlichen Hinterhof sehen oder solch ein Naturbild in uns aufnehmen können. Zum Glanz meiner Kindheitswelt gehören solche Anblicke.
Und wenn heute noch, viele hundert Kilometer entfernt von hier, mein von mir gestalteter Garten mit seinen Bäumen, Sträuchern und Pflanzen immer wieder ein Glücksgefühl in mir auslöst: so hat es seinen Ursprung in mir und meinen Erinnerungen. Es hat mit der Herkunft zu tun und dem frühen Erleben und den Vorfahren und ihrer Art zu leben im Märchenland Masuren.
Es gibt vielleicht nicht viele, die dem letzten Satz des Voltaireschen »Candide« so selbstverständlich zustimmen wie ich, der lautet: »Allein es gilt, unseren Garten zu bebauen.«
Dies das Fazit eines weisen Mannes, der die Welt mit ihren niemals endenden Kriegsgreueln, Verbrechen einzelner und ganzer Banden nur zu gut kannte: »Wir wollen arbeiten, ohne uns Gedanken zu machen; das ist das einzige Mittel, das Dasein erträglicher zu gestalten.«

Nein: Unser Aufhören hier in Rydzewen: dieses Davonlaufen in Angst vor dem Kommenden (der Rache): Das soll nicht das Bild von einem unvergleichlichen Land und einer trotz manchem schönen, behüteten Kindheit ganz überdecken und schließlich auslöschen können. So vieles von damals ist in mir geblieben und wird immer in mir bleiben.

Noch einmal *nein*: Das Ende einfach unter »Verlust« zu verbuchen, das ist mir nicht möglich. Ich kann sachlich zur Kenntnis nehmen, daß heute in meiner Heimat fast nur noch Polen wohnen. Und ich sage: Ich will keinesfalls etwas mit Gewalt ändern. Aber ich kann nicht feststellen: Das ist Schwund im Lauf von Geschichte, machen wir das Buch zu. Sela!
Nein, das tue ich nicht, weil ich so etwas nicht fertigbringe – und ich nehme an: Kein Pole in meiner Lage täte es, und so müßte ich doch auch von Menschen dieses Volkes verstanden werden.

Doch heute sind gerade noch drei Häuser bewohnt an den Enden des früheren Dorfes Rydzewen; wie lange noch? Schon ist auch unser Nachbarhof, der Wrobelsche, offenbar verlassen, man sieht dort keine Menschenseele mehr, die Scheune ist halb zusammengebrochen.
Und ein Pole, der sich auskennt in solchen Sachen, sagt voraus: Noch zwei, drei Jahre, dann gibt es das Dorf gar nicht mehr.

Zum Schluß meine etwas märchenhafte Vorstellung im Hinblick auf das Ende des Krieges 1945: daß sich die Straßen nach Rydzewen schließen möchten, um den Ort von der Welt abzuschneiden bis zu besseren Zeiten, sie ist in gewisser Weise nun fast in Erfüllung gegangen, allerdings

in einer todtraurigen: vier der fünf Wege nach Rydzewo sind von Autos wohl nicht mehr benutzbar, weil sie schon lange niemand mehr gefahren ist.
Und bessere Zeiten wird es für das Dorf niemals mehr geben.

Das menschliche Tun und Schaffen hält größeren Erschütterungen offenbar nicht stand. Babylon ging ganz unter und das Reich der Inkas auch. Und ich sitze hier an einem See, dessen altes Dorf ganz verschwinden wird.
Und stelle mir vor, wie es wohl wäre, wenn meine Oma Marie, gestorben nur zwei Jahre vor der großen Katastrophe und hier begraben, heraufstiege, um sich in den Ort ihres langen Lebens aufzumachen.
Sie hätte die Straße aus Stradaunen, den Hohlweg ins Dorf hinunter zu gehen. Erreichte dann die Stelle, wo vor ihr der See aufblinkt und Rydzewen ihre Heimat von Anfang bis Ende des Lebens war.
Und stellte entsetzt fest: *Es ist nichts mehr da.*
Gleich links an der Ecke der Straße nach Piasken lag der schöne große Hof, von dem ihre Mutter stammte.
Jetzt dort nur noch das Baum- und Strauchgewirr und gleichsam die Stille und Starre eines Friedhofs. Von dem vertrauten Anblick der Gebäude: nichts mehr geblieben.
Und weiter die Straße entlang: Kurbjuhn, Wiesotzki – und alles nicht mehr da. Und dann kam ja das Haus, das sie als Älteste von der Mutter geerbt hatte und das später auf ihren Sohn Karl überging, bei dem sie gelebt hatte bis zuletzt. Bei Karl und Helene; und es kamen Kinder: Herbert und Ingrid und die Lori und der Gerd (und die blieben *alle* am Leben).
Der Garten mit den Obstbäumen und Sträuchern und Blumen; und in dem kleinen Hof die Hühner; alles ist verendet und seit langem verlassen und leer.

Da muß sie sich hinsetzen und ist unsagbar erschüttert. Und legt die Hände vors Gesicht und murmelt auf ihre Weise: Moi bosze...

Und ich sage mir: Jetzt bloß noch auf das Wasser des Sees sehen. Nicht mehr. Es lohnt ja nicht. Eine andere Erkenntnis hast du aus alldem hier nicht gewinnen können.
Dachte ich in den Jahren und Jahrzehnten nach der Flucht an mein Kindheitsland Masuren, so vor allem an meinen Vater. Hier ist mein Vater-Land.
Es kommt mir unvermittelt in den Sinn: Ein kleiner Junge ist schwimmend unterwegs über diesen See. Ist erst sechs Jahre alt und will schon von einem Ufer zum andern. Fünfundachtzig Jahre her, bald ein Jahrhundert. So lange. Und dieser kleine Junge sollte mein Vater werden. Aber *sein* Vater Ludwig war inzwischen durchs Dorf um den halben See gelaufen und erwartete ihn schon drüben, und hatte den Pasek schon vom Leib gezogen: Ob er denn total verrückt sei –, erst sechs, und schon über den ganzen See –!
Verweht! Nur von mir noch nicht vergessen. Eine völlig andre Welt damals als unsre öde heutige. Eine Welt, so selbstverständlich da wie nur irgendeine. Und sie ist heute für die allermeisten kaum noch vorstellbar.
Zerbrochen, gleichgültig dem Verenden preisgegeben, beseitigt.

Drüben hinter dem See, steht jetzt nur noch ein einziges Gebäude: Karraschs wie für die Ewigkeit gebauter Stall.
Auf Karraschs großem Hof hat Vaters Vater, der Gestrenge, und das Prügeln betreffend offenbar nicht gerade Zurückhaltende, gearbeitet.
Und Karraschs Stall, dieses immer noch imposante Gebäude, Rest eines ansehnlichen Anwesens: an ihm hat Vater,

gelernter Maurer, gebaut. Wenigstens seiner Hände Arbeit gibt es *hier* noch ...

Und wende ich den Kopf in Richtung Reinoßscher Hof: Auch von der kleinen Mauer an der Straße, die aus Feldsteinen, und die Vater kunstgerecht verfugt hatte, sind, wenn auch bescheidene, Reste übrig geblieben.
Ein Stück davon will ich losbrechen und mitnehmen in den fernen Westen Deutschlands ...
Und es ist neun Jahrzehnte nach Vaters Geburt und knapp ein halbes Jahrhundert, seit er nicht mehr hier war, sogar sein Grab wurde inzwischen spurlos vernichtet. Aber wenn man hierher kommt, wo er einzig hingehörte: Hier gibt es noch solche kleinen Erinnerungsstücke seines Lebens und Wirkens. Jedenfalls noch eine Zeitlang.

Dort drüben rechts noch die Schule! Das einzige Gebäude des Zentrums des Dorfes, das wenigstens noch eine Zeitlang als Ruine vorhanden ist.

An der Rydzewer Schule, ob diese oder die frühere, knüpft sich die wohl bewegendste Geschichte um meinen Vater. Sie stammt aus der Zeit des Ersten Weltkriegs.
Es ist jene Geschichte, die den Vergleich mit der uralten biblischen um den Jungen David vielleicht aushält, wie sie im 1. Buch Samuel erzählt wird und wie Luther sie so einzigartig wiedergegeben hat.

Bei David ist es ein Berserker namens Goliath, der allen Angst und Schrecken einjagt: Jedermann, wenn er diesen Mann sah und hörte, entsetzte sich »und fürchtete sich sehr«.
Du, Vater, hattest einen Lehrer, der ausgiebig prügelte, und als Lehrer der allmächtige Matador in einem Dorf war. Und

bei diesem As unter solchen »Steinzeit-Pädagogen« kam hinzu, daß er sich nur die Hintern der Kinder kleiner Leute hernahm, die der Großbauern-Sprößlinge aber quasi gestreichelt haben soll.

Eines Tages kündigte dieser Unhold an, am nächsten Vormittag einen deiner jüngern Brüder zu verprügeln.

Denken wir an David: Er machte sich »früh am Morgen auf«. Obwohl man ihm sagte: »Du kannst nicht hingehen, um mit diesem Philister zu kämpfen; denn du bist zu jung dazu.«

Aber David (und so du, Vater) *tat es auf seine Art: »er wählte fünf glatte Steine aus dem Bach und tat sie in seine Hirtentasche ...«*

Und euer Quälgeist, Vater, vergaß seine Absicht nicht, und wollte zur Exekution schreiten und befahl deinen Bruder nach vorn –

»Und David tat seine Hand in die Hirtentasche und nahm einen Stein daraus ...«

Ja, Vater: Da warst du aufgesprungen und hattest zum Erschrecken aller die rechte Hand zum Wurf gehoben, und in der war sichtbar ein Stein –

Und der Lehrer? Mit einem erschreckten »Nänänänänä ...« wich er vor dir zurück.

Tat den Rohrstock weg.

Und hat ihn nie wieder gegen einen der Deinen erhoben.

Es ist wohl das Sinnvollste, sich schließlich auf solche Geschichten zu besinnen, wo sonst kein Sinn in all dem Zugrundegehen und all der Vernichtung auszumachen ist; und davon zu erzählen.

Ja: Wir erzählen an gegen die Ruinen: gegen die Untergänge. Denn *ganz* vernichtet und vergessen ist alles doch erst dann, wenn niemand mehr davon weiß.

Literatur

August Ambrassat, Die Provinz Ostpreußen. 1896.

Gottfried Benn, Doppelleben. Darin: Lebensweg eines Intellektualisten. 1934.

John Briggs / F. David Peat, Die Entdeckung des Chaos. 1989.

Albert Camus, Der Mythos von Sisyphos. 1942.

Richard Cavendish, Einleitung zu: Mythologie der Weltreligionen. 1980.

Marion Gräfin Dönhoff, Weit ist der Weg nach Osten. Darin vor allem: Ein Kreuz auf Preußens Grab. Zum deutsch-polnischen Vertrag über die Oder-Neiße-Grenze (1970). 1985.

Robert Ferguson, Knut Hamsun. Leben gegen den Strom. 1987.

Heinrich Gerlach, Nur der Name blieb. Glanz und Untergang der Alten Preußen. 1978.

Hermann Gollub, Masuren. 1934.

Gisbert Haefs, Hannibal. 1989.

Johan Huizinga, Homo ludens. 1938.

C. G. Jung, Die Beziehungen zwischen dem Ich und dem Unbewußten. 1928.

Christian von Krockow, Die Deutschen in ihrem Jahrhundert. 1890–1990. 1990.

Hans von Lehndorff, Ostpreußisches Tagebuch. 1961.

Golo Mann, Deutsche Geschichte des 19. und 20. Jahrhunderts. 1958.

Jacques Monod, Zufall und Notwendigkeit. Philosophische Fragen der modernen Biologie. 1983.

Hugo Rasmus, Pommerellen, Westpreußen 1919–1939. 1989. Darin die Äußerungen von Dmowski, Sforza, Wilson.
Marian Podkowinski, Nicht Territorien – Ideen braucht man. In: Herold/Schorlemmer (Hg.), Zusammenwachsen. 1993.

Jean-Jacques Rousseau, u. a. Discours sur les sciences et les arts. 1782/88.

Oberst Eberhard Schoepffer: Zitiert nach Günter Böddeker, Die Flüchtlinge. Die Vertreibung der Deutschen im Osten. 1980.

Wolf Jobst Siedler, Abschied von Preußen. 1991. Darin vor allem: Zwei kranke Männer und ein Massenmörder...

Fritz Skowronnek, Lebensgeschichte eines Ostpreußen. Darin: Das alte Masuren. 1925.

Max Töppen, Geschichte Masurens. 1870.

Voltaire, Candide. 1759.

Max Weber, Gesammelte Aufsätze zur Sozial- und Wirtschaftsgeschichte. 1924.

Reinhold Weber, Masuren. Geschichte, Land und Leute. 1983.
Ders., Der Kreis Lyck. 1981.

Ludwig Wittgenstein, Tractatus logico-philosophicus. 1922.

Albert Zweck, Masuren, eine Landes- und Volkskunde. 1900.